ACCRO AUX

PENSÉES DE SINGE

CHANGER LA PROGRAMMATION

QUI SABOTE VOTRE VIE

Traduction de l'anglais par Philippe J. M. Morel

JF BENOIST

Publié par Pakalana Publishing mai 2023
ISBN : 979-8-9882868-0-6

Pakalana
Publishing

Éditeur : Danielle Anderson
Composition : Greg Salisbury
Conception de la couverture du livre : Judith Mazari
Photographe de portraits : Brady Simmons

Avertissement : Jean-François (J.F.) Benoist est un conseiller-mentor certifié du Option Process® qui enseigne des méthodes d'autoréflexion mais ne prescrit ni ne diagnostique d'aucune façon. Les informations et les services offerts par M. Benoist ont pour but d'encourager et d'enseigner des compétences qui favorisent un changement positif d'attitude et de relation.

Ce livre n'a pas vocation à se substituer ou à simuler un avis médical de quelque nature que ce soit. Son contenu est destiné à être utilisé comme un complément à un programme de soins de santé rationnel et responsable prescrit par un professionnel de la santé. L'auteur et l'éditeur ne sont en aucun cas responsables de l'utilisation ou de la mauvaise utilisation de cet ouvrage.

Note sur la confidentialité

La confidentialité et la discrétion figurent au premier rang des priorités dans le travail de J.F. Benoist. Pour cette raison, M. Benoist s'est inspiré d'événements réels pour créer des histoires et des personnages fictifs dans ce livre. Toute ressemblance avec une ou plusieurs personnes spécifiques est purement fortuite.

À ma femme bien-aimée, Joyce

SOMMAIRE

VOICI KEVIN

Kevin rentre chez lui un soir après avoir travaillé douze heures à l'hôpital. Il se rend directement au frigo et en sort une bouteille de bière. Il prend un paquet de chips sur le comptoir et se traîne péniblement dans le salon, où il s'avachit dans le canapé et allume la télévision.

Peu après, il entend sa femme descendre les escaliers à grands pas.

— Kevin! Je ne peux pas te faire confiance! s'écrie Jamie, toujours en dehors du champ de vision de son mari.

Il soupire et répond :

— Qu'est-ce que j'ai fait?

Jamie fait irruption dans la pièce et jette une enveloppe à Kevin.

— Tu n'as pas déposé le contrat chez l'agent immobilier! C'est la seule chose que je t'avais demandé de faire pour l'offre sur cette maison! Je viens d'appeler Judy pour m'excuser, et elle m'a dit qu'il était trop tard ; ils ont accepté l'offre de quelqu'un d'autre, lance Jamie exaspérée en regardant son mari avec dégoût.

Kevin descend une grande gorgée de bière, son attention toujours fixée sur la télévision. Il finit par rétorquer :

Je suis désolé. Tout est si intense au travail ces derniers temps que je…

Jamie l'interrompt sèchement :

— Oh, c'est ton travail le problème, bien sûr. Parlons-en de ton travail une seconde. J'ai reçu un appel de ton amie infirmière, Patti, aujourd'hui. Elle appelait pour demander si tu étais malade vu que tu n'étais pas encore arrivé… à dix heures. Tu es parti à 7 heures ce matin, Kevin. Qu'est-ce que t'as fait pendant ces trois heures avant de te décider à aller travailler ? l'interroge Jamie, se postant devant l'écran pour lui bloquer la vue.

Soupirant lourdement, Kevin prend un moment pour réfléchir avant de répondre.

— Je ne me sentais pas bien ce matin et j'ai eu besoin d'un peu de temps pour moi avant de pouvoir aller travailler, répond-il sans détour, fixant à présent sa femme dans les yeux.

— Mais qu'est-ce que c'est que ces foutaises ! s'écrie Jamie, en jetant ses mains en l'air. Tu étais garé devant un magasin d'alcool, en train de boire de la vodka ou je ne sais quoi.

Elle marque une pause et prend une profonde inspiration avant de passer rapidement ses doigts dans les cheveux.

Je ne peux plus te supporter en ce moment, dit-elle doucement, en fixant le tapis.

Puis elle s'éloigne, laissant Kevin seul perdu dans ses pensées qui s'emballent.

Tu n'peux rien faire de bien ? T'es irresponsable. T'es stupide. Jamie mérite mieux que toi.

Kevin se lève d'un bond, cherchant désespérément à faire taire cette voix critique dans sa tête. Il sort rapidement par la porte d'entrée et ne tarde pas à mettre les clés dans le contact de son pick-up et à foncer vers le parking du bar situé deux rues plus loin. Alors qu'il se gare, son cerveau ne le lâche pas.

Et maintenant ? Tu vas boire pour oublier tous tes problèmes ? Assume pour une fois. Arrête de les fuir, Kevin.

En claquant la porte de son véhicule, il entre en courant dans le bar et demande un double whisky au barman. Aussitôt le verre devant lui, il le descend d'un trait.

— Un autre, demande Kevin.

— Rude journée ? demande le barman.

Kevin fait craquer son cou et laisse échapper un rire cynique.

— On peut dire ça. Quoi que je fasse, ce n'est jamais assez bien pour ma femme.

— Ah bon ? commente le barman en levant les sourcils.

Kevin secoue la tête avec amertume et prend une autre gorgée.

— Jamais. Elle vient d'une famille dont tous les membres sont PDG ou avocats. Et donc, depuis que je me suis fait virer de l'école de médecine, disons qu'ils m'évitent. Je veux dire, ils devaient bien savoir à quel point c'était dur pour moi, non ? C'est moi qui voulais être médecin au départ ! Mais ils ne semblaient pas du tout s'en soucier. Pas même ma femme. C'est vraiment tordu de faire ça à quelqu'un, si vous voulez mon avis, lance Kevin d'un ton sec.

— Pourquoi avez-vous été renvoyé de l'école de médecine ? demande le barman avec curiosité.

Inconsciemment, Kevin répond en montrant son verre. Se reprenant, il hausse les épaules et répond :

— Hum, je n'ai pas vraiment envie d'en parler. Servez-m'en un autre, vous voulez bien ?

Et ce pendant plusieurs heures. Au moment où le bar ferme, c'est à peine si Kevin peut voir clair. Soucieux de ne pas laisser son engin derrière lui, il décide de rentrer à la maison en prenant quand même le volant. Après tout, ce n'est qu'à quelques rues.

Les images sous la lumière des réverbères sont floues, et Kevin peine à les déchiffrer. Il tourne la tête vers la droite, pensant voir une personne marcher sur le trottoir.

« Juste un arbre », bafouille Kevin hilare.

Alors qu'il est sur le point de s'engager dans son allée, il soupire de soulagement d'être rentré chez lui sain et sauf. Soudain, il aperçoit une forme indistincte qui se jette devant son pick-up. Vraiment ? Kevin cligne des yeux et garde le pied sur l'accélérateur. « Ce n'est rien », se rassure-t-il.

Puis il sent comme une bosse.

En pilant sur les freins, Kevin descend pour voir les dégâts. Il a le souffle coupé quand il découvre la source de ladite bosse.

Le labrador chocolat de son voisin. L'estomac de Kevin se noue. Il a la tête qui tourne. Sa vision se trouble. Il s'appuie sur le véhicule jusqu'à ne plus pouvoir se retenir ; il se tourne vers la pelouse et vomit. En s'essuyant la bouche, il se demande si c'est à cause de l'alcool ou du dégoût de ce qu'il vient de commettre.

Il vérifie la bouche du chien, espérant désespérément détecter une respiration.

Rien.

La panique l'envahit. Il est 2 heures du matin, que doit-il faire de ce chien ? Il ne peut pas le dire à sa femme. Il ne peut pas réveiller les Browns. Kevin se frotte la tête qui se met soudainement à chauffer.

Il ne peut pas s'en occuper maintenant. Il décide donc de faire ce qu'il considère être sa meilleure option : traîner le corps du chien dans les buissons.

Après avoir maladroitement dissimulé le corps et réarrangé les arbustes, il laisse le pick-up garé sur place, son pare-chocs débordant sur la route.

Se débattant avec ses clés, il finit par trouver celle de la porte d'entrée et rentre en titubant, s'effondrant simultanément sur le canapé et sombrant dans un profond sommeil.

Le lendemain matin, Kevin se réveille lorsque Jamie lui secoue l'épaule.

— Kevin ! Hé, t'as vu Max ? Les Browns viennent de passer et disent qu'ils ne le trouvent pas, explique Jamie, le nez froncé par l'inquiétude.

En ouvrant les yeux, Kevin s'accroche au coussin pour se soutenir. Le temps qu'il parvienne à faire la mise au point sur Jamie, les détails de la nuit dernière lui reviennent en mémoire. Il déglutit bruyamment et ferme les yeux.

— Non, marmonne-t-il en secouant la tête.»

Il peut entendre Jamie soupirer et sortir par la porte de derrière, en criant le nom du chien qui ne reviendra jamais. Une fois redressé, Kevin place sa tête dans ses paumes.

«Qu'est-ce que t'as fait?» se demande-t-il.

Il s'effondre de désespoir, regrettant amèrement la créature qu'il a tuée et la personne qu'il est devenue.

PRÉSENTATION DES PENSÉES DE SINGE

La vie de Kevin n'est pas celle qu'il imaginait. Ce qu'il veut au fond, c'est être heureux en ménage, fonder une famille, réussir sa carrière de médecin et créer des liens avec ceux qui l'entourent. Au lieu de cela, il connaît des problèmes conjugaux et des difficultés professionnelles, et il souffre d'un grave problème d'alcoolisme.

Ce que Kevin ne réalise pas, c'est qu'il est coincé dans un état d'esprit qui tire sa vie vers le bas. Imaginez cet état d'esprit comme s'il s'agissait d'un ordinateur : quelqu'un a dû venir et programmer l'ordinateur pour qu'il fonctionne ainsi.

Alors, demandons-nous d'abord comment une telle programmation peut advenir? Cela provient des milliers de messages qui nous ont été martelés tant et plus en grandissant, dont bon nombre véhiculaient un ton empreint de pression.

«Tu n'as eu qu'un B à ce test?»

«Tu ne nettoies jamais derrière toi! Pourquoi es-tu si paresseux?»

«Pourquoi tu ne fais jamais ce qu'on te dit?»

«Si tu continues comme ça, tu n'arriveras jamais à rien.»

Ce sont ces messages, et bien d'autres, qui ont paramétré notre programmation. Nos parents et nos professeurs nous ont dit ces choses dans le but de nous aider à être acceptés et à réussir ; pensant qu'ils nous poussaient à faire mieux en utilisant les punitions et les réprimandes en guise de motivation. Nonobstant, cet afflux constant de messages négatifs a eu pour conséquence de nous enseigner que le meilleur moyen de nous motiver réside dans la *honte*.

Ces messages indirects, source de honte, ont conduit beaucoup d'entre nous à développer un sentiment d'inadéquation, en nous faisant sentir que nous ne sommes pas «assez bien» dans certains domaines de notre vie. Cet état d'esprit autodépréciatif nous a appris à nous mettre une énorme pression pour agir d'une manière particulière.

De ce fait, nous finissons par modifier notre comportement et par jouer un rôle subtil pour ceux qui nous entourent. Nous affirmons aller bien alors qu'au fond de nous-mêmes, tout s'effondre. Nous mentons en prétendant que notre boîte mail ne fonctionnait pas plutôt que d'admettre que nous avons oublié de l'envoyer. Nous faisons de notre mieux pour dire ce que l'on fait et faire ce que l'on dit, tout cela dans l'espoir que les autres nous apprécient ; qu'ils nous aiment ou, du moins, nous tolèrent.

Après de nombreuses années consacrées à nous concentrer sur l'extérieur, nous avons appris à chercher la cause de nos problèmes en dehors de nous-mêmes. Lorsque nous sommes contrariés, nous blâmons les autres ou les circonstances extérieures. Nous nous laissons enfermer dans la croyance selon laquelle notre expérience est dictée par ce que les autres pensent de nous et ce qui nous arrive.

En réalité, ce sont nos croyances sur nous-mêmes et sur le monde – qui ont été paramétrées par notre programmation – qui déterminent nos expériences quotidiennes. Notre programmation ayant été principalement développée par les messages source de honte des adultes qui nous ont élevés, celle-ci a également incorporé d'autres expériences marquantes de notre vie : intimidation, traumatisme, cœur brisé ou échec.

Au fil du temps, nos croyances ont lentement évolué vers un état d'esprit négatif qui dirige la façon dont nous percevons le monde aujourd'hui : les pensées de singe.

Nous nommons cet état d'esprit ainsi parce qu'il est moins mature et moins évolué que le sont les autres aspects de notre esprit et de nos processus de pensée.

Elles sont promptes à réagir à ce qu'elles n'approuvent pas, ainsi qu'à rejeter la responsabilité de nos problèmes sur quelqu'un ou quelque chose d'autre. Elles cherchent à nous convaincre que tout ce qui nous est extérieur constitue la raison pour laquelle nos vies ne sont pas ce que nous voulons qu'elles soient :

Si ton travail n'était pas si exigeant, tu ne serais pas si stressé·e.

Si cette route n'avait pas été fermée, tu n'aurais pas été en retard, et ce rendez-vous se serait mieux déroulé.

Si ta mère n'avait pas de si grandes attentes à ton égard, vous auriez ensemble une relation plus étroite.

Les pensées de singe gardent également en mémoire toutes les critiques et tous les jugements dont nous avons hérité à travers notre programmation. Si nous parvenons à cesser de blâmer les autres et à assumer la responsabilité de notre situation, les pensées de singe aiment à nous rappeler les croyances source de honte que nous avons échafaudées à notre propre sujet :

Tu n'as pas encore obtenu cette augmentation parce que tu n'es pas assez intelligent·e.

Tout le monde le sait.

Ce rendez-vous s'est très mal passé parce que t'as l'air gros·se dans cette chemise et que tu n'attires personne.

Ta famille est embarrassée par ton échec. C'est pour ça qu'ils ne viennent jamais te rendre visite.

Ce critique intérieur rend extrêmement difficile de créer les conditions favorables à la vie à laquelle nous aspirons, car il produit une immense quantité d'anxiété qui érode notre confiance en nous, nous poussant à faire un certain nombre de choses : boire, se droguer, s'isoler des autres, crier sur nos enfants, divorcer, renoncer à nos rêves – la liste est longue.

À tel point que nous ne sommes pas conscients de l'influence qu'exerce cette anxiété sur nos vies. Lorsque nous faisons la queue à la banque, nous sommes anxieux parce que cela prend trop de temps. Lorsque nous oublions d'appeler un client, nous sommes anxieux parce que nous risquons de passer à côté d'une affaire. Lorsque nous ne portons pas de maquillage à la supérette, nous sommes soucieux de la façon dont les autres nous perçoivent. Cette anxiété est à ce point permanente que nous ne nous questionnons même pas à son sujet.

Au fil des générations, nous avons fini par intégrer la voix critique des pensées de singe, ainsi que les grandes quantités d'anxiété qu'elle provoque, comme étant un phénomène *normal*. Par exemple, pensez au nombre d'entre nous qui prenons un verre lors d'un événement pour « nous détendre ». D'où vient cette « tension » ? Ce sont les pensées de singe qui créent des histoires et des jugements quant à la façon dont nous devons agir. N'étant pas conscients de cette critique intérieure et n'étant pas équipés pour y faire face, ce rituel consistant à boire pour minimiser l'anxiété est devenu tout à fait acceptable socialement.

Pour surmonter l'anxiété que nos pensées de singe ont créée, nous devons adopter une autre perspective : les pensées d'observateur.

Les pensées d'observateur ne considèrent pas les autres personnes ou situations comme la source de nos problèmes. Elles offrent plutôt un point de vue objectif, qui n'est pas entravé par nos programmes d'autocritique. Ce point de vue comprend que la source de notre contrariété ou de notre joie réside en nous-mêmes.

Témoins des pensées de singe et apprenant à leur contact, les pensées d'observation sont à même de transmettre cette sagesse. Souvent, prendre conscience de notre part d'ombre nous permet de percevoir la lumière que nous pouvons offrir au monde.

Adopter la perspective des pensées d'observateur se révèle très puissant dans la mesure où notre état d'esprit affecte tout ce que nous entreprenons. Lorsque nous nous éloignons de la perspective critique des pensées de singe, nous nous ouvrons à une abondance d'opportunités et d'expériences. Les relations qui semblaient autrefois vouées à l'échec peuvent commencer à s'épanouir. Les cycles sans fin des comportements addictifs peuvent être résolus. Une joie inaccessible devient désormais accessible. Une vie animée par une passion et un but est dorénavant à portée de main. Lorsque vous vous attaquez à la cause profonde de vos problèmes – votre programmation – tout le reste commence à se mettre en place.

CE QUE VOUS TROUVEREZ DANS CE LIVRE

Apprendre l'existence des pensées de singe peut se révéler être un choc pour certaines personnes, car bon nombre d'entre nous ne disposent pas d'une évaluation précise de leur propre programmation. Certains d'entre nous pourraient même soutenir qu'ils n'ont pas subi de programmation négative tant ils ont vécu une enfance « géniale ».

Quand bien même nous avons eu la chance de grandir au cœur de foyers chaleureux et aimants, il n'en demeure pas moins que nous avons grandi au sein d'une société fondée sur la honte qui alimente les pensées de singe. La capacité à ne pas blâmer ou juger les autres ou soi-même est rarement enseignée dans les écoles ou les universités. Même ceux qui nous aiment le plus ne disposent généralement pas des outils nécessaires pour nous enseigner des méthodes fiables et reproductibles permettant de créer un état d'esprit sain.

Dans ce livre, nous allons explorer les raisons pour lesquelles vos pensées sont si erratiques, pourquoi vos émotions deviennent parfois incontrôlables, pourquoi certains jours vous vous sentez si bien, tandis que d'autres vous êtes si anxieux·euse que vous buvez, consommez des drogues, agressez votre partenaire, sabotez votre carrière ou êtes si déprimé·e que vous ne pouvez pas sortir du lit. Nous expliquerons pourquoi – et comment – nous sommes devenus accros à nos pensées de singe.

Grâce aux conseils des pensées d'observateur, nous allons enfin nous débarrasser des programmes dont nous avons hérité en grandissant. Nous nous sentirons plus proches des autres et nous ressentirons beaucoup moins d'anxiété dans notre vie quotidienne.

Après avoir enseigné les techniques des pensées d'observateur pendant plus de vingt ans, j'ai compilé de nombreuses techniques éprouvées visant à nous permettre de maîtriser nos sentiments et nos pensées. Ce que je vous propose dans ce livre, ce sont les outils pour vous remettre aux commandes de votre vie.

En suivant le parcours des personnages de ce livre, vous développerez des capacités d'observation, de conscience et de fluidité émotionnelle qui vous aideront à changer le cours de votre vie.

Compte tenu du fait que nous apprenons mieux à travers l'expérience, ce livre vous donnera l'occasion de mettre en pratique les compétences des pensées d'observateur.

Lorsque vous appliquez ces compétences à votre propre vie, efforcez-vous de rester curieux et de garder l'esprit et le cœur ouverts. Vous serez peut-être surpris de découvrir les nouvelles prises de conscience qui surgissent lorsque vous vous consacrez pleinement à cette tâche.

Mon objectif vise à vous enseigner des compétences spécifiques et utiles que vous pouvez mettre en pratique, afin que vous puissiez enfin vous libérer de vos programmes d'autosabotage et créer, ainsi, la vie que vous méritez.

Partie 1

APPRENDRE À CONNAÎTRE LES PENSÉES DE SINGE

Chapitre 1

C'EST VOTRE FILM

Pour visualiser les rôles des pensées de singe et des pensées d'observateur, imaginez votre vie comme un film. Vous apparaissez dans chaque image, puisque vous êtes la vedette de votre film, et une voix commente l'action au fur et à mesure qu'elle se déroule.

Imaginons maintenant une scène de votre film. Vous avez un premier rendez-vous avec une personne que vous trouvez très attirante. Vous êtes tous deux élégamment vêtus. Après un moment merveilleux et romantique dans votre restaurant préféré, vous décidez d'aller vous promener dans un beau parc. Vous descendez main dans la main un chemin bordé de fleurs menant à une grande fontaine. Vous vous penchez sur celle-ci pour admirer le reflet de la lune dans l'eau. C'est alors que la fontaine se met en marche, vous aspergeant tous les deux.

Maintenant, observez votre réaction. Ce film est-il une comédie ou une tragédie ? Tout dépend du réalisateur qui vous dirige et de la façon dont il interprète les événements.

Lorsque les pensées de singe sont aux commandes, elles utilisent vos jugements personnels pour créer des scénarios dramatiques. L'anxiété alimente cette histoire critique, en apportant des rebondissements et des tournures tragiques au film de votre vie. Leur bavardage incessant est truffé d'opinions et de distractions.

Après avoir été trempé·e par la fontaine, vous êtes envahi par des pensées de singe. *C'est horrible ! Imagine un peu à quoi ressemblent tes cheveux maintenant ! Tu vas devoir rentrer plus tôt chez toi pour te changer avant même que vous ayez pu faire connaissance. Ce rendez-vous est un fiasco. À quoi bon essayer de rencontrer quelqu'un ?*

Lorsque vous écoutez les pensées de singe, une multitude d'émotions telles que la colère, la déception, la tristesse, la honte, la peur et la dépression peuvent vous envahir.

En revanche, les pensées d'observateur préfèrent un bon documentaire à un drame. Elles décrivent calmement et simplement les événements tels qu'ils se déroulent, sans y ajouter d'histoires dramatiques ou d'opinions personnelles. Après avoir été aspergé·e par la fontaine, elles se contenteraient de dire : « *Ouah ! Tu es tout·e mouillé·e !* » *Que fais-tu maintenant ?*

Les pensées d'observateur sont un peu comme la caméra qui se contente d'enregistrer ce qui se passe. Elles sont curieuses, mais elles ne jugent pas la situation. Lorsque vous regardez la vie à travers leur prisme, vous pouvez apprendre à tout questionner et à décider exactement comment créer les changements que vous souhaitez.

Alors que les pensées de singe s'inquiètent des problèmes, les pensées d'observateur orientent quant à elle votre attention vers les solutions. Elles cherchent, écoutent et tâtonnent pour trouver le chemin permettant de s'éloigner de l'anxiété.

Qui voulez-vous voir réaliser votre film ?

Regardons une scène du film d'Elizabeth pour découvrir qui elle choisit.

VOICI ELIZABETH

Par un matin ensoleillé, Elizabeth prend son petit-déjeuner sur la terrasse. Elle est déjà habillée et prête pour la journée. Son mari, qui a fait la grasse matinée, baille en prenant une chaise à côté d'elle.

— Contente que tu te joignes à moi, commente Elizabeth en souriant.

— Bonjour, répond Ted somnolant.

— Tu n'as pas l'air en forme, chéri. As-tu encore fait un rêve étrange la nuit dernière ? Tu sais, tante Margie avait l'habitude de dire que c'est le signe d'un stress non géré, suggère gentiment Elizabeth.

Son mari attrape le journal sans répondre.

Elizabeth ne renonce pas.

— As-tu pris les compléments alimentaires que je t'ai donnés ? Ils sont censés aider à combattre l'anxiété.

Il grogne.

— Tu devrais prendre davantage soin de toi. Tu travailles trop, conseille-t-elle, le son de sa voix s'intensifiant.

Toujours pas de réponse.

— Je pense qu'on devrait inviter Jen et Bill à dîner demain. Les enfants pourraient tous aller à l'étage et regarder un film ou autre chose. Qu'en penses-tu ? demande Elizabeth, une pointe de tension dans la voix.

Ted verse de la crème dans son café tout en continuant sa lecture.

Brusquement, Elizabeth lui demande :

— Ted, est-ce que tu m'écoutes au moins ?

— Quoi ? Oui, bien sûr. J'ai un appel pour le travail demain soir. On ne peut pas dîner une autre fois ? propose-t-il, toujours en regardant son journal.

— Une autre fois ? Ted, ça fait des semaines qu'on n'a pas vu nos amis. Tu ne peux pas le faire un autre jour ? demande Elizabeth, la voix légèrement chevrotante.

— Non, je ne peux pas. Cela fait des semaines que j'essaie de programmer cet appel. On a qu'à les inviter le week-end prochain, répond Ted, avec une pointe d'agacement.

— C'est ce que tu as dit le week-end dernier, quand on a annulé avec Barry parce que tu devais travailler tard. J'en ai marre de toujours passer après ton boulot. On ne fait plus rien. Ted ! explose Elizabeth, arrachant le journal des mains de Ted. Regarde-moi quand je te parle !

La mâchoire de Ted se serre tandis qu'il saisit le journal des mains de sa femme.

— Désolé de devoir gagner ma vie, Elizabeth. Mes clients ne se satisferont pas de l'excuse « ma femme voulait avoir de la compagnie » pour ne pas gagner leur procès. Maintenant, si tu le veux bien, laisse-moi lire le journal.

Ted remet bruyamment son journal en place, cachant son visage irrité à sa femme furieuse.

— Très bien, marmonne Elizabeth. Je pars chez le coiffeur, comme ça, tu pourras tranquillement te concentrer sur ton précieux journal. Elle quitte la table du petit-déjeuner, insatisfaite, et se rend à son rendez-vous chez le coiffeur.

Elizabeth ne sait pas qu'elle est responsable de sa propre vie. Ce matin, elle a déambulé sur le plateau de tournage et a commencé à jouer un petit rôle dans un film que quelqu'un d'autre semble écrire. Elle pense que la vie lui arrive à elle. Sa scène va-t-elle évoluer vers la comédie ou la tragédie ?

ÉCOUTER LES PENSÉES DE SINGE

Par hasard, Elizabeth arrive au salon juste après Paula, son amie d'université pleine d'énergie, que l'on voit rarement autrement qu'en tenue de yoga et avec des lunettes de soleil de marque.

Paula est l'exemple même des pensées de singe. Elle adore semer la zizanie et a un goût prononcé pour la dramaturgie ; si quelque chose ne va pas, elle veut en connaître tous les détails. Chaque fois qu'Elizabeth croise son amie de l'université, elle finit toujours par s'énerver pour quelque chose. En un rien de temps, Paula se met en quête d'une histoire. « Alors, qu'a fait Ted cette fois-ci ? »

Elizabeth commence :

— Il ne veut *plus* que je ne reçoive personne, même après…

Paula l'interrompt, typique des pensées de singe, avec une opinion.

— Les hommes sont tellement égoïstes ! Mon mari est exactement pareil. Et il te fait le coup à chaque fois. Tu te souviens le mois dernier quand tu as organisé cette leçon de tango ? Qu'est-ce qu'il a dit déjà ? Qu'il « travaillait » tard et qu'il ne pouvait pas venir ? Probablement qu'il « travaillait » avec sa minable de secrétaire, si tu veux mon avis, marmonne Paula du coin de la bouche.

Elizabeth inspire profondément et admet :

— Il *a* travaillé encore plus tard que d'habitude…

— Hum hum, commente Paula d'un air entendu tandis que le styliste brosse les mèches blond éclatant de ses cheveux. Tu n'as pas à tolérer ce genre de comportement. Des centaines de milliers d'hommes seraient ravis de t'avoir !

Elizabeth ne semble pas trop y croire.

— Ouais, c'est ça, répond-elle une pointe de sarcasme dans la voix, ses joues virant au rouge.

Paula tourne la tête vers la styliste et lui dit :

— Elizabeth est *incapable* d'accepter les compliments. Elle n'a jamais su, lâche Paula d'un ton sec.

S'éclaircissant la gorge, Elizabeth change rapidement de sujet pour parler de son mari.

— Tu crois vraiment qu'il pourrait me tromper ? demande-t-elle nerveusement en se penchant vers Paula.

— Combien de fois Ted t'a-t-il ignoré de la sorte ? Il est tellement dans sa bulle. Ça ne me surprendrait vraiment pas, insiste Paula.

Là, Elizabeth saute à pieds joints dans le train de la négativité.

— Bon sang, t'as raison. Comment ai-je pu être aussi stupide ? Il ne prend jamais de temps pour moi ou pour ce que *je* veux faire !

— Tu devrais venir chez moi pendant quelques jours pour lui donner une leçon, propose Paula d'un air suffisant. Elle semble apprécier la scène qu'elle a créée.

— Ça lui apprendrait ! lâche Elizabeth d'un ton triomphant.

— C'est sûr ! s'écrie Paula alors qu'elle est conduite sur une autre chaise.

La voix désapprobatrice de Paula ayant disparu, Elizabeth se retrouve à nouveau seule face à ses pensées. Elle murmure entre ses dents : « Ça m'étonnerait que je lui manque… ».

Lorsqu'Elizabeth quitte le salon, elle est encore plus en détresse qu'à son arrivée. Avec l'aide de Paula, elle s'est convaincue que son mariage est sur le point de prendre fin.

Les pensées de singe aux manettes de son film, Elizabeth se retrouve dans une scène de guerre dégoulinant de drames et de conflits. Son mari est l'ennemi et leur maison, le champ de bataille.

Par le passé, cet échange aurait conduit Elizabeth à se soûler. Chaque fois qu'elle ressentait une douleur, émotionnelle ou autre, elle la noyait avec son ami, le chardonnay. Mais ces derniers temps, elle s'efforce de surmonter son addiction. Est-ce que ce sera le déclencheur qui la poussera à reprendre ses anciennes habitudes ?

ÉCOUTER LES PENSÉES D'OBSERVATEUR

En rentrant du salon de coiffure, Elizabeth finit par se rendre dans sa boutique d'alcool préférée, certaine que son mariage touche à sa fin. Alors qu'elle est sur le point de se garer dans le parking, ses pensées d'observateur prennent le pas sur les divagations de ses pensées de singe.

Qu'est-ce qui te pousse à vouloir boire maintenant ?

Cette simple prise de conscience permet à Elizabeth de s'écarter du parking du magasin. Au lieu de cela, elle se gare dans le parking du parc situé de l'autre côté de la rue. Elle sort de sa voiture et prend un moment pour se prélasser au soleil.

Alors qu'elle s'étire, l'œil d'Elizabeth aperçoit l'enseigne lumineuse « Ouvert » du magasin d'alcools. Elle commence à avoir envie d'une bouteille de chardonnay, mais le commentaire de ses pensées d'observateur résonne dans sa tête. Elle ne cède pas à la tentation et commence à marcher d'un pas décidé vers le ruisseau dans le parc. Elle sort son téléphone portable et appelle son amie Sarah.

Sarah a une approche de la vie très différente de celle de Paula. Sarah ne vise pas le drame, mais la clarté, l'autonomie et la paix. Elle est l'incarnation de ce que nos pensées d'observateur peuvent nous offrir en matière de décision quant à la manière d'agir dans une situation stressante.

— Elizabeth ! s'exclame Sarah, il me reste un jour de mission ici, puis je rentre à la maison. Je suis impatiente de déjeuner avec toi et de rattraper le temps perdu !

Sarah est journaliste pour le journal local. Toutes deux sont inséparables depuis leur plus jeune âge et ont même travaillé ensemble dans une salle de presse avant qu'Elizabeth ne devienne mère au foyer.

Sarah a été d'un grand soutien pour Elizabeth pendant sa lutte contre l'alcool. Chaque fois qu'Elizabeth est sur le point de craquer, elle appelle Sarah à la place.

— J'aimerais tant être là avec toi en ce moment, regrette Elizabeth.

— Qu'est-ce qu'il y a ? lui demande Sarah. Comment vas-tu ?

— Oh, tu sais. Je dois supporter les conneries de Ted comme d'habitude. Voilà ce qu'il y a, déclare Elizabeth, des trémolos dans la voix.

— Que s'est-il passé cette fois ? demande Sarah en soupirant.

Ce n'est pas la première fois qu'Elizabeth prédit que son mariage court à sa perte.

— Il est tellement égoïste… il ne se soucie pas du tout de moi, déplore-t-elle la voix brisée. Je pense qu'il a une liaison !

— T'es pas en train de boire, j'espère ? intervient Sarah.

Elizabeth se mord la lèvre.

— Non, j'ai failli aller à la boutique d'alcool, mais je suis venue au parc à la place. Je passe à côté de la mare aux canards que tu apprécies tant, explique Elizabeth en jetant une pierre dans l'eau avec découragement.

— Oh ! bien. Tant mieux pour toi, se réjouit Sarah.

Elizabeth en fait peu de cas et ne répond pas.

— Ok, tu connais les questions d'usage : qui, quoi, pourquoi, où, quand ? l'interroge Sarah.

— Eh bien, ce matin, je discutais *joyeusement* avec Ted au petit-déjeuner, et il a continué à lire le journal en m'ignorant. Et ensuite, quand j'ai demandé à inviter des amis à dîner demain soir, il a dit qu'il devait travailler, et que ses clients ne se souciaient pas de ce que « sa femme » voulait ! Il y va probablement pour rencontrer son affreuse secrétaire, explique Elizabeth furieuse.

— Elizabeth, entre « il doit travailler ce soir » et « il a une liaison », ça fait une sacrée différence ! Oublie un instant cette histoire, chérie. Comment te sens-tu en ce moment ? s'enquiert Sarah.

Elizabeth prend une seconde pour décrypter ses sentiments. Elle respire et ajoute :

— Je pensais être en colère, mais en fait, je me sens triste.

— Oui, je comprends. Si je pensais que mon mari avait une liaison, moi aussi je me sentirais triste, répond gentiment Sarah.

Elizabeth commence doucement à pleurer et prend des mouchoirs dans son sac à main.

— Oh, Sarah, je me sens si seule.

— Je suis là pour toi, Elizabeth.

— Je veux dire, si Ted tenait vraiment à moi, il voudrait passer du temps avec moi, ou du moins me *parler*, insiste Elizabeth.

— Peut-être que ça n'a rien à voir avec toi, déclare Sarah. Peut-être qu'il a juste besoin d'un peu d'espace. Il est venu et a pris le petit-déjeuner avec toi ce matin, pas vrai ?

Elizabeth marque une pause, considérant cette possibilité.

— T'as sans doute raison… Je veux dire, ça ne suffit pas pour compenser la façon dont il m'a traitée dernièrement, s'obstine Elizabeth.

— Peut-être que c'est tout ce qu'il est capable de faire pour toi en ce moment, suggère calmement Sarah.

— Mais bon sang, ce n'est pas de s'asseoir silencieusement avec sa femme à la table du petit-déjeuner qui le fera élire « mari de l'année », ironise Elizabeth avec une pointe de sarcasme.

— As-tu demandé à Ted si quelque chose ne va pas de son côté ?

— Oh, il n'admettra jamais que quelque chose ne va pas. C'est un *homme*, Sarah.

— Peut-être que tu devrais quand même essayer de lui demander, suggère Sarah.

— Admettons que j'essaie, et qu'il me réponde avec sa phrase préférée : « Je vais bien ». Qu'est-ce que je fais dans ce cas ? demande sincèrement Elizabeth, sa colère commençant à s'estomper.

Sarah réfléchit à la question pendant un moment.

— Et si tu passais du temps avec tes amis ce week-end et que tu lui laissais un peu d'espace ? Peut-être que ce qu'il lui faut en ce moment, ce n'est pas d'en parler, mais de voir que tu es là pour lui, suggère-t-elle.

— C'est juste que j'en ai marre de devoir tout faire. J'ai l'impression d'être seule dans ce mariage, déplore Elizabeth.

— Si tu veux que quelque chose change, change-le. Ne reste pas assise à attendre que Ted devienne quelqu'un qu'il n'est pas, lui explique Sarah gentiment mais fermement.

— Je sais. Je sais. Je dois cesser de monter en épingle cette histoire dans ma tête et aller parler à Ted. Mais c'est plus facile de se plaindre auprès de toi que d'agir ! admet Elizabeth avec un petit rire, en s'épongeant les yeux. Merci d'être là quand j'ai besoin de toi, Sarah. Je te raconterai comment ça s'est passé.

Alors qu'Elizabeth termine son tour du parc, elle réalise la chance qu'elle a d'avoir quelqu'un comme Sarah qui n'hésite pas à poser les questions difficiles. Afin d'aider Elizabeth à surmonter ce problème relationnel, Sarah adopte la même attitude pragmatique que celle qu'elle a utilisée pour aider Elizabeth à arrêter de boire voilà plusieurs mois. Quand Elizabeth rentre chez elle ce soir-là, Ted travaille activement cloîtré dans son bureau. Elizabeth est fatiguée et a envie d'aller dormir

– elle parlera à Ted demain. Pour l'heure, elle envoie un message à Bill et va se coucher.

Le lendemain matin, Elizabeth se réveille dans un lit vide. Elle peut déjà entendre les clics du clavier au bout du couloir. Elle s'étire lentement, se glisse hors du lit puis se dirige vers la porte du bureau de Ted. Après avoir pris une profonde inspiration, elle frappe à la porte.

— Entre, crie Ted à travers le mur.

Elizabeth entre et se place devant le bureau de son mari, se positionnant directement dans son champ de vision. Malgré tout, ses yeux sont toujours rivés à son écran d'ordinateur. Elle le regarde simplement pendant quelques instants, puis déclare fermement :

— Hier, au salon de coiffure, j'ai raconté à Paula notre dispute au petit-déjeuner. Elle m'a dit que tu ne me mérites pas et que je pourrais trouver des centaines d'hommes qui sauraient m'apprécier à ma juste valeur.

Ted roule des yeux et l'interrompt :

— Oh, allez ! Paula n'est qu'une…

— S'il te plaît, laisse-moi finir, répond calmement Elizabeth, campant sur ses positions. J'étais tellement énervée que j'ai été tentée de me prendre un verre.

Ted inspire fortement à l'évocation de cette possibilité et lève les yeux vers sa femme.

— Mais… je me suis abstenue.

En expirant bruyamment, Ted sourit légèrement.

— C'est bien que tu te sois abstenue, chérie.

Son ordinateur sonne et ses yeux reviennent sur l'écran.

Elizabeth poursuit :

— Ouais, eh bien, à la place j'ai appelé Sarah. Et elle m'a dit qu'elle pensait que tu avais un problème qui ne me concernait pas. Peut-être le travail ou autre chose. Donc je veux savoir quelle est la vraie réponse, déclare Elizabeth avec assurance.

Ted, toujours devant son ordinateur, répond :

— C'est juste que je croule sous le travail, Elizabeth. N'en fais pas tout un plat.

— Bien, s'énerve Elizabeth, s'éclaircissant en suite la gorge. Je vais déjeuner avec Bill et Jen aujourd'hui, puisqu'on ne les invite pas à dîner. Je me suis dit que ce n'est pas parce que tu ne peux pas les voir pas que je devrais m'en priver.

Ted acquiesce.

— Bonne idée, répond-il sans réfléchir.

— Je vais déposer Josh à son entraînement de foot sur le chemin, et je te serais reconnaissante de le récupérer après, ajoute Elizabeth.

— Ouais, ouais. C'est bon, répond Ted.

— Eh bien, bonne chance avec ton travail, lance froidement Elizabeth en passant la porte. Elle se retourne pour dire quelque chose, mais son attention est déjà loin. Elle soupire et tire la porte derrière elle.

Chapitre 2

ÉLEVÉ PAR LES PENSÉES DE SINGE

Nous avons présenté les pensées de singe et les pensées d'observateur comme deux personnes distinctes dans la vie d'Elizabeth, car il est parfois plus facile de reconnaître leurs voix lorsque nous les situons en dehors de nous-mêmes. Mais ne vous méprenez pas, ces deux voix sont présentes dans nos propres réflexions. Même lorsqu'il n'y a personne, nos pensées commentent notre vie en continu, et nous écoutons l'une ou l'autre de ces voix.

Les pensées de singe de chaque personne sont uniques, façonnées par les expériences vécues en grandissant. Pour comprendre les pensées de singe d'une personne, il convient d'abord de se pencher sur le passé – un flash-back, en somme.

Voyons comment Kevin a développé ses pensées de singe. Puis nous verrons comment celles d'Elizabeth continuent de l'influencer à l'âge adulte.

L'« AMOUR » PARENTAL

Un jour, Kevin, six ans, joue au football avec son frère lorsqu'il trébuche et tombe, s'écorchant le genou. Ses yeux se remplissant de larmes, il boitille jusqu'à son père pour lui montrer la plaie sanglante. Alors que

Kevin commence à décrire ce qui s'est passé entre deux sanglots, son père l'interrompt et se pose à côté de lui.

«Tu vas bien, Kevin. Arrête ça. C'est juste une coupure. Est-ce que tu as déjà vu ton frère pleurer quand il tombe ? Bien sûr que non. Tu veux que tout le monde pense que tu es une mauviette ? Kevin, j'ai dit ça suffit ! Arrête ça ou je vais vraiment te donner une raison de pleurer. N'y pense plus et va jouer avec ton frère.» Il se retourne ensuite et recommence à tailler les haies.

Pour le père de Kevin, il s'agissait d'un incident mineur. Bien que son approche puisse sembler sévère, son père est bien intentionné : il tient à ce que son fils puisse s'intégrer parmi ses camarades. Il pense que le moyen d'éviter que Kevin se fasse embêter consiste à le gronder lorsqu'il fait quelque chose pour lequel les autres risqueraient de le juger.

Pour Kevin, en revanche, ce type de rencontre source de honte s'est produit des centaines de fois au cours de son enfance. Il a reçu des messages similaires de sa famille et de ses amis, qui ont tous joué un rôle dans la configuration de sa programmation. Cela a engendré chez Kevin beaucoup d'anxiété – d'autant plus exacerbée que celle-ci est alimentée par les histoires des pensées de singe. Par conséquent, ces «petites» rencontres ont fait boule de neige au fil du temps, ce qui a amené Kevin à développer une croyance que beaucoup d'hommes partagent : montrer ses émotions fait de moi quelqu'un de faible.

Avance rapide de vingt ans, jusqu'à aujourd'hui.

Depuis que Jamie a découvert que Kevin a écrasé le chien des Brown, c'est à peine si elle parle à son mari. Lorsqu'ils discutent, la conversation se résume généralement à des mots exprimant la douleur et la déception. Un soir, alors que Kevin est assis seul sur le canapé, son téléphone sonne. C'est sa mère. Elle lui annonce que son oncle préféré, Roger, est décédé subitement. Après avoir dit au revoir à sa mère éplorée, Kevin reste assis sur le canapé, hébété. Jamie passe par hasard à côté de lui en allant à la cuisine et remarque son comportement inhabituel.

— Qu'est-ce qui ne va pas ? demande Jamie, méfiante.

— Heu… Oncle Roger est mort, annonce calmement Kevin, encore sous le choc.

 Jamie s'assoit rapidement à côté de son mari.

— Oh, mon Dieu, je suis vraiment désolée. Est-ce que je peux faire quelque chose ? demande-t-elle gentiment, toute animosité dans sa voix ayant disparu.

Kevin détourne le regard, serrant les dents en essayant de maîtriser ses émotions.

— Non. Je vais bien, répond-il sèchement.

Elle se penche vers lui et lui enlace doucement le bras.

— Je sais combien ton oncle comptait pour toi. Sincèrement, dis-moi juste comment je peux t'aider, assure-t-elle.

La vision de Kevin commence à se troubler. Il se lève d'un bond, repoussant involontairement Jamie par la même occasion.

— Je vais bien. S'il te plaît, laisse-moi tranquille, murmure Kevin, toujours incapable de la regarder dans les yeux.

Jamie laisse échapper un gros soupir et se lève. Elle se retourne avant d'atteindre la porte de la cuisine et déclare :

— Tu sais, je me dis sans cesse que tu finiras un jour par arrêter de te renfermer sur toi-même comme tu le fais. Mais à chaque fois, tu me prouves que j'ai tort. À quoi bon être un couple si tu ne me laisses pas entrer ? Honnêtement, je ne sais pas si je peux continuer encore longtemps comme ça, murmure-t-elle.

Alors que la porte se referme derrière elle, Kevin se dirige vers son coffre à bouteille et sort son whisky, cherchant désespérément à s'éloigner de l'océan de chagrin, de honte et de colère qui menace de le submerger.

Les situations changent, nous évoluons et grandissons, mais notre état d'esprit n'est pas aussi flexible que nous voulons bien le croire. Les pensées de singe s'accrochent à ce qui s'est passé dans notre enfance, et utilisent ces événements pour teinter toutes nos interactions ; souvent à notre insu. Prenez l'exemple de Kevin. On a eu de cesse de lui répéter pendant son enfance que la vulnérabilité n'est pas une bonne chose. Par conséquent, maintenant qu'il est engagé dans une relation mature à l'âge adulte, il est incapable d'ouvrir son cœur à sa partenaire ; et ce malgré les demandes répétées en ce sens de cette dernière.

Si Kevin veut entretenir une relation saine, il doit d'abord prendre conscience de ses pensées de singe. Une fois qu'il aura compris en quoi sa croyance selon laquelle montrer ses émotions constitue une forme de faiblesse est fausse, alors seulement pourra-t-il commencer à apprendre comment s'ouvrir de manière authentique vis-à-vis de sa femme et se libérer enfin de la programmation qui le retient.

DE L'ENFANCE À L'ÂGE ADULTE

Les messages les plus forts ou les plus répétés reçus durant notre enfance deviennent les problèmes fondamentaux qui nous affectent à l'âge adulte. Toutes les situations ayant trait à ces questions particulières peuvent déclencher les bavardages incessants des pensées de singe, dont le volume augmente au fur et à mesure que s'accroît l'anxiété ; jusqu'à au point où nous sommes prêts à faire n'importe quoi pour les faire taire.

Elizabeth essuie ses mains moites sur sa jupe noire et en lisse les plis. Elle monte sur le siège passager de la voiture de son père, tirant la porte un peu trop fort derrière elle. Son père s'assoit en lui lançant un regard empreint d'une certaine indignation et tourne la clé dans le contact.

— Maman ne vient pas avec nous ? demande Elizabeth d'une voix tendue.

Son père ne répond pas pendant quelques instants, ajustant légèrement chaque rétroviseur. Il finit par bredouiller :

— Non. Elle est montée avec Ted et les enfants.

Tous deux restent assis en silence pendant plusieurs kilomètres, sans même allumer la radio pour dissiper la tension inconfortable qui règne dans l'air. Elizabeth ferme les yeux et s'arme de courage avant de se tourner finalement vers son père.

— Comment te sens-tu malgré tout ça, papa ? Tu n'as pas dit un mot sur grand-mère depuis qu'elle est morte... tu veux en parler ?

La mâchoire du père d'Elizabeth se tend et ses mains se crispent sur le volant.

— Non, je n'y tiens pas, répond-il sans ambages.

Relâchant son souffle, Elizabeth acquiesce d'un air compréhensif. Toutefois, elle ne peut se défaire de l'impression qu'il lui cache quelque chose.

— Tu es sûr ? Parce que j'ai l'impression...

Frappant le haut du volant, le père d'Elizabeth s'écrie :

— Bon sang, Elizabeth ! J'ai dit que je ne voulais pas en parler, alors arrête d'en parler !

Elizabeth sent que sa propre colère commence à monter.

— Je te connais, papa. Ta mère vient de mourir. Ce n'est pas quelque chose qu'on peut ignorer comme ça ! Tu vas juste enfouir tout ça et ne jamais le digérer, et tu vas... Elizabeth s'interrompt, son visage rougissant.

Son père fixe la route et répond d'un ton glacial :

— Je vais faire quoi ? Me saouler à mort ? Non, je pense que c'est dans ton miroir que tu trouveras cette personne. Je m'en sortirai très bien.

— Non, tu n'auras qu'à commencer une nouvelle liaison, lâche Elizabeth par dépit alors que sa colère prend le dessus.

Un air renfrogné se dessine sur le visage de son père, qui reste silencieux un moment.

— S'il y a bien une chose que j'ai héritée de ma mère, c'est le sens du respect ; une valeur que ta mère et moi n'avons apparemment pas réussi à te transmettre, fulmine-t-il. Je ne veux plus avoir cette conversation avec toi.

Soudain, il tourne sur le parking d'une station-service.

— J'ai besoin d'air, marmonne-t-il. Il claque la porte en marchant vers le gazon et s'allume une cigarette.

Toute tremblante, Elizabeth prend une profonde inspiration, regardant son père furieux tirer de profondes bouffées sur sa cigarette. Elle saute de la voiture et entre rapidement dans le magasin, la voix critique dans sa tête proférant des jugements à son encontre.

Avant même que son père ne remarque qu'elle est partie, Elizabeth est de retour dans la voiture, une fiole de vodka collée contre son corps sous son manteau.

À contrecœur, son père s'avance vers la voiture. Alors qu'il démarre le moteur, il se racle la gorge, laissant échapper une odeur de fumée dans l'habitacle.

— Je ne veux pas que tu restes chez moi ce soir, grommelle-t-il. Après la cérémonie, tu pourras aller chercher tes affaires. Je veux que tu sois partie à mon retour.

Elizabeth jette ses mains en l'air en poussant un rire guttural.

— Tu n'es pas sérieux! J'ai simplement fait une petite remarque et maintenant tu nous mets à la porte? Où sommes-nous censés dormir ce soir, papa? À l'hôtel?

Son père demeure impassible, regardant devant lui.

— Les enfants et Ted peuvent rester. Mais toi, non.

Elizabeth se tourne vers la fenêtre et s'enfonce dans le cuir de son siège, des larmes glissant lentement sur son visage. Elle mobilise toutes ses forces pour faire en sorte de pleurer aussi silencieusement que possible, afin de ne pas donner à son père la satisfaction de savoir que ses paroles l'ont blessée.

Alors qu'ils s'engagent sur le parking du funérarium, Elizabeth ouvre la porte de la voiture avant même que son père n'ait eu le temps de la garer. Essuyant ses larmes, Elizabeth sort précipitamment avec la bouteille encore dissimulée sous son manteau. Elle trouve rapidement les toilettes et s'enferme dans une cabine. Elle jette l'abattant des toilettes avec fracas, s'assoit lourdement et commence à fouiller vigoureusement dans son sac à main.

Trouvant son téléphone, elle appelle frénétiquement Sarah. Pas de réponse.

Elizabeth tape bruyamment du pied avec son talon, les larmes reprenant de plus belle.

Elle a oublié que Sarah est en mission et qu'elle restera injoignable pour le mois à venir.

La voix de ses pensées de singe est à présent assourdissante. *Ton père a raison. Personne ne veut de toi. Tu n'es bonne à rien.*

Les mains tremblantes, Elizabeth décapsule la bouteille de vodka.

Dès que l'alcool entre en contact avec ses lèvres, Elizabeth pleure encore davantage.

Mais elle ne peut pas s'arrêter. Elle boit et boit encore jusqu'à ce qu'elle vide presque tout le contenu de la bouteille. Tout ce qu'elle veut, c'est que la douleur disparaisse ; rapidement, la torpeur familière tant attendue commence à se faire sentir.

Après avoir jeté la bouteille dans la poubelle, Elizabeth se regarde dans le miroir : son maquillage a coulé et ses cheveux commencent à être ébouriffés. Plus elle regarde, plus son reflet devient flou.

Lorsqu'elle sort des toilettes, son mari l'attend.

— Tout va bien, Elizabeth ? T'es partie depuis presque une demi-heure. La cérémonie est sur le point de commencer, lance Ted.

— Je vais bien, répond Elizabeth, en bafouillant légèrement.

Ted peut sentir l'alcool dans son haleine, et sa mâchoire se crispe.

— Elizabeth, tu n'as pas…

— On peut en parler plus tard. Pour l'heure, je vais aller faire mes adieux à ma grand-mère décédée, déclare Elizabeth sans émotion.

Elle se dirige vers l'office, laissant derrière elle son mari bouleversé, et prend place au premier rang entre ses deux enfants. La mère d'Elizabeth est à côté de son fils et tamponne délicatement ses larmes avec un mouchoir.

Assis à côté de la mère d'Elizabeth se trouve son père, au visage de marbre.

Soudain, le fils d'Elizabeth la pousse.

— Maman, c'est à toi, murmure-t-il en désignant l'estrade. Elizabeth sent que tous les regards sont braqués sur elle, et elle réalise que c'est le moment de parler.

Elle se fraye un chemin jusqu'à l'autel. En passant près du corps de sa grand-mère, un frisson lui parcourt l'échine. Elle regarde la foule, qui attend d'entendre ses paroles compatissantes.

La vodka lui a rendu les idées confuses, et elle ne se souvient plus comment elle voulait commencer. En fait, elle ne sait pas du tout quoi dire.

Puis, en regardant le visage de sa grand-mère, Elizabeth se souvient d'une anecdote parfaitement à propos.

— Ma grand-mère était une femme d'une grande probité. Elle aspirait à l'honnêteté, la responsabilité et, Elizabeth marque une pause, regardant son père droit dans les yeux, au respect.

Son père lui retourne son regard avec un tel mépris que, pendant un instant, elle pense qu'il va l'éloigner du micro.

Elle poursuit :

— Grand-mère Elsie avait à cœur d'inculquer ces idéaux à chacun de ses enfants, puis petits-enfants, puis arrière-petits-enfants, explique Elizabeth en regardant ses propres enfants. Lorsqu'elle aperçoit leurs visages endeuillés, elle ne peut plus faire semblant. Ses yeux se remplissent de larmes, ses véritables émotions commençant à la submerger.

— Je me souviens d'un jour, quand j'étais toute petite, nous marchions près d'un sans-abri qui mendiait. Il était en fauteuil roulant et il lui manquait une jambe. J'ai demandé très fort à grand-mère : « Grand-mère, pourquoi cet homme n'a qu'une jambe ? »

Quelques rires fusent parmi la foule.

Elizabeth pouffe de rire elle aussi, en hoquetant légèrement. Bientôt, un sourire chaleureux et nostalgique s'installe sur son visage.

— Grand-mère avait remarqué que l'homme portait une casquette militaire, alors elle m'a dit : « Allons lui demander ». Je suis donc allée lui demander comment il avait perdu sa jambe, et il m'a expliqué qu'il était un ancien combattant et qu'il l'avait perdue à la guerre. Ma grand-mère m'a ensuite expliqué que chaque fois que je voyais un ancien combattant, je devais le remercier pour son action. Et depuis ce jour, je n'ai jamais manqué de le faire, se souvient Elizabeth avec émotion. Ma grand-mère a vécu une vie pleine d'amour et de joie, et je sais à quel point elle a touché tous les cœurs ici aujourd'hui. Portons donc un toast à Grand-mère, dit-elle en tendant la main vers son verre.

Cependant, la main d'Elizabeth se heurte au vide. Il n'y a pas de verre devant elle. Des chuchotements s'échappent des sièges, et Elizabeth sent ses joues s'échauffer.

— Symboliquement, je veux dire, bien sûr, corrige-t-elle rapidement, en faisant semblant de lever un verre à vin dans les airs.

Quelques personnes suivent son exemple, mais la majorité d'entre elles la regardent, perplexes. Elizabeth déglutit bruyamment et s'incline légèrement, puis retourne rapidement à son siège. Ce faisant, elle regarde les cinq personnes les plus importantes de sa vie.

Son mari ne veut pas la regarder. Sa fille la regarde avec des yeux pleins de larmes, visiblement hors d'elle vis-à-vis de sa mère se remettant à boire. Le visage de son fils est blême, et il scrute le sol avec embarras. Sa mère a toujours les yeux fermés, pleinement concentrée sur son propre chagrin – elle ne semble pas avoir remarqué ce que sa fille vient de dire. Son père la regarde d'un air froid et furieux. Elizabeth regarde ces gens, les personnes qu'elle aime le plus au monde, et ses pensées de singe n'ont qu'une chose à dire :

Tu ne vaux rien.

Et Elizabeth en est persuadée.

Chapitre 3

L'ORIGINE DE NOTRE PROGRAMMATION

Nous venons de voir l'influence des parents de Kevin et d'Elizabeth dans la création de la base de leur programmation. Afin de comprendre comment nos propres schémas d'anxiété ont commencé, nous devons nous pencher sur notre enfance et sur les messages que nous avons reçus du monde qui nous entoure.

Rappelez-vous comment vous perceviez le monde lorsque vous aviez quatre ou cinq ans. N'avez-vous pas l'impression que le monde tourne autour de vous ? Maman et papa vous nourrissent, vous baignent et vous accordent leur attention – c'est tout ce que vous voyez. Vous considérez que toute émotion de maman ou de papa, positive ou négative, est directement liée à vous. Ceci est dû au fait que, en tant qu'enfants, nous n'avons pas la maturité pour discerner autrement. Telles des éponges, nous absorbons tout ce que nous observons nos parents dire ou faire. Malheureusement, cela signifie que lorsque nous sommes témoins d'une dispute ou d'une tension, nous absorbons également ce sentiment désagréable. Ces sentiments d'anxiété ont constitué la base de notre programmation, qui s'est ensuite lentement développée au fur et à mesure que nous acquérions la capacité de former des croyances.

Des années de situations stressantes sont venues s'ajouter à cette programmation, provenant d'un large éventail d'expériences et de réactions. Nos parents n'ont pas eu besoin de nous crier dessus ou de nous réprimander pour créer cette programmation ; même les personnes qui pensent avoir eu une enfance parfaite peuvent avoir développé de l'anxiété à travers d'autres types d'interactions. Il peut s'agir d'un manque de contrôle, d'une structure de soutien insuffisante ou d'un traumatisme vécu à tout âge.

Alors, à quoi ressemblaient exactement les prémices de notre programmation lorsque nous étions enfants ? Afin de mieux comprendre ce concept, examinons les messages de formation-programmation reçus dans deux foyers très différents.

LA FAMILLE SMITH

Patrick, 5 ans, joue avec ses petits camions dans le salon de sa famille, où ses parents viennent de poser un nouveau tapis luxueux. Il est absorbé dans son monde imaginaire, faisant tourner frénétiquement un bulldozer en plastique autour de lui. Et voilà qu'il renverse sa tasse de jus de raisin sans même s'en rendre compte. Une flaque violette commence à se former sur le tapis. Le temps que Patrick s'en aperçoive, la flaque a la taille d'un melon.

Immédiatement, le cœur de Patrick s'emballe.

Sa mère entre dans la pièce pour le surveiller et remarque immédiatement la tache. Elle est furieuse.

— Patrick Michael ! Combien de fois t'ai-je dit de ne pas apporter de boissons ici ? As-tu la moindre idée de ce que coûte ce tapis ? Il n'y a aucune chance que ça parte un jour ! Attends de voir un peu que je raconte ça à ton père, s'emporte Mme Smith.

— Maman, je suis désolé. J'ai, j'ai pas fait exprès… murmure Patrick, des larmes coulant le long de ses joues.

— Je n'arrive pas à croire que tu aies fait ça ! Va dans ta chambre. TOUT DE SUITE !

Patrick se lève d'un bond et court dans sa chambre, enfouissant son visage dans son oreiller.

Combien d'entre nous se reconnaissent comme ayant grandi dans un foyer similaire à celui-là ? Si nous commettions une erreur, nous étions grondés et disciplinés.

Cependant, nous étions encore à l'âge où nous ne savions pas quoi faire avec ces sentiments anxieux – alors nous les gardions pour nous.

Imaginez, toutefois, être élevé·e dans une maison où des mots aussi durs et des punitions aussi sévères n'étaient pas utilisés.

LA FAMILLE WALTON

Charlie s'amuse avec son ami dans sa salle à manger. Ils trouvent une balle qui était tombée derrière l'armoire à vaisselle, et ils commencent à jouer à l'attraper. Charlie lance la balle un peu trop fort, et son ami la rate. La balle s'écrase sur l'une des assiettes en porcelaine de ses parents, datant de leur mariage, qui explose en une multitude de petits éclats. Entendant l'agitation, le père de Charlie se précipite dans la pièce.

Charlie, cinq ans, a la même réaction que Patrick – son cœur s'emballe et il n'arrive pas à reprendre son souffle. Pourtant, au lieu de réprimander son fils, M. Walton prend une grande inspiration et demande à Charlie de venir vers lui. Charlie ne peut se résoudre à regarder son père dans les yeux, alors il concentre son regard sur le sol.

M. Walton se penche et enveloppe chaleureusement son fils dans ses bras. Il tient simplement Charlie, sans rien dire, tout en respirant calmement. Bientôt, Charlie sent ses tremblements nerveux s'estomper et son rythme cardiaque revenir à la normale. Enfin, il synchronise inconsciemment sa respiration avec celle de son père.

Après plusieurs minutes de silence, M. Walton relâche Charlie.

— Comment tu te sens chéri ? demande-t-il.

— Mieux, répond tranquillement Charlie, ses yeux verts se reflétant dans ceux de son père. Désolé pour ton assiette, papa.

— Ce sont des choses qui arrivent parfois, reconnaît M. Walton. Mais on ne joue plus au ballon dans la maison pour que ça ne se reproduise pas, d'accord ?

— Ok. Je ne le ferai plus.

— Je suis content de te l'entendre dire. Je te laisserai raconter ça à maman quand elle rentrera.

— OK. Je le ferai, approuve Charlie, sans une once de malaise dans la voix.

— Bien. Nettoyons tout ça, puis tu pourras aller jouer dehors avec Billy.

Charlie aide son père à nettoyer le désordre et sort ensuite avec son ami, pour continuer leur séance de jeu sous le soleil. Charlie semble aussi heureux que d'habitude – on ne dirait pas qu'il vient de casser un objet familial précieux. Dans ce scénario, Charlie reconnaît que ce qu'il a fait était une erreur. Il se sent coupable, mais il ne considère pas pour autant qu'il est une mauvaise personne. Il est capable de concevoir cet événement comme une expérience d'apprentissage, et il ne jouera plus jamais avec des balles dans la maison.

Quelle est donc la différence entre la famille Smith et la famille Walton ? La première famille croit que nous devons être réprimandés pour nos erreurs, tandis que la seconde considère que l'acceptation constitue le moyen par lequel créer le changement.

La première famille jette les bases des pensées de singe ; la seconde favorise les pensées d'observateur.

Même si la plupart d'entre nous n'ont pas grandi avec des parents comme M. Walton, nous pouvons tout de même apprendre à réagir à travers son état d'esprit.

NOUS AVONS TOUS DES PENSÉES DE SINGE

Kevin a également été élevé dans la famille Smith. Lui et son frère, Patrick, ont reçu des messages de réprobation de la part de leur mère et de leur père presque tous les jours pendant dix-huit ans. Et comment Kevin a-t-il évolué aujourd'hui ? Son mariage est en ruine, il doit faire face aux conséquences liées au fait d'avoir renversé un chien en état d'ébriété, et il est rongé par le chagrin. Kevin est en mauvais état.

Je rencontre Kevin quelques jours après la perte de son oncle. Je me promène dans un marché de producteurs locaux lorsque je remarque un homme à côté de moi qui porte une casquette des Pittsburgh Penguins, ce qui attire immédiatement mon attention. Néanmoins, avant de lui dire quoi que ce soit, j'observe simplement cet homme pendant quelques instants.

Il tient une pomme de terre dans chaque main et les regarde côte à côte.

Le regard concentré sur son visage suggère que c'est la décision la plus difficile qu'il ait eu à prendre de toute la semaine. Les poches sous ses yeux et la sueur qui imprègne sa chemise témoignent d'une journée difficile.

Vu la détresse dans laquelle je trouve cet homme, je décide d'entamer une conversation honnête avec lui.

— Allez les Pingouins ! lui dis-je avec un sourire enthousiaste en marchant dans sa direction.

Ma voix semble faire sortir Kevin de son état de *transe-patate*. Il me regarde avec des yeux déconcertés.

— Quoi ? Oh, oui. Allez les Pingouins, répond-il doucement, en replongeant son regard sur les pommes de terre.

— Je m'appelle J.F. Benoist, dis-je en lui tendant la main.

Kevin se retourne vers moi, surpris de voir que je suis toujours là.

— Moi, c'est Kevin, répond-il incertain, en acceptant ma poignée de main.

— On dirait que tu as eu une nuit difficile, lui dis-je sans détour.

— Heu, oui. J'ai une sacrée gueule de bois. J'ai l'impression qu'elle est permanente ces temps-ci, marmonne-t-il en baissant les yeux comme pour échapper à la conversation.

— Oh, je me souviens de cette époque. J'aurais bien aimé avoir quelqu'un à qui me confier quand je passais par là. Est-ce que ça va ? Tu veux en parler ? Je lui demande gentiment.

Il me regarde droit dans les yeux, un air perplexe sur le visage.

— La plupart des gens ne demandent pas ça à des inconnus, répond-il nerveusement.

— Tu as raison, je suis d'accord. C'est probablement difficile d'imaginer qu'un étranger puisse s'en soucier, surtout lorsqu'on sait que même les gens qu'on connait *vraiment* nous demandent « Est-ce que ça va ? » sans vraiment vouloir connaître la réponse.

— Et toi, tu veux *vraiment* le savoir ? demande Kevin à voix basse.

— Oui, en effet, je le rassure chaleureusement. Tu veux te promener ?

— Euh… répond Kevin, le regard baissé, ses yeux effectuant des mouvements rapides d'un côté à l'autre tandis qu'il considère ses options.

Finalement, il rétablit le contact visuel.

— Bien sûr, pourquoi pas ?

Il dépose ses pommes de terre dans le panier du vendeur, et nous commençons notre promenade à travers le marché. Glissant négligemment mes mains dans les poches, je lui confie :

— J'ai eu des problèmes de dépendance assez importants. Alcool, drogues, dépression… J'étais dans une mauvaise passe. Mais ensuite, j'ai commencé à étudier avec des mentors, et après quelques années, j'ai réalisé quelque chose.

— Qu'est-ce que tu as réalisé ? demande Kevin, en regardant autour de nous, mal à l'aise.

— Nous souffrons tous, Kevin. On s'isole et on prétend ne pas lutter, alors que c'est le cas. Mais en même temps, ce n'est pas notre faute. On fait de notre mieux. Parfois, il suffit d'une connexion avec la bonne personne pour vraiment changer votre vie.

Kevin se détourne de moi et expire profondément. Il me regarde à nouveau et me demande :

— Comment se fait-il que tu sois si à l'aise pour partager tout ça avec moi ? On s'est rencontrés il y a deux minutes, mais tu me parles comme si on se connaissait depuis des années. Comment fais-tu cela ?

Je souris légèrement et continue à marcher.

— Je vais te montrer. Tu vois cette femme là-bas, qui cherche tant bien que mal à sortir quelque chose de son sac ? C'est une inconnue pour nous deux, et pourtant je sais qu'elle traverse une épreuve dans sa vie. Peut-être que son fils ne travaille pas bien à l'école. Ou peut-être qu'elle est en retard pour un compte rendu important au travail. Je ne sais peut-être pas ce que c'est, mais il y a quelque chose, je lui explique.

Kevin regarde la femme réussir à trouver ses clés et à les sortir du sac. Bientôt, elle se fond dans la foule.

— Et l'homme à la veste marron, Kevin ? je lui demande. Quelle est ta première impression de lui ?

Kevin regarde et voit l'homme que j'ai désigné rire tout en parlant au téléphone.

— Eh bien, pour l'instant, il a l'air plutôt heureux, remarque-t-il.

— Tu as raison. Il a l'air plutôt heureux. Mais peut-être qu'il est en train de divorcer. Ou peut-être qu'il a été adopté, et qu'il a du mal à se sentir désiré par quelqu'un. Indépendamment de son apparence actuelle, il y a quelque chose qui le préoccupe dans sa vie, je lui suggère.

Kevin s'arrête de marcher et demande :

— Pourquoi me dis-tu ça ?

Je prends une profonde inspiration avant de répondre.

— Parce que, Kevin, je vois que tu luttes contre quelque chose de très lourd. Je travaille avec les gens depuis longtemps, et je sais reconnaître lorsqu'il y a de la douleur dans les yeux de quelqu'un.

— Tu arrives à le voir, hein ? murmure-t-il en se tordant nerveusement les mains.

Nous nous asseyons tous les deux sur un banc et continuons à discuter pendant l'heure qui suit. Il me parle de son mariage qui bat de l'aile, de sa déception envers lui-même et de sa lutte contre l'alcool.

— Kevin, on dirait que tu as traversé beaucoup d'épreuves. Je peux vraiment me reconnaître là-dedans. Mais, malgré toutes ces luttes dans ta vie, pourquoi est-ce que tu bois ?

Immédiatement, je vois le mur de Kevin commencer à se relever ; il se penche loin de moi.

— Bon sang, j'en ai tellement marre que tout le monde me demande ça ! Je ne sais pas, Ok ?

— Je pense que tu ne comprends pas ce que je te demande, je lui réponds calmement.

La curiosité de Kevin l'emporte sur sa colère.

— Qu'est-ce que tu veux dire ?

— Si tu en as tellement marre que tout le monde te demande pourquoi tu bois, essayes-tu réellement de trouver la réponse ? Ou est-ce que tu perçois cette question uniquement comme une critique ?

Kevin s'arrête un moment.

— Heuu. Je suppose que je le prends mal, admet-il, surpris par sa propre réponse.

— Ne sois pas si dur envers toi-même, Kevin. Il y a une raison plus profonde à ta consommation d'alcool. Tu dois juste être prêt à t'ouvrir pour la trouver.

En me levant pour partir, j'ajoute :

— Je dois me rendre à un rendez-vous, mais je tiens à te remercier pour ton honnêteté aujourd'hui. Cela m'a vraiment touché. J'espère que tu vas trouver une solution. Je pense que tu le mérites.

Je lui serre la main, et nous nous séparons pour vaquer à nos occupations respectives.

Réfléchissant toujours à sa rencontre avec moi, Kevin retourne au stand des fruits et légumes pour acheter des pommes de terre. Il en prend cinq sans les regarder et remet l'argent au vendeur.

Soudain, il a bien d'autres choses en tête que de savoir quelle pomme de terre est la plus ronde.

Comme Kevin, beaucoup d'entre nous supposent inconsciemment que les gens nous jugent lorsqu'ils posent des questions ou font des déclarations au sujet de choses dont nous avons déjà honte. Rarement sommes-nous capables de prendre du recul et d'écouter réellement la question qui nous est posée. Ce sont les pensées de singe qui guident nos réflexions et nos sentiments. Malheureusement, ce que nous ne voyons pas, c'est comment cet état d'esprit indigne sabote notre vie.

Si votre objectif est de démanteler vos programmes négatifs, les pensées d'observateur peuvent devenir vos meilleures alliées. Elles peuvent vous indiquer où trouver la clarté et la paix dans chaque scène de votre vie. Cultivez votre amitié avec les pensées d'observateur, débranchez les pensées de singe et libérez-vous de votre anxiété, de votre dépendance et de vos problèmes relationnels.

Bien sûr, franchir cette étape impliquera du dévouement et de la pratique, comme tout changement d'habitude. Dans cette optique, l'étape suivante consiste à comprendre comment nos croyances sur les autres et sur nous-mêmes influencent les pensées de singe.

LES PENSÉES DE SINGE
VS.
LES PENSÉES D'OBSERVATEUR

Les pensées de singe

Poussent à l'extrême
Concentrent la responsabilité sur les autres
Paniquent, et nourrissent l'anxiété
Créent des drames et suscitent des émotions
Considèrent tout comme une urgence
Veulent que les choses changent – MAINTENANT
Confondent l'histoire avec la réalité
Supposent qu'elles connaissent la vérité
Portent des jugements et des opinions immédiats
Sont rongées par un flot ininterrompu de pensées
Se précipitent et vous poussent à réagir immédiatement
Créent toujours le même résultat

Les pensées d'observateur

Respirent le calme et la clarté
Concentrent la responsabilité sur l'intérieur
Restent présentes dans les situations anxiogènes
Énoncent des faits simples
Considèrent tout comme une situation en cours de réalisation
Acceptent ce qui est et explorent les changements possibles
Comprennent que l'histoire n'est qu'une histoire
Supposent qu'il y a quelque chose d'utile à apprendre ici
Posent des questions et envisagent d'autres points de vue
Laissent de l'espace dans leur réflexion
Vous permettent de réagir à votre propre rythme
Créent de nouvelles possibilités

Partie 2

LE POUVOIR DES CROYANCES

Chapitre 4

LES CROYANCES SE PRÉSENTENT SOUS DE NOMBREUSES FORMES

Une croyance est une pensée récurrente que vous supposez toujours vraie ; elle semble si évidente que vous ne pensez même pas à la remettre en question. Il est important d'être conscient que chacun d'entre nous possède un éventail époustouflant de croyances qui créent notre réalité. Si vous voulez changer une partie de votre réalité, vous allez devoir changer certaines de vos croyances.

Examinons plusieurs exemples de croyances communes.

CROYANCES COMMUNES

Nous pouvons croire quelque chose sur les gens en général, ou sur une personne en particulier : «Ils sont paresseux.» «Mon père ne me comprendra jamais.» «L'argent est tout ce qui compte pour elle.»

Nous pouvons également croire que quelque chose qui est parfois vrai est toujours vrai : «Sa famille me déteste.» «C'est une menteuse.» «Mes enfants sont les plus intelligents.»

Nous pouvons entretenir des croyances sur ce qui est bon ou mauvais, bien ou mal.

Certaines de ces croyances nous servent bien, mais parfois elles nous amènent à voir absolument tout en noir et blanc, et nous passons à côté des nombreuses couleurs qui existent dans le monde : «Tous les politiciens sont corrompus.» «Les docteurs connaissent toutes les réponses.» «Mentir, c'est mal.»

Nous développons tous des croyances fondamentales autour de la sécurité et de la bienveillance de la vie : «La vie est injuste.» «Dieu est de notre côté.» «C'est chacun pour soi.»

Certaines croyances sont des stratégies destinées à nous protéger : «Ne parle jamais à des inconnus.» «Ne mange pas de malbouffe.» «On ne peut pas faire confiance aux hommes.»

Et puis il y a nos croyances fondamentales, les histoires auxquelles nous revenons sans cesse lors de situations sans aucun rapport. Ces croyances sont au cœur de notre vie et de notre identité : «Je ne suis pas quelqu'un de bien.» «Je suis une bonne personne.» «Je suis intelligent·e.» «Je suis stupide.» «Je suis béni·e.» «Je ne suis pas à la hauteur» «Il y a quelque chose qui ne va pas chez moi.» «Je ne suis pas sympa.»

Les pensées de singe dominent notre esprit avec des histoires liées à nos croyances fondamentales autodestructrices. Ces croyances sont issues de notre programmation, et bon nombre de nos pensées sont liées d'une manière ou d'une autre à ces croyances fondamentales.

Les pensées d'observateur prennent du recul par rapport à nos croyances autodestructrices et s'interrogent sur le bien-fondé de ces idées. Est-il vrai que je ne suis pas quelqu'un de bien ?

Est-il vrai que je ne suis pas sympa ? Lorsque vous parvenez à vous détacher de ces pensées, vous pouvez voir à quel point ces croyances sont souvent erronées.

Pour commencer à identifier ces croyances, imaginez une personne qui regarde une peinture abstraite. Elle pense : «De quoi parle cette peinture ?» Sa croyance du moment est : «Je devrais être capable de comprendre plus facilement le sens de cet art.»

À présent, pour en faire l'expérience vous-même, regardez un tableau et notez vos pensées sur cette œuvre d'art. Commencez ensuite à identifier vos croyances à partir de ces déclarations.

Lorsque nous commençons à prendre conscience de la présence de nos croyances dans notre vie quotidienne, nous pouvons commencer à nous éloigner progressivement des histoires des pensées de singe et à reprendre le contrôle de notre vie.

Chapitre 5

LE BUT DE NOS CROYANCES

La majorité des croyances que nous avons stockées dans nos banques de mémoire ont été développées pour prendre soin de nous d'une manière ou d'une autre. Malheureusement, les croyances qui ont pu nous aider lorsque nous étions plus jeunes sont souvent contre-productives dans notre vie actuelle.

Voyons comment une croyance peut commencer par être bénéfique et finir par être préjudiciable.

L'HISTOIRE DE GABRIELA

Lorsque Gabriela avait huit ans, sa mère l'a emmenée chez une collègue. Pendant que les deux adultes discutaient, Gabriela s'est aventurée dans la cuisine, où elle a trouvé le chien de la famille en train de manger dans sa gamelle. Ravie de cette découverte, Gabriela s'est précipitée et a commencé à caresser le dos du chien.

Ce chien était très territorial autour de la nourriture, et d'un seul coup, il s'est retourné et a mordu la main de Gabriela – très fort.

Le sang coulant sur son bras, Gabriela a couru vers sa mère en larmes. En voyant les dégâts, la mère de Gabriela s'est mise à hyperventiler et à énumérer les différentes infections que Gabriela pouvait contracter. Lorsqu'elles sont arrivées à l'hôpital, Gabriela était presque convaincue que l'on allait devoir amputer sa main.

Bien que la blessure ait convenablement guéri, Gabriela ne s'est jamais débarrassée de la détresse émotionnelle de ce jour-là. Elle a développé la conviction que tous les chiens sont dangereux, et a rapidement pris la résolution de ne plus s'approcher d'aucun chien.

Aujourd'hui, à l'âge adulte, Gabriela continue (d'une certaine manière) à prendre soin d'elle convaincue que tous les chiens sont dangereux – elle ne sera jamais mordue par un chien si elle n'en côtoie jamais. Néanmoins, cette croyance implique plusieurs autres conséquences.

Gabriela ressent beaucoup de peur et d'angoisse inutiles dès qu'un chien est à proximité. Elle se donne du mal pour éviter beaucoup de petits chiens qui ne sont pas du tout dangereux, et elle passe à côté de chiens merveilleux qu'elle pourrait apprécier. De nombreux amis des animaux diraient que c'est un lourd tribut à payer.

Sur un plan plus personnel, cette vieille croyance pourrait nuire aux relations de Gabriela.

Un soir, Gabriela reçoit un appel de son ami Dev.

Gabriela ! Tu viens à la fête ce soir, n'est-ce pas ? demande Dev avec impatience.

— Bien sûr ! répond Gabriela en se passant une nouvelle couche de rouge à lèvres. Je me prépare à partir dans un quart d'heure.

— Super ! Shannon et Anthony vont être là aussi… Couché ! Méchant chien ! crie Dev soudainement, un aboiement résonnant derrière lui.

— Oh, il y a un chien là-bas ? demande Gabriela, anxieuse, sentant que la paume de ses mains se met à transpirer.

— Ouais ! Caribou est là. Tu l'as déjà rencontré, n'est-ce pas ? C'est un gros nounours ! s'extasie Dev, caressant manifestement Caribou à l'autre bout du fil.

— Non… non, je ne l'ai jamais rencontré. Ok, je t'envoie un message en partant, dit Gabriela en essayant de dissimuler son malaise.

— Parfait. À bientôt ! répond Dev, ne remarquant pas le changement de ton dans la voix de celle-ci.

Gabriela fait les cent pas dans son appartement, essayant de faire disparaître le nœud dans son estomac. Ses pensées de singe profitent de l'occasion.

Il s'appelle Caribou ? Il va être énorme ! Et s'il veut jouer ou s'il s'énerve ? Tu pourrais perdre un doigt ! Il n'y a pas moyen que tu y ailles. Tu seras inquiète tout le temps de toute façon. Tu feras ta rabat-joie.

Gabriela envoie un texto à Dev quelques minutes plus tard. « Désolée, Dev. J'ai mal à la tête tout d'un coup, donc je pense que je vais devoir refuser l'invitation tout compte fait. Mais on se voit la semaine prochaine ! »

Gabriela est gênée par sa peur et espère que sa tournure positive à la fin de son texte compensera son absence. Elle s'effondre sur le canapé et jette son téléphone sur la table basse. Elle l'ignore alors qu'il n'arrête pas de vibrer. Elle s'enveloppe d'une couverture et se met à pleurer pour être une telle froussarde. Elle passe le reste de la nuit à se critiquer jusqu'à ce qu'elle sorte enfin son ordinateur portable et commence à acheter tout ce qu'elle voit pour calmer ses pensées. Il est clair que la croyance selon laquelle tous les chiens sont dangereux ne sert plus à rien à Gabriela. Si elle choisissait de prendre conscience de sa programmation, elle pourrait apprendre à adopter une nouvelle croyance sur les chiens – une croyance qui ne la mettrait pas en danger, mais qui ne dicterait pas non plus son planning social en fonction des canidés.

La plupart d'entre nous ne réalisent pas à quel point nous solidifions une croyance en fonction d'événements et de traumatismes passés, comme le fait Gabriela. Avez-vous en tête des croyances que vous avez pu adopter et qui vous freinent aujourd'hui ?

Pour vous représenter cela, imaginez que votre partenaire rentre du travail et vous demande : « Pourquoi n'as-tu pas fait la vaisselle comme je te l'avais demandé ? » Prenez un moment pour réfléchir et soyez honnête sur la façon dont vous répondriez.

Votre réponse est-elle du genre : « Pourquoi est-ce que je dois tout faire ? »

La plupart d'entre nous sont aveugles quant à la croyance sous-jacente qui nous fait réagir comme nous le faisons. Par exemple, la croyance à l'origine de cette réponse pourrait être la suivante : Je suis irresponsable si je n'ai pas fait ce qu'on m'a demandé.

Imaginez maintenant que votre partenaire rentre à la maison et vous demande : « Pourquoi ne m'as-tu pas rappelé·e ? » Quelle est votre réponse à cette question ? Vous sentez-vous sur la défensive ? Qu'avez-vous l'impression de devoir défendre ? Et quelle pourrait être la croyance qui motive votre réponse ?

Lorsque le prix à payer pour la croyance que vous avez adoptée précédemment est votre bonheur et votre bien-être personnels, il est temps de trouver une meilleure façon de prendre soin de vous. Pour prendre réellement soin de nous, nous devons être capables de remettre en question les croyances qui semblent nous servir, mais qui finissent par saboter notre vie.

Chapitre 6

NOS CROYANCES DÉTERMINENT NOTRE EXPÉRIENCE

Beaucoup d'entre nous sont élevés de telle manière que nous croyons que les circonstances extérieures et les autres personnes peuvent créer notre expérience. Pourtant, il est évident que nos croyances affectent *effectivement* la façon dont nous réagissons à une situation, car des personnes différentes réagissent différemment à un même stimulus.

Pouvez-vous imaginer à quel point il serait libérateur de savoir que vous êtes le ou la seul·e responsable de votre vie ? C'est ce que vous pouvez réaliser en abordant et en vous libérant de vos croyances négatives.

Prenons un exemple illustrant comment un groupe de personnes peut avoir des réactions totalement différentes face à un même scénario.

DES PERSONNES DIFFÉRENTES, DES RÉACTIONS DIFFÉRENTES

C'est une merveilleuse soirée d'été. Paula, l'amie mélodramatique d'Elizabeth du salon de coiffure – et quatre de ses amis sont réunis dans un nouveau restaurant chinois très chic. Ils sont assis à la même table, partagent la même nourriture, parlent avec le même serveur et écoutent la même musique de fond entraînante. Ils se connaissent depuis des années et ont toujours hâte de se retrouver.

Il est intéressant de noter que, bien qu'elles partagent tous les mêmes circonstances extérieures, chacune de ces personnes vit une expérience personnelle très différente. Thomas est plutôt heureux, Lucy est désespérée, Greg est nerveux, Paula est extrêmement déprimée et Susan, frustrée.

Si les circonstances extérieures sont les mêmes pour tout le monde, pourquoi ont-ils des expériences aussi radicalement différentes ? C'est parce que chaque personne perçoit les événements à travers un ensemble de croyances différentes. Thomas pense qu'il n'y a rien de mieux qu'un repas entre amis, il est donc de bonne humeur. Tout ce qu'il goûte et voit le ravit. Il ne peut s'empêcher de parler et de rire.

Lucy trouve le serveur magnifique, mais cela réveille un drame intérieur dû à sa récente rupture. Elle remarque à peine la nourriture et se laisse distraire de la conversation chaque fois que le serveur s'approche. Ses pensées de singe lui rappellent : *tu ne seras jamais avec quelqu'un d'aussi séduisant. Tu finiras avec un raté, si tant est que tu finisses avec quelqu'un.*

Greg n'arrive pas à oublier que Susan lui a annoncé qu'elle allait avoir une promotion. Sa jalousie prend le dessus et ses pensées de singe lui rappellent toutes les raisons pour lesquelles il ne sera pas promu de sitôt : *T'es trop lent, ils ne t'accorderont jamais plus de responsabilités.*

Paula en est à son quatrième cocktail. Personne ne l'a complimentée sur sa nouvelle tenue, alors qu'ils ont dit à Lucy qu'elle était très belle aujourd'hui. Ses pensées de singe lui disent : *Tes amis ne te remarquent même pas. Ils ne t'aiment probablement plus.*

Susan est sur les nerfs. Son côté perfectionniste a refait surface et elle pense que le service est incroyablement lent et que le serveur est incompétent.

Ses pensées de singe alimentent cette histoire. À ce prix, tout devrait être parfait. Cela fait dix minutes que le serveur n'est pas venu vous voir. C'est inadmissible.

Chaque personne se retrouve dans la même situation de base avec un ensemble de croyances très différentes et, par conséquent, une perspective très différente. Chaque croyance crée sa propre réalité à partir de la même matière première, très simple : un repas entre amis.

Repensez à la dernière fois que vous avez dîné avec vos amis. Dans votre esprit, imaginez-vous dans ce restaurant. Regardez autour de vous. Remarquez ce qui vous vient à l'esprit : laid, joli, bon, mauvais, sale, propre, assorti, incompatible – tout ce qui attire votre attention.

Voyez-vous comment vous pouvez faire une fixation sur une chose et vivre une expérience très différente de celle de votre ami·e, qui pourrait se concentrer sur autre chose ?

Allons un peu plus loin. Imaginez que vous êtes un·e enfant de dix ans, qui a été élevé·e toute sa vie dans la nature, avec peu de contacts avec la civilisation. Vous vous trouvez dans ce même restaurant, mais la plupart des objets de ce nouvel environnement ne vous sont pas du tout familiers. Auriez-vous les mêmes réactions et croyances ? Ces évaluations – bon, mauvais, assorti, incompatible – auraient-elles même un sens ? Voyez-vous comment les différentes perspectives et les croyances que vous entretenez créent votre expérience ?

Nous imaginons que nos réactions sont déclenchées directement par un stimulus extérieur, mais en réalité, elles le sont par nos croyances. Il est essentiel de comprendre cela si nous voulons guérir les pensées de singe. Essayer de changer les détails extérieurs est généralement une perte de temps. Il est bien plus efficace de se confronter directement à nos croyances ; il s'agit du raccourci pour changer les programmes qui sabotent nos vies.

NOTRE PROGRAMMATION INFLUENCE NOS RÉACTIONS

Notre vie implique de faire de nombreux choix : ce que nous portons, la carrière que nous poursuivons, la musique que nous écoutons. Nous sommes habitués à pouvoir choisir à quoi nous consacrons notre temps. Cela signifie que lorsque nous n'avons aucun contrôle sur une situation, il nous arrive souvent de nous sentir frustrés. Nous voulons avoir le contrôle sur l'incontrôlable.

En dépit de ce qui se passe dans nos circonstances extérieures, nous avons toujours le contrôle sur la façon dont nous réagissons. Lorsque nous apprenons à être responsables de nos réactions, nous devenons beaucoup plus efficaces et paisibles lorsque la vie nous joue des tours. L'astuce pour reconnaître les croyances profondes en jeu consiste à regarder à l'intérieur de soi plutôt que de se concentrer sur les facteurs extérieurs.

～

Pour comprendre cela, examinons les expériences extérieures presque identiques de deux personnes en reconsidérant le cas de Patrick Smith et Charlie Walton à l'âge adulte.

Patrick, le frère de Kevin, a été élevé par des parents très critiques. Malgré ses bonnes performances à l'école et en sport, rien de ce qu'il faisait n'était assez bien aux yeux de son père. En revanche, Charlie a été élevé au sein du foyer aimant et chaleureux des Walton. Ses parents respectaient ces décisions, tout en l'encourageant à apprendre davantage et à grandir.

Aujourd'hui, Patrick et Charlie se trouvent exactement dans la même situation, bien que dans des endroits différents. Patrick est l'un des meilleurs vendeurs d'une entreprise de New York. Aujourd'hui, il a le rendez-vous le plus important de sa vie : s'il présente bien et conclut cette affaire, il obtiendra une grosse promotion. Charlie est le principal vendeur d'une entreprise de Los Angeles. Il partage également les circonstances d'une réunion qui pourrait changer sa vie. Les deux réunions ont lieu dans les bureaux du client potentiel.

Patrick et Charlie se présentent tous deux à leur immeuble respectif une heure avant leur réunion. À leur grande surprise, ils découvrent un parking très rempli. Si rempli, en fait, qu'aucun des deux ne parvient à trouver une place libre. Il n'y a pas de parking dans la rue à proximité, alors ils tournent en rond autour des différents étages, en espérant que quelqu'un finisse par partir. En un rien de temps, il ne reste plus que quinze minutes avant le début de leur réunion.

Finalement, ils repèrent chacun une voiture qui part. Ils allument leurs clignotants, soulagés qu'une place se soit libérée. Alors qu'ils sont sur le point de se garer, une autre voiture surgit de nulle part et prend la place de parking.

Immédiatement, Patrick se met en colère. Ses pensées de singe se mettent en marche, avec un langage plus fleuri que celui que j'ai décidé d'inclure. *T'es sérieux ? T'avais clairement mis ton clignotant ! Quel crétin absolu ! Mais quel culot ! Un type comme ça mérite qu'on lui raye sa voiture avec une clé.*

Charlie ressent également une soudaine colère. Cependant, au lieu de croire à l'histoire de ses pensées de singe, il prend une profonde inspiration et s'accorde l'espace nécessaire pour examiner ces pensées. En passant devant la place désormais occupée pour trouver un autre endroit où se garer, les pensées d'observateur de Charlie jouent une tout autre musique. *Eh bien, apparemment ce gars avait besoin de cette place plus que toi. Trouvons-en une au*tre.

Le temps que chacun d'eux trouve une place, leur réunion a commencé depuis déjà 15 minutes.

Lorsque Patrick sort de l'ascenseur, il transpire à grosses gouttes.

Il sent clairement le regard glacial de son patron à l'autre bout du bureau alors qu'il se précipite dans la salle de réunion. Au lieu de prendre place tranquillement, Patrick décide de partager la grande tragédie qu'il vient de vivre. «Désolé pour mon retard, tout le monde! Vous n'allez pas croire ce qui s'est passé! Je suis arrivé à huit heures et je me suis rendu compte qu'il n'y avait pas de place de parking! Mais ensuite, près de quarante-cinq minutes plus tard…» Patrick amuse la galerie avec son récit de malheur, en exagérant les faits.

Le patron de Patrick l'observe, incrédule, la colère montant en lui. Il doit finalement couper la parole à Patrick et lui ordonner de commencer sa présentation. Désormais déstabilisé, Patrick livre une prestation nerveuse et balbutiante qui n'impressionne personne.

De son côté, Charlie entre avec assurance dans la salle de réunion. En entrant, sa patronne, Claudia, affiche le même regard de colère que celui de Patrick. Néanmoins, au lieu de se lancer dans une histoire, Charlie gère la situation de manière très différente.

Charlie s'avance au-devant de la salle, à côté de son patron. Il déclare alors calmement : «Désolé pour mon retard, tout le monde. Claudia, si nous devons en discuter plus longuement, je serai heureux de le faire plus tard. Mais pour l'heure, je suis ravi de vous expliquer le nouveau produit sur lequel nous avons travaillé et qui vous réunit tous ici aujourd'hui.»

La patronne de Charlie se détend en le regardant donner une excellente présentation avec assurance.

Après sa journée de travail, Patrick rentre chez lui à travers le trafic new-yorkais, les mains crispées sur le volant. Ses pensées de singe ne le lâchent pas d'une semelle.

T'es vraiment un idiot! Pourquoi t'es arrivé qu'une heure plus tôt? Qu'est-ce qui t'a pris? T'es passé pour un imbécile! Lou t'a ignoré le reste de la journée. Tu vas te faire virer demain. Et pour cause. Parce que t'es un crétin.

Patrick fonce rageusement dans son allée, et pile sur le frein.

Une fois à l'intérieur, il sort son sachet de cocaïne de sa commode et sniffe rapidement une ligne.

À l'autre bout du pays, Charlie profite de sa soirée avec son patron et ses nouveaux associés, qui l'ont invité à dîner après avoir finalisé le contrat de son affaire. Le groupe passe un agréable moment à faire connaissance, et tous attendent avec impatience la prochaine fois qu'ils pourront se retrouver.

Comme vous pouvez le constater, Patrick et Charlie ont obtenu des résultats très différents à partir des mêmes circonstances extérieures. La raison pour laquelle Patrick et Charlie ont réagi différemment tient au fait que Patrick n'a pas confiance en lui en raison de la programmation qu'il a reçue de son éducation. On lui a appris que le moyen de ne pas se faire gronder consiste à faire plaisir aux autres ; en s'attachant à faire plaisir aux autres, il a appris à croire qu'ils sont responsables de ce qu'il ressent. Il a développé la croyance selon laquelle « s'ils aiment qui je suis, alors je me sens bien dans ma peau ». Inversement, il croit également que « s'ils n'aiment pas qui je suis, je me sens mal dans ma peau ». C'est pour cette raison qu'il veut rendre les autres ou les circonstances extérieures responsables de son mal-être.

Patrick a également été élevé dans l'idée que ce n'est pas juste si quelque chose ne va pas dans son sens. Ce type n'aurait pas dû lui voler sa place de parking. Il *n'aurait pas dû* être en retard à la réunion.

La vérité veut que nous ne soyons pas toujours en mesure de contrôler les circonstances extérieures. Nous ne pouvons pas contrôler si un restaurant n'a plus notre soupe préférée, ou s'il pleut le jour de notre mariage. Nous pouvons essayer de nous disputer avec la pluie, ce qui ne nous mènera nulle part. Ou nous pouvons simplement accepter la situation et nous concentrer sur le changement de nos *croyances* concernant la météo, qui est une chose que nous pouvons contrôler.

Vous arrive-t-il de penser de cette façon ? Imaginez que vous vous trouviez dans une situation similaire à celle de Patrick et Charlie. Pensez aux façons dont vos pensées de singe s'opposeraient à ce qui se passe lorsque vous ne trouvez pas de place de stationnement.

Formulez ces jugements à voix haute : « Je n'arrive pas à y croire. Pourquoi y a-t-il tant de gens ici en ce moment ? Pourquoi n'ont-ils pas construit plus de places de parking pour un bâtiment aussi grand ? » Prêtez attention à ce que vous ressentez. Est-ce que cela améliore votre situation, ou est-ce que cela ne fait qu'accroître votre anxiété ?

À présent, pensez du point de vue des pensées d'observateur et ajustez-vous à la situation. Exprimez ces idées à voix haute : « Je n'arrive pas à trouver une place de stationnement. Il ne semble pas y avoir de places libres. Je suppose que le parking est plein. » Prêtez attention à ce que vous ressentez lorsque vous vous adaptez à ce qui est.

Lorsque nous écoutons les pensées de singe, nous nous mettons à chercher une raison pour justifier que les circonstances ne sont pas de notre faute, ce qui ne résout rien et aggrave la situation. Grâce aux pensées d'observateur, nous nous approprions pleinement nos croyances et nous avons le pouvoir de changer notre façon de réagir à toute circonstance.

Chapitre 7

LES CONSÉQUENCES DES CROYANCES INEXPLORÉES

Imaginez que le jour de votre naissance, on vous ait donné une paire de lunettes teintées de rouge à porter. Vous avez passé votre enfance en croyant que le monde était ainsi fait. Un jour, alors que vous êtes adulte, quelqu'un vous enlève ces lunettes. Le monde serait bien différent, n'est-ce pas ?

D'une certaine manière, chacun d'entre nous possède ses propres lunettes teintées de rouge – nos croyances sont la lentille à travers laquelle nous voyons le monde. Ces lunettes nous amènent à voir les situations d'une certaine façon, et parfois même à projeter nos croyances dans des situations où elles ne s'appliquent pas. Nous sommes tellement habitués à voir le monde en rouge que nous ne réalisons pas toujours que d'autres couleurs, ou d'autres croyances existent. C'est le cas de la façon dont Elizabeth voit le monde.

Après l'enterrement de sa grand-mère, Elizabeth et Ted continuent de s'éloigner l'un de l'autre. Ted commence à travailler de plus en plus longtemps, et Elizabeth à boire de plus en plus de vin. Elle a perdu tout espoir de rester sobre et boit encore plus qu'auparavant.

Un soir, alors qu'elle se verse son sixième verre de vin, Elizabeth voit le nom d'une femme s'afficher sur le téléphone portable de Ted. Les pensées de singe d'Elizabeth considèrent que la situation est grave.

Qui est cette femme ? Pourquoi appelle-t-elle ton mari à huit heures du soir ? Ted doit te tromper. Comment a-t-il pu te faire ça ?

Enragée, Elizabeth s'empare du téléphone et se précipite dans la cuisine, où Ted se prépare un déca.

Qui est Simone ? demande-t-elle en faisant glisser le téléphone de Ted sur le comptoir.

Ted soupire et répond mollement :

— Simone est ma collègue de travail. Je t'ai déjà parlé d'elle ; c'est elle qui m'a aidé dans cette affaire d'indemnisation des accidents du travail.

— Oh ? Pourquoi est-ce qu'elle t'appelle après les heures de travail ? s'insurge-t-elle, s'appuyant sur le comptoir pour garder l'équilibre.

— Probablement pour me dire quelque chose sur l'affaire, Elizabeth ! Pour une fois, te serait-il possible de ne pas te prendre la tête pour rien ? grogne Ted, fourrant son téléphone dans sa poche en passant devant elle.

Les pensées de singe d'Elizabeth sont profondément offensées par cette remarque. *Se prendre la tête pour rien ? Il veut retourner la faute contre toi ! Comment ose-t-il ?*

Elle enchaîne.

— Oh, ne joue pas l'innocent, Ted ! Je me suis rarement trompée pendant toutes ces années, rétorque Elizabeth en se laissant retomber sur la causeuse. Sentant une boule d'angoisse dans son estomac, elle s'envoie rapidement une gorgée de chardonnay.

Ted se retourne vers elle, la colère commençant à monter dans sa voix.

— Non, Elizabeth ! C'est faux. Pas à propos de ça. Est-ce que j'ai déjà fait quelque chose – quoi que ce soit – qui te fasse penser que je pourrais te tromper ? J'ai toujours été impliqué dans la vie de nos enfants. J'ai toujours été d'un grand soutien pour toi.

Il marque une pause, se frottant les tempes avec sa main libre.

Cette jalousie insensée, Elizabeth, doit cesser. Et quand tu bois, c'est encore pire.

Les pensées de singe d'Elizabeth s'en mêlent. *Bien sûr, il renvoie la faute sur ta consommation d'alcool maintenant. Il fait toujours ça. Il ne veut pas assumer de ce qu'il a fait.*

Elizabeth le coupe net.

— Bien sûr, l'alcool est responsable de touuuuuut ! souligne-t-elle avec emphase en terminant son verre.

— Je ne te parle pas quand tu es comme ça, marmonne Ted en essayant de quitter la pièce.

— Parce que tu as quelque chose à cacher ! lui crie Elizabeth, en vidant le reste de la bouteille de vin dans son verre et en s'enfonçant dans le fauteuil.

À l'étage, ils entendent la porte de leur fille adolescente claquer. Tiffany déteste entendre ses parents se disputer, surtout quand sa mère a bu.

Tournant sur lui-même, Ted fait un pas vers elle.

— Non, Elizabeth, lui répond-il en criant, pas parce que j'ai quelque chose à cacher ! Parce que tu es une autre personne quand tu bois !

Elizabeth lève les yeux au ciel. Pourtant, intérieurement, son cœur se serre en entendant ces mots.

— Peu importe. Va ramper jusqu'à ton bureau et appeler ta bimbo, lance-t-elle en le congédiant d'un geste de la main.

Le visage de Ted rougit de colère.

— Ce n'est pas ma bimbo, Elizabeth ! Pour l'amour du ciel, je n'ai pas de liaison ! Tous les hommes ne sont pas obligés de tromper leur femme – nous ne sommes pas tous comme ton père ! s'écrie-t-il.

La mâchoire serrée, les yeux d'Elizabeth se ferment rapidement. Lorsqu'ils se rouvrent, la pièce semble instable. Elle peut sentir le nœud dans son estomac grandir, malgré ses efforts pour le contenir.

— Bon, d'accord, répond-elle en bafouillant. Peut-être que tu n'as pas de liaison, Ted. Mais tu es plus amoureux de ton travail que tu ne l'as jamais été de moi.

Ted secoue la tête en montant les escaliers.

— Tu fais tout pour qu'il soit impossible de t'aimer, murmure-t-il, juste assez fort pour qu'Elizabeth l'entende. Alors qu'elle est sur le point de s'enfiler une autre gorgée, le fils d'Elizabeth arrive à la maison.

— Josh ! Viens t'asseoir avec moi ! demande Elizabeth à voix haute, en tapotant le fauteuil de façon excessive.

Josh lui jette un regard, puis déclare, visiblement mal à l'aise :

— Heu, je vais bien, maman. Je préfère aller dans ma chambre. Il monte ensuite rapidement les escaliers, en franchissant les marches deux par deux.

Elizabeth est maintenant seule avec ses pensées. Elle ressent une immense tristesse ainsi qu'une grande solitude, et ses pensées d'observateur en profitent pour essayer de franchir le mur de mots des pensées de singe.

Elizabeth, tu pourrais monter à l'étage et t'excuser. Tu pourrais te rapprocher de ta famille – n'est-ce pas ce que tu veux vraiment au fond ?

Elizabeth reconnaît cette pensée et commence à se lever, balayant les larmes qui viennent de couler sur ses joues. Toutefois, son esprit de singe s'empresse de reprendre le spectacle. *Tu n'es qu'une débile d'ivrogne, Elizabeth. T'es une ratée. Tu n'auras plus jamais la confiance de ta* famille.

Elizabeth décide d'écouter cette dernière voix, et s'affale de nouveau sur la chaise. Ses larmes redoublent d'intensité, et c'est alors qu'elle allume la télévision pour étouffer ses sanglots. Elle saisit à nouveau son verre pour atténuer la douleur.

Elizabeth veut pouvoir faire confiance à Ted, mais elle ne parvient jamais à se libérer des pensées de singe tenaces selon lesquelles Ted la tromperait. Alors pourquoi Elizabeth est-elle incapable de faire confiance à Ted, même s'il n'a rien fait de mal ?

Après avoir vu son père entretenir des relations adultères pendant des années, et après avoir été sévèrement critiquée, Elizabeth a développé la conviction profonde qu'on ne peut pas faire confiance aux hommes. Aujourd'hui, elle projette son mépris des hommes sur son mari. Cette croyance hante leur mariage depuis toujours, et constitue désormais le point de départ de la plupart de leurs disputes.

Si elle ne s'attaque pas à ses anciennes programmations, elle aura du mal à établir une relation significative avec les hommes et continuera à ressentir les conséquences de cette croyance non résolue.

Vous souvenez-vous avoir déjà été complètement absorbé·e par une histoire que vous aviez fabriquée, et découvrir plus tard que cette histoire était complètement fausse ? Quel genre d'expérience cette histoire a-t-elle suscité en vous ? Combien d'heures avez-vous consacrées à cette idée ? Comment vos relations ont-elles été affectées ? Comment votre travail a-t-il été affecté ? Comment votre corps s'est-il senti ?

Êtes-vous conscient·e de l'impact qui se produit, tant sur vous-même que sur les autres, lorsque ces histoires négatives prennent le dessus ?

Quand nous sommes en mesure de prendre du recul et de regarder en face les croyances qui colorent notre façon de voir le monde, nous pouvons commencer à changer la façon dont cette perspective affecte nos vies.

CRÉER DES PROPHÉTIES AUTORÉALISATRICES

Lorsque nos croyances déterminent notre façon de percevoir une situation, elles nous poussent souvent, à notre insu, à prouver que ces croyances sont justes. Parfois, cela nous amène à influencer l'issue de la situation de manière à renforcer les croyances que nous avons déjà. Ce qui peut aboutir à un schéma préjudiciable de prophéties autoréalisatrices dans notre vie.

Lorsqu'Elizabeth croit que «on ne peut pas faire confiance aux hommes», elle n'est plus à même de voir avec précision la personne qui se trouve devant elle. Par conséquent, elle projette sur son mari la perception qu'elle a de son père ; elle ne remarque que ce qui vient confirmer sa croyance et ne voit pas le reste.

Elizabeth n'est pas pleinement consciente qu'elle entretient cette croyance sur les hommes de sa vie − elle est tellement habituée à penser de cette façon qu'elle ne remarque pas les impacts subtils de cette croyance sur son comportement général. Plutôt que d'être amicale avec Ted, elle se retient, pose des questions douteuses et écourte les conversations. Elle est réticente à l'idée d'entrer en contact avec lui. Ce comportement éloigne Ted, et sa jalousie constante engendre des conflits dans leur relation.

Pour commencer à identifier les schémas dans nos propres vies, explorons une autre prophétie autoréalisatrice potentielle.

Disons que vous pensez que votre partenaire commercial n'apprécie pas vos idées. À cause de cette croyance, vous ne partagez aucune idée avec lui/elle. Comme votre partenaire n'entend pas vos idées, il ou elle s'inspire d'autres personnes et fait des séances de brainstorming avec celles-ci.

Par conséquent, si vous abordez un sujet avec votre associé·e, il y a plus de chances qu'il ou elle n'y accorde pas autant d'importance, car vous n'avez pas l'habitude de partager des idées intéressantes.

Voyez-vous comment cela peut créer un schéma négatif dans votre vie ?

Afin de stopper le schéma répétitif de nos prophéties autoréalisatrices, nous devons tout d'abord prendre conscience de nos croyances à l'origine de ces cycles. Ensuite, nous pouvons commencer à changer notre perspective sur les situations qui se présentent dans notre vie quotidienne.

Chapitre 8

SURMONTER LES VIEILLES CROYANCES

Comme nous l'avons déjà vu précédemment, nous avons adopté nos croyances à partir des expériences répétées encore et encore pendant nos premières années, et nous avons construit notre identité actuelle à partir de ces événements. Pourtant, la plupart d'entre nous ne sont même pas conscients d'avoir ces croyances, sans même parler de leur origine. Voyons comment les croyances d'Élisabeth se transposent des pensées de son esprit à son monde actuel.

Elizabeth continue sur sa voie autodestructrice pendant plusieurs mois. Il lui arrive parfois d'entrapercevoir les pensées d'observateur, mais celles-ci sont rapidement étouffées par les pensées de singe. Après des disputes de plus en plus fréquentes, Ted annonce qu'il a fait tout ce qu'il pouvait, mais qu'il ne peut plus se satisfaire de ce mariage. Il déménage, et les enfants partent avec lui.

Après la séparation, Elizabeth se résigne à passer la plupart de son temps dans sa chambre. Elle ne sort que lorsqu'elle se rend au bureau pour effectuer son travail de freelance. Malgré cela, elle commence à ne plus respecter les délais et son travail est de plus en plus négligé. La nuit, elle essaie désespérément de noyer son chagrin dans le vin.

En rentrant chez elle après une longue mission pour son journal, l'une des premières choses à l'ordre du jour de Sarah est d'aller voir Elizabeth. Cette dernière s'est montrée très distante, évitant même les appels et les textos de Sarah. Lorsque Sarah surprend Elizabeth chez elle, elle découvre que son amie se trouve dans un état bien plus déplorable que ce qu'elle avait imaginé. Elizabeth a atteint un point où l'aide dont elle a besoin est supérieure à celle que Sarah peut lui offrir. Elle fait donc appel à moi.

Lorsque Sarah amène Elizabeth à notre première séance ensemble, les yeux d'Elizabeth sont gonflés par les larmes. Elle s'est donné du mal pour se rendre aussi présentable que possible, mais il est facile de voir par-delà son apparence.

J.F.! C'est si bon de te voir, me salue Sarah en me serrant dans ces bras.

— Comment vas-tu, Sarah ? Je lui demande joyeusement.

— Beaucoup mieux que lorsque j'ai commencé à travailler avec toi ! Sarah se tourne vers Elizabeth.

— Tu te souviens combien j'étais anxieuse au travail, n'est-ce pas ? Maintenant, il en faut beaucoup pour me déstabiliser, s'exclame Sarah en se retournant vers moi avec un large sourire.

Sarah s'excuse :

— Oh, désolée ! J. F., voici Elizabeth. Elle traverse une période difficile, et je pense qu'elle aurait vraiment besoin de ton aide.

Elizabeth fait un petit signe de tête et tend sa main pour me la serrer. Elle saisit faiblement la mienne avant de relâcher rapidement ma paume.

Frappant bruyamment ses mains l'une contre l'autre, Sarah annonce :

— Eh bien, mon travail est terminé. Elizabeth, je viendrai te chercher dans quelques heures, d'accord ? Et n'oublie pas de baisser ta garde – tu peux faire confiance à J.F., je te le promets. Sarah donne une petite tape sur l'épaule d'Elizabeth avant de sortir.

Jetant un regard incertain autour d'elle, Elizabeth s'assied sur la chaise en face de la mienne. Je m'assieds également et prends quelques inspirations profondes avant de commencer notre séance. Elizabeth m'observe attentivement, comme si elle essayait de décrypter mes motivations.

— Qu'est-ce qui te préoccupe, Elizabeth ? Je lui demande calmement.

— Eh bien… commence-t-elle en se tordant les mains, Je dirais que la première chose à examiner serait l'effondrement de mon mariage. Cela a tendance à perturber beaucoup de gens, non ? demande-t-elle de façon sarcastique, en me regardant de haut en bas avec méfiance.

— Pourquoi ne m'expliques-tu pas ce qui s'est passé ? je lui suggère gentiment.

— Il travaillait constamment et était toujours en train de rompre ses engagements et d'annuler à la dernière minute. Il a cessé de passer du temps avec moi, dit-elle, la voix légèrement cassée. Elle a beau essayer de jouer les dures, ses véritables émotions commencent à se faire sentir.

Elizabeth s'éclaircit la gorge :

— Et pour faire face à cette situation difficile, je… bois, admet-elle en se mordant la lèvre inférieure alors que quelques larmes commencent à couler. Elizabeth fixe la fenêtre pendant quelques secondes avant de me regarder soudainement droit dans les yeux.

— Sarah m'a dit de te faire confiance, de m'ouvrir à toi, dit-elle doucement, semblant étudier mes yeux à la recherche de traces de malice. Je peux te faire confiance, J. F. ?

— C'est à toi seule d'en décider, je réponds avec un doux sourire.

Ses yeux se ferment. Elle se prend la tête dans les mains et murmure :

— Qu'est-ce que j'ai à perdre ?

Elle lève les yeux, ses larmes coulant maintenant sur ses joues.

— J'ai gâché ma vie. Mon mari m'a quittée, mes enfants ne veulent plus être vus en ma compagnie, et mon père serait heureux de ne plus jamais me parler. Je suis terrifiée à l'idée de me retrouver seule pour le reste de ma vie, déclare Elizabeth à voix basse, ses larmes continuant à couler.

— Elizabeth, concentrons-nous sur une personne à la fois, et ensuite on pourra commencer à remonter aux raisons pour lesquelles tu penses que tu vas finir seule. Qu'en dis-tu ? je lui demande gentiment.

Elle acquiesce lentement, les yeux fermés.

— Qu'est-ce que ton mari a fait en particulier qui t'a bouleversée ?

— Il n'a jamais rien fait de romantique. Tout ce qu'il faisait, c'était travailler et parler du travail… et critiquer tout ce que je faisais, répond-elle froidement en essuyant une larme.

— As-tu un souvenir précis de ce qu'il faisait ?

Elle rit à moitié avant de répondre :

— Oh, j'en ai une bonne. Pour notre anniversaire, il y a quelques années, j'ai essayé de faire un grand dîner romantique. J'ai passé toute la journée dans la cuisine, huit heures à mon fourneau. Je ne suis pas très douée en cuisine, alors c'était important pour moi de me lancer et d'essayer ça pour lui, tu comprends ?

Elle prend une inspiration, puis poursuit :

— Ce soir-là, alors que nous étions assis à la table à manger, mon mari – qui *savait* que j'avais passé toute la journée à préparer ce repas – a eu le culot de me dire : « Tu aurais vraiment dû commander des plats à emporter ». Tu peux y croire ? fustige-t-elle.

— Et tu as pris ça comme une critique ?

— Bien sûr ! Comment peut-on dire une telle horreur ?

— Elizabeth, veux-tu prendre un moment pour respirer avec moi ? je lui propose.

Elle accepte, bien qu'avec une certaine hésitation, et prend quelques respirations tremblotantes.

Je poursuis :

— Maintenant, pourquoi le commentaire de ton mari t'a-t-il tant bouleversée ?

Elle déglutit bruyamment et répond :

— Parce que j'avais passé tout ce temps à préparer ce repas spécial pour lui, et tout ce qu'il a trouvé à faire, c'est de le critiquer.

Ses épaules s'affaissent et sa tête est basse.

— Je pense que c'est pour cela que je l'ai toujours accusé d'avoir une liaison… parce que j'avais l'impression qu'il ne s'intéressait tout simplement pas à moi, murmure-t-elle.

Je lui demande :

— Pourquoi ses mots t'ont-ils tant bouleversée ?

— Parce que peu importe ce que j'essayais de faire, je n'étais jamais assez bien à ces yeux. Je suis juste… j'en ai marre de ce sentiment, répond-elle avec découragement.

— Quand as-tu ressenti pour la première fois ce sentiment de ne pas être assez bien, Elizabeth ?

— Eh bien, pendant toute mon enfance. Rien de ce que je faisais n'était jamais assez bien pour mon père. Il me critiquait constamment, se souvient Elizabeth avec tristesse.

— Quel est le moment précis où tu as pensé que ton père te critiquait ? je lui demande l'air de rien.

— Il y en a tellement, je n'ai que l'embarras du choix ! glousse-t-elle. Je me souviens d'une fois où j'étais dans l'équipe de softball au lycée ; j'ai fait un super coup et je me suis rendue jusqu'à la troisième base. Ce coup a fini par nous faire gagner le match. Après coup, tout le monde faisait la fête et applaudissait. On était tous gonflés à bloc. Puis je suis allée prendre une douche. Quand je suis revenue sur le terrain pour prendre mon gant, mon père était le seul à être encore dans les tribunes…

Elizabeth s'interrompt, ferme les yeux, ses mains se serrant jusqu'à devenir des poings.

— Il a commencé à me crier dessus parce que je n'avais pas réussi un *home run* – m'expliquant que j'aurais pu le faire si je n'avais pas eu si peur de glisser. Ensuite… il m'a fait courir entre les bases pendant les vingt minutes suivantes pour que je sois « meilleure pour la prochaine fois ». Non seulement c'était humiliant, mais cela a également contribué à dissoudre toute la fierté que j'avais d'avoir réussi ce coup.

Je prends une profonde inspiration, laissant de l'espace à Elizabeth pour en faire de même.

— Elizabeth, comment penses-tu que de telles critiques t'ont affectée ?

— Eh bien, j'ai commencé à en vouloir profondément à mon père. Puis, quand j'ai découvert toutes ces liaisons… J'ai eu l'impression qu'il nous avait trahis. Je l'ai détesté pendant longtemps ; je le déteste encore un peu, je crois.

— Penses-tu qu'il soit possible que tu projettes ton opinion de ton père sur Ted ?

Elle soupire.

— Je ne sais pas… Je suppose que si c'est le cas, je n'en suis pas consciente, reconnaît Elizabeth.

— Il se peut également que les critiques de ton père à ton égard aient un autre impact. Hormis le ressentiment envers ton père, comment penses-tu que la dureté de ses mots ait pu t'influencer ?

— Je pense qu'il m'a ôté la confiance en moi que j'avais auparavant, répond-elle en haussant les épaules.

— Revenons à Ted et au dîner d'anniversaire. Quel est le rapport entre ton père qui te fait courir entre les bases et le commentaire de Ted sur ta cuisine ?

— Je suppose que les deux ont contribué à ce que je me sente mal dans ma peau ? Je ne sais pas, je me sens toujours mal dans ma peau, alors je ne garde pas vraiment en mémoire les commentaires qui me font penser que… Elizabeth commence à dériver dans ses propres pensées.

Avant qu'elle ne se perde dans ses réflexions, je lui fais remarquer :

— Elizabeth, comprends-tu qu'au cours de ton enfance, tu as adopté une croyance selon laquelle tu n'es pas assez bien ?

Elizabeth se contorsionne sur sa chaise, visiblement mal à l'aise.

— Tu veux dire que c'est parce que mon père était si horrible avec moi que je suis maintenant si critique envers moi-même ?

Elle réfléchit à la question pendant un moment.

— Je suppose que j'ai toujours su que d'une certaine manière, la façon dont mon père me traitait affectait ma confiance en moi, ou le manque de celle-ci. Mais je n'ai jamais considéré que cela pouvait affecter mon mariage, confie-t-elle, les sourcils froncés par la réflexion. Après un moment de silence, elle demande pensivement :

— Donc, quand Ted a fait ce commentaire sarcastique sur le fait d'aller chercher des plats à emporter, je n'étais pas vraiment en colère contre lui… j'étais contrariée parce que je me jugeais moi-même ?

Je lève légèrement les sourcils et réponds :

— Qu'en penses-tu ?

Elle respire, profondément cette fois.

— C'est logique, répond-elle. Donc… je ne fais pas confiance à Ted, pas seulement parce que mon père était volage… mais aussi parce qu'il me rappelle que je ne me trouve pas assez bien ?

— Exactement, Elizabeth. Tu as eu tellement d'expériences avec ton père et Ted qui te critiquaient, que lorsque tu vois Ted, ça te rappelle que tu ne penses pas être assez bien.

Je m'interromps pendant un instant.

— Comment te sens-tu à présent, Elizabeth ? je lui demande doucement.

— Je me sens comme une merde, dit-elle sur le ton de la plaisanterie. Pas étonnant que je bois autant. C'est brutal.

— La plupart d'entre nous ne sont pas conscients du stress que ces pensées critiques occasionnent en nous. Il est logique de chercher à se soulager de toute l'anxiété qu'un tel jugement produit. Alors, examinons plus précisément où tu en es avec cette croyance en ce moment. Repense au dîner que tu as préparé pour ton mari. Est-il vrai que ton repas n'était pas assez bon ?

— Non, ce n'est pas vrai, réplique-t-elle fermement.

Sa voix s'amplifiant, elle déclare :

— Bien sûr, je ne suis pas le meilleur chef de la planète, mais c'était bon ! Et plus important encore, j'ai mis beaucoup d'amour dans ces plats. Je suis fière de ce que j'ai accompli.

— Et, est-il vrai que parvenir à atteindre la troisième base au baseball n'était pas assez bien ?

— Non, ce n'est pas vrai, dit-elle la gorge nouée.

— C'est génial que tu puisses le voir, Elizabeth, lui fais-je remarquer chaleureusement.

Je lui explique ensuite le concept des pensées de singe – comment elles fonctionnent et l'anxiété qu'elles engendrent dans nos vies.

— Pour aller de l'avant, tu vas devoir être vigilante et mettre en pratique cette nouvelle confiance. Tu seras sans cesse confrontée à la croyance que tu n'es pas assez bien, et tu devras rester forte pour ne pas tomber dans le piège des pensées de singe.

Elle acquiesce à mes propos.

J'ajoute :

— Maintenant que tu es en mesure de voir le lien avec ta consommation d'alcool, peux-tu voir que l'alcool n'est pas le problème ? C'est simplement un symptôme. Pour t'aider à te débarrasser définitivement de l'alcool, on doit continuer à aborder ces croyances sous-jacentes. Es-tu prête à creuser davantage pour identifier l'origine de ces pensées négatives ?

Reprenant une inspiration profonde, Elizabeth expire lentement.

— Je suis prête à essayer.

Elizabeth croyait inconsciemment que les opinions de son père et de son mari étaient essentielles pour déterminer son amour-propre. Nous sommes nombreux à nous fier à des sources extérieures pour décider de l'image que nous avons de nous-mêmes.

Prenez un moment et pensez à quelqu'un dans votre vie dont vous estimez l'opinion plus que la vôtre. Il s'agit peut-être de vos parents, de votre partenaire ou de votre patron·ne. Qu'attendez-vous vraiment de cette personne ? Et quelle est l'une des manières dont vous pourriez y parvenir par vous-même ?

Une fois que nous sommes en mesure d'identifier l'origine de nos croyances, nous pouvons commencer à comprendre comment ces croyances persistent à l'âge adulte.

SE DÉBARRASSER DES VIEILLES CROYANCES

Après avoir identifié comment une croyance se forme, nous devons remettre en question la validité de cette croyance. Pour ce faire, nous recréons la situation dans laquelle la croyance s'est formée, mais cette fois, nous nous demandons consciemment si cette croyance est vraie. Ce faisant, nous créons un *résultat différent*. Cette nouvelle expérience est essentielle pour reprogrammer nos schémas de pensée et briser le cycle dans lequel nous sommes bloqués depuis si longtemps.

Quand Elizabeth arrive à notre séance suivante, elle a toujours l'air négligé.

Elle a des poches profondes sous les yeux et son épuisement est évident. Elle s'effondre avec lassitude sur la chaise.

— Comment vas-tu aujourd'hui, Elizabeth ?

— Eh bien, j'allais mieux. J'ai même passé cinq jours sans boire ! Mais ensuite, il y a deux jours, Ted m'a appelée pour me demander où j'avais mis le saxophone de notre fils. Je lui ai dit qu'il devait être dans sa chambre, et il s'est soudainement mis en colère et a commencé à me reprocher de ne jamais savoir où sont les choses ; et à me dire à quel point je suis irresponsable…

Elizabeth se frotte les yeux.

— Puis c'est à partir de là que la conversation s'est envenimée… Après qu'il a eu raccroché, je me suis sentie mal. Alors je suis restée debout toute la nuit à boire.

Elle baisse la tête.

— Je suis sûre que ce n'est pas ce que tu veux entendre, marmonne-t-elle.

— Elizabeth, tu viens tout juste de commencer ton parcours pour vaincre les pensées de singe. Tu vas rencontrer des obstacles en cours de route, et ce n'est pas grave, je la rassure.

Elle ignore ma remarque.

— La dernière fois que je suis venue ici, nous avons parlé de la façon dont mon manque de confiance en moi provient des critiques de mon père, n'est-ce pas ? Eh bien, j'étais juste en colère contre Ted et j'ai bu. Je suis sûre que c'est lié, bien que je ne sache pas exactement comment.

— Et si on essayait une expérience pour t'aider à comprendre ? je lui propose.

Elizabeth acquiesce avec enthousiasme.

— Merveilleux ! Je veux que tu me cites trois critiques spécifiques que ton père formulait à ton encontre pendant ton enfance et auxquelles tu penses encore aujourd'hui. Une fois que tu les auras nommées, j'écrirai chaque critique sur le tableau blanc. Commence dès que tu te sens à l'aise.

— Heu, voyons voir… eh bien, la première qui me vient à l'esprit c'est, « Lizzie, arrête de te ronger les ongles. C'est dégoûtant. » se souvient-elle en grimaçant.

— À ton avis, quel était le message sous-jacent derrière « arrête de te ronger les ongles », Elizabeth ?

Elle procède à une énumération rapide :

— Que *je suis* dégoûtante. Que je ne suis pas digne d'une dame. Que je devrais le savoir.

J'écris tout cela au tableau.

— OK, quoi d'autre ?

Elle secoue légèrement la tête d'avant en arrière.

— Quand je suis devenue adolescente, il a commencé à être hypercritique sur ce que je mangeais. Il me disait : « Tu ne vas pas manger tout ça, n'est-ce pas ? Tu vas grossir comme ta tante Margie », dit Elizabeth en imitant la voix grave de son père.

— Quel était, à ton avis, le message sous-jacent derrière cette remarque ?

— Que je suis grosse. Qu'est-ce qui ne va pas chez moi pour manger autant ?

J'ajoute cela au tableau.

— Une autre ?

Elizabeth expire bruyamment en réfléchissant.

— C'est difficile de penser à une phrase précise… La seule autre chose qui me vient à l'esprit, c'est quand j'étais au collège. Je subissais des brimades et j'avais des difficultés à l'école, mais il me disait toujours : « Si tu n'améliores pas tes notes, tu vas gâcher ta vie. Pourquoi ne peux-tu pas prendre exemple sur ton frère ? »

— Et quel était, selon toi, le message derrière celle-ci ?

— Que je suis stupide. Que je ne suis pas à la hauteur de mon frère. Que je devrais faire mieux, répond-elle doucement, en massant ses paumes moites.

— OK, compris, dis-je.

J'écris ces derniers messages au tableau et je joins les mains.

— Très bien, c'est ici que ça devient expérientiel, je lui explique. À présent, j'aimerais que tu lises ces trois critiques à voix haute, ainsi que leurs messages sous-jacents, encore et encore.

Le visage perplexe d'Elizabeth me regarde fixement.

— Quoi ? Les dire à voix haute ?

Je hoche la tête de manière rassurante.

— Elisabeth, ces critiques sont déjà classées dans ton esprit – il s'agit des jugements que tu entretiens sur toi-même. Le problème est que tu les réprimes. Pour l'instant, nous allons t'aider à en prendre conscience.

— OK… dit-elle en regardant le tableau et en lisant docilement le premier énoncé. «Arrête de te ronger les ongles. C'est dégoûtant.»

Marquant une pause, Elizabeth se tourne vers moi pour avoir mon approbation.

— C'est très bien, je l'encourage. Continuez, Elizabeth. Et essaie de dire ces phrases en empruntant le même ton avec lequel ton père te les aurait dites.

Prenant une inspiration plus profonde, Elizabeth poursuit :

— «Tu es dégoûtante. Tu n'es pas digne d'une dame.» «Tu devrais le savoir» «Tu ne vas pas manger tout ça, si?» «Tu vas grossir comme ta tante Margie.»

Elle s'arrête un instant alors que sa gorge se noue.

Elle reprend :

— «Tu es grosse. Qu'est-ce qui te prend de manger autant?» Elle cligne des yeux plusieurs fois. «Si tu n'améliores pas tes notes, tu vas gâcher ta vie.» «Pourquoi ne peux-tu pas prendre exemple sur ton frère?» «Tu es stupide. Tu n'es pas à la hauteur de ton frère.» «Tu devrais le savoir.»

Ses yeux remontent vers le haut du tableau.

— «Arrête de te ronger les ongles. C'est dégoûtant.» «Tu es dégoûtante.» «Tu n'es pas digne d'une dame.» «Tu devrais le savoir.» «Tu ne vas pas manger tout ça, si?»

Elizabeth parle maintenant très lentement, tant l'impact de chaque mot semble important.

— «Tu vas grossir comme ta tante Margie.» «Tu es grosse.» «Qu'est-ce qui te prend de manger autant?» «Si tu n'améliores pas tes notes, tu vas gâcher ta vie.»

Elizabeth s'interrompt pour prendre une inspiration saccadée. Elle se tourne vers moi.

— Est-ce que je dois continuer ? demande-t-elle, comme si elle me suppliait.

— Que ressens-tu en ce moment ? je lui demande doucement.

— Je me sens comme si on m'avait donné un coup de pied dans le ventre.

— De quelle émotion s'agit-il selon toi ? j'ajoute pour affiner ma question.

— De la tristesse. Beaucoup de tristesse, murmure-t-elle.

— Pourquoi te sens-tu triste ?

Le barrage contenant les larmes d'Elizabeth cède. Les sanglots dans sa voix, haletante, se font de plus en plus réguliers. Incapables de répondre pendant plusieurs instants, Elizabeth et moi restons assis en silence.

— Tu vois à quel point ça me touche encore ! Ça fait trente ans ! se lamente Elizabeth en prenant un mouchoir en papier dans la boîte.

Elle se mouche bruyamment.

— Et ce ne sont là que *trois* des choses qu'on m'a répétées, tu sais ? Pas étonnant que je sois si perturbée, me confie-t-elle en pleurant, tout en pliant délicatement son mouchoir avec des mains tremblantes.

— Elizabeth, tu t'en sors très bien. Continue à laisser tes émotions être présentes, comme tu le fais maintenant. J'aimerais poursuivre l'exercice pour t'aider à ressentir l'impact que cela a sur toi aujourd'hui. Es-tu prête à cela ? je lui demande gentiment.

Reniflant, Elizabeth essuie quelques larmes.

— Oui, je peux essayer.

— S'il te plaît, relis les déclarations, Elizabeth, je lui demande alors.

— « Ar… Arrête de te ronger les ongles », balbutie-t-elle, les larmes coulant toujours sur ses joues. « C'est dégoûtant. Tu es dégoûtante. Tu n'es pas digne d'une dame. Tu dev… Tu devrais le savoir…

« Tu ne vas pas manger tout ça, n'est-ce pas ? Tu vas grossir comme ta tante Margie. Tu es grosse. Qu'est-ce qui te prend de manger autant ? Si tu n'améliores pas tes notes, tu vas gâcher ta vie. Pourquoi ne peux-tu pas prendre exemple sur ton frère ? Tu es stupide. Tu n'es pas à la hauteur de ton frère. Tu devrais faire mieux », poursuit-elle, ses larmes commençant à ralentir. Sa poitrine se met à monter et descendre rapidement, comme si elle n'arrivait pas à reprendre son souffle. Elle ferme les yeux et se mord la lèvre, sans laisser échapper un mot de plus.

Un certain temps s'écoule, et Elizabeth reste silencieuse. Je lui demande doucement :

— Elizabeth, veux-tu continuer ?

Ses yeux s'ouvrent et elle me dit :

— Non ! Je ne veux pas ! J'en ai fini avec ça.

— Qu'est-ce qui t'arrive, Elizabeth ? je lui demande calmement.

Croisant les bras sur la défensive, elle hurle :

— Ça ne sert à rien. Je me sens encore plus mal dans ma peau !

— Que souhaites-tu faire ? lui dis-je gentiment.

— Je veux arrêter cet exercice ridicule ! Je veux aller boire un verre ! s'écrie-t-elle.

Elle écarquille les yeux.

— Je viens vraiment de dire ça ? demande-t-elle doucement.

Je lui laisse le temps de digérer ce qui vient de se passer avant de lui demander :

— Que ressens-tu en ce moment ?

— J'étais irritée au début, mais maintenant c'est ce… nœud dans mes tripes. Ce picotement partout, commente-t-elle en regardant son corps comme s'il s'agissait d'un vaisseau inconnu.

Elle me regarde, abasourdie.

— C'est donc ça que tu veux dire par le fait que ma consommation d'alcool est dictée par mes croyances. La voix de mon père est constamment présente dans mon esprit, et je bois pour… pour la faire taire, réalise-t-elle.

— C'est ça, Elizabeth. Au fond de toi, tu *crois* à ces déclarations et aux messages sous-jacents que ton père t'a dits en grandissant. Tu crois que tu aurais dû le savoir. Tu crois que tu es stupide. Et chaque jour, des choses dans ta vie déclenchent ces croyances. Ensuite, tes pensées de singe se repassent ces affirmations en boucle dans ta tête en permanence. Tu veux désespérément faire taire ces jugements – comme tu le fais en ce moment. Mais tu ne sais pas comment les faire taire. Alors tu bois pour noyer cette voix, je lui explique.

— Donc ma croyance est là, mais quelque chose la déclenche… ce déclencheur pourrait-il être quelque chose que Ted dit ? demande Elizabeth.

Sa présence est très différente – elle n'est plus déprimée ou en colère. Elle est désormais curieuse et calme.

— Exactement. C'est là que la dernière partie de ce travail expérientiel entre en jeu. Pour la prochaine étape, je veux que tu me cites trois phrases que Ted te dit et qui t'irritent.

Avec un petit rire, Elizabeth répond :

— Oh, celles-là sont plus faciles à trouver. Il me dit constamment : « Pourquoi dois-tu toujours m'interrompre ? », dit-elle en roulant légèrement des yeux. Ou encore « Tu fais toujours des montagnes de pas grand-chose », se rappelle-t-elle en serrant la mâchoire.

— Et encore une ?

— Il fait des commentaires sur ce que je porte tout le temps aussi. Il me dit : « Pourquoi tu portes ça ? Pourquoi tu ne veux pas montrer ton corps ? » Alors qu'elle termine la dernière ligne, ses joues rougissent.

— Maintenant, je veux que tu lises à nouveau à haute voix les déclarations de votre père et les messages sous-jacents. Mais cette fois, après avoir énoncé une déclaration, je vais répondre par une affirmation de ton mari, je lui explique.

Elizabeth a l'air surprise.

— Oh ? Qu'est-ce que ça va donner ?

— Essayons et voyons.

Se raclant la gorge et plaçant sa paume sur sa poitrine, Elizabeth commence : « Arrête de te ronger les ongles. »

Je réplique par :

«Pourquoi tu dois toujours m'interrompre ? »

— « Tu es dégoûtante », répond-elle.

— « Tu fais toujours des montagnes de pas grand-chose »,

« Tu n'es pas digne d'une dame. »

— « Pourquoi tu portes ça ? »

— « Tu devrais le savoir. »

— « Pourquoi tu ne veux pas montrer ton corps ? »

— « Tu ne vas pas manger tout ça, si ? »

— « Pourquoi faut-il toujours que tu m'interrompes ? »

Clignant rapidement des yeux, Elizabeth continue sa lecture :

— « Tu vas grossir comme ta tante Margie. »

— « Tu fais toujours des montagnes de pas grand-chose », je lui donne la réplique.

— « Tu es grosse », récite-t-elle. Elizabeth commence à se masser le cuir chevelu de manière tendue.

J'arrête l'exercice.

— Que remarques-tu Elizabeth ?

Secouant la tête, Elizabeth fixe le sol.

— Je n'entends même pas ce que Ted dit. La voix de mon père est tellement plus forte, révèle-t-elle.

— Recommençons à nouveau, je lui propose. Reprends là où tu en étais et mobilise toute ton énergie pour essayer de vraiment écouter ce que Ted dit.

Elle cède.

— « Qu'est-ce qui te prend de manger autant ? »

— « Pourquoi dois-tu toujours m'interrompre ? »

— « Si tu n'améliores pas tes notes, tu vas gâcher ta vie. »

— « Tu fais toujours des montagnes de pas grand-chose. »

Elizabeth s'éclaircit la gorge.

— « Pourquoi ne peux-tu pas prendre exemple sur ton frère ? »

— « Pourquoi tu portes ça ? »

— « Tu es stupide. »

— « Pourquoi tu ne veux pas montrer ton corps ? »

— « Tu n'es pas à la hauteur de ton frère. »

— « Pourquoi est-ce que tu dois toujours m'interrompre ? »

— « Tu devrais faire mieux. »

J'interromps l'exercice et lui demande :

— Comment te sens-tu à présent en entendant ces messages ?

Elizabeth se frotte le visage avant de répondre :

— Tout ce qu'on dit ressemble à une attaque, honnêtement.

— Lorsqu'on croit que quelqu'un nous critique, ces autocritiques profondément ancrées sont réactivées. Elles remontent à la surface, comme si ton père te les disait aujourd'hui. Ainsi, lorsque Ted te dit : « Pourquoi dois-tu toujours m'interrompre ? », veut-il dire que tu es stupide ? Ou que tu devrais le savoir ?

— Pas exactement en ces termes, non…

— Et quand il te demande : « Pourquoi tu portes ça ? », est-ce qu'il dit que vous êtes grosse ? Ne pourrait-il pas vouloir dire qu'il trouve que tu as une belle silhouette ? lui fais-je remarquer.

— Je suppose que c'est possible… admet Elizabeth.

Je poursuis :

— Tu vois que tu n'entends pas les mots que Ted dit ? Tu regardes ses lèvres bouger, mais tu te repasses les mêmes messages que ton père t'a répétés si souvent.

— Donc, il est possible que parfois Ted ne me critique même pas bien que je pense que c'est le cas ?

— Qu'est-ce que tu en penses ?

Elle soupire.

— C'est difficile à croire… mais, oui, je pense que c'est peut-être possible. Si j'entendais vraiment ce qu'il dit, je réagirais peut-être de manière totalement différente.

Une pointe de lucidité traverse son visage.

— Tu sais ce que j'ai réalisé d'autre ? Quand je n'arrêtais pas de répéter ces terribles déclarations à mon sujet ? Elles ne sont même pas vraies.

Je ne suis pas stupide ! Je ne suis pas dégoûtante ! Quand je prends du recul et que j'examine ces phrases objectivement, je réalise à quel point elles sont fausses.

L'histoire d'Elizabeth illustre parfaitement comment nos programmes sont réactivés à travers bien des relations. Presque chaque fois qu'elle a l'impression d'être critiquée, elle répète les croyances autodestructrices qu'elle a développées sur le ton désapprobateur de son père.

Pour la plupart des gens, cette réactivation est prédominante dans nos relations intimes, en particulier chez les personnes dont nous recherchons le plus l'approbation. Pour vous connecter à cette expérience, pensez à quelques critiques que vous avez reçues durant votre propre enfance.

Maintenant, pensez à quelques interactions au cours de l'année passée qui vous ont beaucoup contrarié·e.

Posez-vous la question suivante pour chaque interaction « Ai-je vraiment été contrarié·e par ce que la personne a dit ? Ou ai-je entendu ce que la personne a dit à travers le prisme des critiques que j'ai reçues en grandissant ? »

Lorsque nous prenons conscience de notre programmation, nous pouvons apprendre à contrôler nos réactions lorsque nos croyances sont réactivées et, en fin de compte, changer les croyances qui nous entravent.

Chapitre 9

ATTENTION AUX CROYANCES SOURCE DE HONTE

Comme Elizabeth, nombreux sont ceux parmi nous qui nourrissons la croyance, source de honte, selon laquelle nous ne sommes pas à la hauteur en raison des expériences que nous avons vécues dans notre enfance. Cette croyance ronge notre confiance en nous au fil du temps, jusqu'à ce que notre amour-propre disparaisse. Pour être en mesure de changer nos croyances source de honte, il est important de savoir comment les identifier. L'une des compétences essentielles en la matière consiste à apprendre à distinguer les croyances sources de honte de la culpabilité.

LA DIFFÉRENCE ENTRE LA HONTE ET LA CULPABILITÉ

Pensez à la culpabilité comme étant la bande rugueuse au bord de l'autoroute. Lorsque vous conduisez et que vous êtes distrait·e ou endormi·e, vous passez soudainement sur ces petites bosses bruyantes. Elles vous rappellent de revenir au centre de votre voie.

La culpabilité est le moyen qu'utilise notre conscience pour nous garder sur la bonne voie. Lorsque nous mentons intentionnellement, par exemple, nous ressentons de la culpabilité. Pour une personne dont la santé mentale est équilibrée, nos pensées d'observateur prennent note de ce sentiment de culpabilité et ajustent ensuite notre trajectoire en conséquence.

La honte est totalement différente de la culpabilité. Avec la honte, les avertissements ne s'arrêtent jamais. Les pensées de singe passent en pilotage automatique, répétant sans cesse les mêmes accusations. Elles n'essaient pas de réparer une simple erreur – non, les pensées de singe cherchent à utiliser la honte pour vous inciter à changer, comme l'ont fait beaucoup de nos parents, au point de vous faire croire que quelque chose ne tourne pas rond chez vous.

Les croyances source de honte ne créent pas de changement sain et durable ; elles engendrent le stress, la douleur, la dépression, la rage, la panique, le désespoir et la dépendance. Kevin est l'exemple type de quelqu'un ayant été élevé par un père qui utilisait continuellement la honte pour essayer de modifier le comportement de son fils. Voyons comment cette honte a affecté sa vie de tous les jours.

Après notre rencontre au marché fermier, Kevin commence à avoir du mal à dormir la nuit alors qu'il s'interroge sur la *véritable* raison de sa consommation d'alcool.

Finalement, il me consulte et requiert une séance avec moi pour voir s'il peut arrêter de boire et commencer à guérir sa relation.

Lorsque Kevin franchit la porte, je l'accueille avec un sourire éclatant.

— Kevin ! Je suis si heureux que tu sois venu me voir.

Kevin frotte nerveusement ses paumes sur les cuisses de son jean.

— Oui… je ne vais pas te mentir, je suis assez nerveux, admet Kevin en déglutissant.

— C'est normal, je le rassure. Pourquoi ne pas commencer par une question facile ? Ensuite, nous verrons où cela nous mène.

— D'accord, approuve Kevin en s'asseyant sur la chaise.

— Pourquoi as-tu décidé de venir me consulter ? je lui demande sincèrement.

Tranquillement, Kevin me répond :

— Eh bien, je veux sauver mon mariage. Et essayer de revenir sur le droit chemin pour devenir médecin, si c'est encore possible. C'est juste que je suis arrivé à un point où je me déteste tellement je bois, surtout après avoir eu un, heu, incident avec le chien de mon voisin.

— Choisissons l'un de ces problèmes pour l'aborder de front. Par quoi veux-tu commencer ?

Kevin marque une pause avant de préciser :

— Probablement mon couple. J'ai l'impression que c'est à l'origine de beaucoup de mes problèmes.

J'ouvre la bouche pour parler, mais Kevin me coupe la parole :

— Et, pour ta gouverne, je ne suis pas du genre émotif. Je ne pleure jamais et ne fais jamais rien de tout ça. Je pense que tu devrais le savoir, afin que tu ne t'imagines pas qu'il s'agit d'une dépression ou d'un truc du genre, explique-t-il en se grattant la tête visiblement mal à l'aise.

— Je n'imagine rien de nos séances ensemble. Néanmoins, il est intéressant que tu aies soulevé cette question. Je crois fermement qu'il existe une raison derrière toutes nos actions – donc, à ton avis, quelle est celle pour laquelle tu as évoqué ton manque d'émotions ? je l'interroge simplement.

Kevin reste silencieux pendant un moment, un peu abasourdi.

— Heu… Je pense que tu as raison. Je n'ai jamais « fait » dans les émotions, alors je suis un peu nerveux quand je pense que quelqu'un s'attend à en voir de ma part, admet Kevin en baissant les yeux.

Il saisit l'arrière de son cou et le masse légèrement.

— C'est peut-être pour ça que mes relations avec les femmes sont si compliquées.

Je me penche légèrement en avant.

— Qu'est-ce que tu veux dire ?

— Je n'ai jamais été doué pour m'ouvrir dans aucune de mes relations.

Même avec Jamie. Je veux dire, nous sommes mariés bon sang ! Pourquoi je ne peux pas dire à ma propre femme ce que je ressens ?

— Pourquoi ne pas me parler de ton mariage ? je lui propose gentiment.

Kevin réfléchit un moment. Il porte un ongle bien usé à sa bouche, dont il ronge inconsciemment le bout.

— Eh bien, les choses allaient bien. Ou du moins pas trop mal. Pas mal, je veux dire. Jamie est une femme tellement extraordinaire, confie-t-il avec un sourire affectueux.

Puis l'humeur de Kevin change.

— Mais au fil des ans, je l'ai vraiment mise à rude épreuve. Honnêtement, je suis surpris qu'elle ne m'ait pas quitté il y a longtemps, mais elle est restée pour une raison qui m'échappe. Puis, il y a quelques semaines, mon oncle est mort, et je… je suis resté pétrifié. C'était un tel choc que je n'ai pas su comment le gérer. Alors je me suis renfermé sur moi-même et j'ai été froid avec Jamie.

Il s'interrompt et inspire profondément.

— C'était vraiment dur pour elle. Je crois qu'elle a failli me quitter à cause de ça, admet Kevin en fermant les yeux.

— Où as-tu appris à réprimer autant tes émotions ?

Kevin desserre son poing et remonte son ongle jusqu'à ses dents.

— Je n'y ai jamais vraiment réfléchi, admet-il en s'arrêtant un instant. Je suppose que ça vient de mon père ? Je me souviens qu'il était toujours très fort, tu sais ? Il n'avait jamais peur de rien. Je ne pense pas l'avoir jamais vu pleurer non plus. Mais cet homme a du caractère, dit Kevin en laissant échapper un petit rire. Si on lui désobéissait, on recevait des coups de ceinture. Pas de questions. Pas d'excuses. Nous étions les enfants les plus obéissants de toute l'école !

Il poursuit :

— Même ma mère ne peut éviter son caractère. Je me souviens d'une fois où maman a donné des chaussures de papa sans rien demander. Je jure que j'ai vu de la vapeur sortir de ses oreilles ! À la fin, ils criaient tous les deux, se souvient Kevin, le sourire sur son visage se dissipant lentement. Mais ils s'en sont remis assez vite. Il ne l'a pas frappée ou quoi que ce soit. Leur mariage se passe bien. C'était juste sur le moment.

— Comment te sens-tu en pensant à ton père ?

— Eh bien, c'est un grand homme. Il a traversé beaucoup de choses, mais il a su subvenir aux besoins de sa famille, répond Kevin avec un sourire tremblant. Il serre la mâchoire pour garder ses lèvres en place.

Je lui demande doucement :

— Est-ce que ton père t'a poussé à être fort comme lui ?

Kevin réfléchit à la question.

— Oui, je dirais que c'est le cas.

— Pourrais-tu me donner un exemple spécifique en ce sens ?

Kevin s'enfonce dans sa chaise, sa tête retombe en arrière tandis qu'il fixe le plafond.

— Eh bien, pour une raison quelconque, j'ai ce souvenir précis de quand j'avais six ou sept ans, se souvient-il. Je suis tombé et je me suis coupé le genou alors que je jouais avec mon frère. Je suis allé pleurer en courant auprès de mon père, et il m'a dit de me ressaisir, sinon les autres enfants se moqueraient de moi.

— N'est-ce pas étonnant de voir à quel point on peut visualiser ces moments si longtemps après ? As-tu en tête une autre fois où il t'a réprimandé parce que tu n'étais pas assez fort ?

Kevin balaie la pièce du regard, en espérant que quelque chose fera jaillir un souvenir. Très vite, une photo de moi avec mes coéquipiers de hockey y parviennent.

— Je me souviens d'une autre fois, au lycée, j'avais travaillé très dur et essayé d'entrer dans l'équipe de football, mais j'ai été mis dans l'équipe de réserve au lieu de l'équipe universitaire. Le moins que l'on puisse dire, c'est que j'étais très déçu, se souvient-il avec une pointe de colère dans la voix. Quand je suis rentré à la maison, j'ai dit à mon père que j'étais bouleversé par cette décision. Je n'ai pas pleuré ou quoi, mais j'étais quand même contrarié, vous savez ?

Levant les sourcils, le regard de Kevin se pose sur le sol.

— Au lieu de me consoler ou de me dire « tu les auras la prochaine fois », il m'a reproché de ne pas avoir fait assez d'efforts et m'a dit que c'était embarrassant pour un étudiant de deuxième année d'être encore dans l'équipe junior. Il m'a dit que si j'investissais mon énergie à m'entraîner davantage au lieu de m'apitoyer sur mon sort, j'aurais pu faire partie de l'équipe. Puis, comme je ne jouais pas dans les matchs du vendredi soir, il m'a fait travailler le week-end pour « apprendre une éthique de travail », confie Kevin, le souffle court. Il essuie une perle de sueur sur son front.

Marquant une pause avant de répondre, je lui demande :

— Kevin, comment te sens-tu après avoir repensé à ces incidents ?

Kevin se racle la gorge et hausse les épaules.

— Je ne sais pas. Je suis un peu énervé, mais c'est comme ça, répond-il dans le vide.

— Pourquoi penses-tu que ton père t'a dit ces choses ?

— Parce qu'il était déçu de ce que j'avais fait, marmonne Kevin, la mâchoire crispée.

Je creuse davantage :

— Autre chose ?

— Eh bien, pour le football, il voulait que je sois meilleur pour que je fasse partie de l'équipe l'année suivante. Je suppose qu'il pensait que l'amour vache était le moyen de me faire travailler plus dur, reconnaît Kevin en se grattant méthodiquement la joue.

— Et pourquoi t'a-t-il dit de te relever quand tu es tombé ?

Kevin relâche une profonde expiration, qu'il retenait depuis plus longtemps qu'il ne le pensait.

— Je ne sais pas… si je pleurais tout le temps, on se serait probablement moqué de moi à l'école. Alors il a probablement voulu me protéger de ça.

En levant la tête pour me regarder, Kevin ajoute :

— Tu sais, je n'y ai jamais vraiment pensé de cette façon. Je n'ai jamais pensé qu'il essayait de me protéger. À l'époque, je pensais juste que c'était un dur à cuire.

— Kevin, ton père utilisait la critique et la honte pour essayer de faire de toi quelqu'un de plus dur et plus travailleur. Beaucoup de parents pensent que les mots durs sont nécessaires pour que leur enfant change. Mais quand il t'a dit ces choses, qu'est-ce que tu as ressenti ?

— Plutôt mal, murmure Kevin en détournant le regard.

— Revenons maintenant au présent, Kevin. Que se passe-t-il lorsque tu te critiques pour ne pas t'ouvrir davantage à ta femme ?

Kevin répond rapidement :

— Je me sens mal.

— Alors si tu te sens mal après t'être critiqué, pourquoi continues-tu à le faire ?

Kevin fronce ses épais sourcils à tel point qu'ils touchent presque ses paupières,

— Je ne sais pas… Je ne peux pas vraiment m'en empêcher, déclare-t-il, visiblement très confus par le concept.

Je me penche en avant.

— Tu as été programmé pour croire que si tu fais ton autocritique – si tu te fais suffisamment honte – tu changeras. Ce sont tes pensées de singe qui sont à l'œuvre, Kevin.

— Qu'est-ce que tu veux dire ?

— Eh bien, tu penses que si tu te détestes parce que tu bois, cette haine finira par te faire arrêter. Malheureusement, ça ne marche pas comme ça, je lui explique.

Pour que tu comprennes vraiment à quel point il est inutile d'utiliser la honte pour créer un changement, peux-tu t'autoriser à subir pleinement tes autocritiques pendant quelques instants ?

— Oh, OK. Si tu penses que ça peut aider, accepte-t-il en hésitant.

— Essayons et voyons. Prends une minute pour me dire quels jugements tu portes sur toi-même et pourquoi tu estimes que tu devrais être différent, lui dis-je.

Il soupire.

— J'en ai assez de faire fuir ma femme et de ne pas lui dire ce que je ressens. Je devrais être capable de m'ouvrir davantage à elle après toutes ces années. Et j'en ai marre de boire. J'en ai *vraiment* marre. Si je pouvais arrêter demain, je le ferais. Mais pour une raison qui m'échappe, je finis toujours par y replonger… Mon Dieu, je suis pathétique. Il baisse la tête dans le creux de ses mains.

Je lui demande calmement :

— Est-ce que cette voix t'aide à vouloir changer ? Te sens-tu motivé ?

— Non, répond-il, la tête toujours enfouie.

— Et comment dirais-tu que tu te sens ?

— Eh bien, honnêtement, je me sens assez stressé, admet Kevin en relevant légèrement la tête…

Je poursuis :

— C'est parce que lorsque tu entretiens ces jugements sur toi-même, tu génères de l'anxiété dans ton corps. Cette anxiété est un sentiment accablant, et tout ce que tu dois faire, c'est t'en éloigner.

Kevin intervient avant que je puisse en dire plus :

— Oui, je sais ce que tu veux dire. Quand j'ai cette horrible boule dans l'estomac – je suppose que c'est l'anxiété – je me rabats toujours sur la bouteille. Je sais que je ne devrais pas, et c'est pathétique que je ne peux pas le supporter, mais… je me sens tellement mieux, avoue Kevin d'un air penaud.

— La seule façon de se libérer complètement de cette anxiété consiste à t'*autoriser* à en faire l'expérience. Pense à l'anxiété comme à un bain chaud – au début, c'est si douloureux qu'on retire sa main après avoir touché la surface. Mais si on laisse sa main dans l'eau, elle s'adapte rapidement à la température et la douleur s'estompe. Es-tu prêt à tester cette idée ?

Roulant les épaules en arrière, il répond doucement :

— Bien sûr.

— Kevin, nous allons faire cela en remettant en question une croyance qui engendre chez toi beaucoup de honte – que c'est mal de montrer ses émotions. Que se passerait-il si tu t'autorisais à être triste, et à *montrer* que tu es triste ?

L'ongle de son doigt revient à sa place, et Kevin le mordille pendant que son regard se promène dans la pièce.

— Je… je ne sais pas. Je n'ai pas fait ça depuis si longtemps. Si je commence à me sentir triste, soit je fais tout pour l'ignorer, soit je bois, répond Kevin honnêtement.

Je hoche la tête en signe de compréhension.

— Tu as mentionné que ton oncle est décédé récemment. Repense à ce jour où tu l'as appris. Qu'as-tu ressenti au moment où on t'a annoncé qu'il n'était plus parmi nous ?

Serrant fortement la mâchoire, Kevin ne répond pas pendant plusieurs instants.

— J'ai eu mal, murmure-t-il, les yeux fixés sur une fibre du tapis.

— Autorise-toi à ressentir cette douleur, Kevin. N'essaie pas de la repousser.

Pourquoi ne me parlerais-tu pas un peu de ton oncle ?

Kevin reste immobile pendant un moment. La bataille qui se déroule en lui est palpable.

— Il… c'était un grand homme. Il avait trois filles…

Kevin prend une profonde inspiration pour essayer de calmer sa voix tremblante.

— Il avait trois filles, alors il avait l'habitude de dire que j'étais son fils officieux. Un sourire éclate sur son visage, mais il est rapidement étouffé.

Kevin se racle la gorge bruyamment et reprend :

— Il venait toujours me chercher et on allait faire des trucs que les filles ne voulaient pas faire. Il m'emmenait au parc d'attractions pour faire toutes les grandes montagnes russes et se disputait avec le contrôleur lorsqu'il disait que j'étais trop petit d'un centimètre pour le manège, explique-t-il en riant, ses yeux commençant à se remplir de larmes.

Kevin reprend :

— Il a toujours veillé sur moi, tu sais ? Que ce soit en me donnant quelques dollars de plus ou en m'aidant à faire mes devoirs quand mes parents étaient occupés, ou même en cas de problème avec une fille. En fait, c'est la première personne que j'ai consultée après ma rupture d'avec ma première copine. Et il m'a dit, «Kevin, tu as plein de qualités. Si elle ne peut pas le voir, tant pis pour elle.»

Finalement, une larme coule sur la joue de Kevin. Un regard d'horreur traverse son visage et il l'essuie rapidement. Il serre la mâchoire à nouveau, refusant apparemment de continuer à parler avant d'avoir maîtrisé ses émotions.

— N'essaie pas de lutter contre ça, Kevin. C'est un endroit sûr pour laisser libre cours à tes émotions, je lui rappelle chaleureusement.

Hochant rapidement la tête, Kevin essaie de prendre une grande inspiration, mais son souffle est coupé et irrégulier.

— Kevin, autorise-toi à te sentir vraiment connecté avec lui. Ne pense pas à moi ou à cacher ton amour pour ton oncle. Souviens-toi de la place importante qu'il a occupée dans ta vie et de l'impact qu'il a eu sur toi, lui dis-je en toute sincérité.

Finalement, les épaules de Kevin se détendent, et il ferme les yeux. Il relâche sa prise sur le fauteuil, et sa respiration devient plus régulière.

— Il a fait tellement pour moi. Et j'ignore s'il a jamais su à quel point je l'appréciais, explique Kevin en ouvrant les yeux. Ce faisant, une autre larme s'échappe. À nouveau, il l'essuie rapidement, mais cette fois, sans attitude de dédain.

— Est-ce vrai que ressentir des émotions fait de toi quelqu'un de faible, Kevin ? Est-ce que tu te sens faible en ce moment ?

Kevin déglutit et prend une inspiration.

— Non, je ne dirais pas que je me sens faible. En fait, je me sens mieux. Soulagé même. Comme si j'avais gardé tout ça en moi pendant si longtemps, et maintenant je sens que j'honore enfin la mémoire de mon oncle. Et c'est ce qu'il mérite.

Kevin me regarde, la bouche ouverte en signe d'incertitude.

— Je ne sais pas quoi penser en ce moment. On m'a toujours dit que la pire chose à faire était de pleurer, pourtant je suis assis ici avec toi, et j'ai la sensation qu'on m'a retiré un poids de la poitrine. Mais je me sens encore un peu mal malgré tout… est-ce que c'est normal ? demande-t-il d'un ton inquiet.

— Oui, parfaitement. Pendant des dizaines d'années, tu t'es accroché à la croyance, source de honte, que montrer ses émotions est mal. Et il est donc normal de ne pas se sentir à sa place, voire de se sentir mal à l'aise au début, je lui explique. Quand tu étais enfant, cette croyance avait un but. Sais-tu ce que c'était ?

— Je suppose que je ne dévoilais pas mes émotions en grandissant parce que je ne voulais pas que mon père se mette en colère contre moi ? répond Kevin, ses yeux s'écarquillant légèrement.

— Exactement. Cette croyance avait un but à l'époque, mais à quoi te sert de masquer tes émotions aujourd'hui ?

Kevin est sur le point de répondre, puis s'interrompt. Il laisse alors échapper un soupir.

— Honnêtement, ça m'empêche d'avancer. C'est pour ça que je n'ai pas dit à mon oncle combien il comptait pour moi. Et pour ça que Jamie en a marre de moi. Cela explique aussi probablement pourquoi je bois, n'est-ce pas ? demande-t-il rhétoriquement.

Ses yeux débordent d'une quantité égale de peur et d'espoir.

Alors comment puis-je surmonter ça ?

— Quelle est ta réponse, Kevin ?

— Eh bien, je vais devoir continuer à y réfléchir pour le découvrir.

— Super. Je te vois la semaine prochaine alors.

Kevin a appris de son père à utiliser la honte pour changer qui il est.

Comme Kevin, la plupart d'entre nous ont été conditionnés à croire à l'histoire des pensées de singe selon laquelle le jugement constitue le moyen de nous motiver à changer.

La promesse de la honte est qu'elle fera de vous une meilleure personne ; la réalité de la honte est qu'elle vous fait vous sentir inutile.

Afin de visualiser ce phénomène, pensez à une critique que vous entretenez à l'égard d'un être cher. Depuis combien de temps nourrissez-vous cette critique à son endroit ? Combien de fois l'avez-vous exprimé de différentes manières ? Que ressentez-vous lorsque vous le jugez ? Vos paroles ont-elles déjà conduit cette personne à modifier son comportement ?

Pensez maintenant à un jugement que vous entretenez à votre égard. Depuis combien de temps nourrissez-vous cette critique ? Combien de fois y pensez-vous ? Que ressentez-vous lorsque vous vous jugez ? Ce jugement vous a-t-il déjà poussé à changer votre comportement ?

Pour défier le schéma des pensées de singe, répondez à cette question sans la suranalyser : de quoi avez-vous peur si vous renoncez à ce jugement sur vous-même ?

Les croyances source de honte sont à l'origine d'une guerre qui promet la paix, mais qui génère au contraire une agitation constante et épuisante. Nous ne pouvons tout simplement pas être heureux et nous condamner en même temps.

Prendre conscience de l'influence de notre éducation et de nos croyances sur nous aujourd'hui nous permet de nous débarrasser enfin de ces croyances néfastes. Néanmoins, avant de pouvoir nous débarrasser de ces programmes, nous devons apprendre à briser la chaîne de ces croyances pénibles.

BRISER LA CHAINE DES CROYANCES SOURCE DE HONTE

Le problème des croyances source de honte réside dans le fait qu'elles ne cessent de s'accumuler.

Une croyance nous amène à faire quelque chose que nous regrettons après coup. Par la suite, nous utilisons cette erreur comme un carburant supplémentaire pour une autre croyance source de honte, sans jamais aborder la croyance initiale ayant causé l'action défavorable en premier lieu.

Examinons les croyances de Kevin pour illustrer cette idée.

Kevin lutte contre la croyance qu'il a héritée de son père : *montrer ses émotions fait de soi quelqu'un de faible*. Appelons cette croyance, la **Croyance A**.

La **Croyance A** a de nombreuses répercussions dans la vie quotidienne de Kevin. Une conséquence de la **Croyance A** est que lorsque son oncle est mort, Kevin s'est disputé avec Jamie parce qu'il ne voulait pas se montrer vulnérable face à elle. Nous nommerons cela la **Conséquence A**.

Après la **Conséquence A** [*se disputer avec Jamie*], Kevin devrait examiner la **Croyance A** [*montrer ses émotions fait de soi quelqu'un de faible*] pour comprendre pourquoi il s'est disputé avec Jamie, ainsi que pour prévenir de futures altercations alimentées par cette croyance.

Or, après la **Conséquence A** [*se disputer avec Jamie*], Kevin passe directement à la **Croyance B** [*je suis un raté*]. Kevin fonde sa **Croyance B** sur l'évidence que se disputer avec Jamie fait de lui un raté.

La **Croyance B** [*je suis un raté*] est renforcée par les pensées suivantes : « Je n'aurais pas dû me disputer avec Jamie. Il y a quelque chose qui ne va pas chez moi pour m'être disputé avec Jamie ». Maintenant, Kevin est occupé à se juger lui-même et est absorbé par la **Croyance B** [*je suis un raté*], oubliant complètement la croyance à l'origine de tout cela : la **Croyance A** [*montrer ses émotions fait de soi quelqu'un de faible*].

Ainsi, la **Croyance A** [*montrer ses émotions fait de soi quelqu'un de faible*] crée la **Conséquence A** [*se disputer avec Jamie*], qui alimente la **Croyance B** [*je suis un raté*].

Kevin commence à ressentir une grande honte, engendrée par la **Croyance B** [*je suis un raté*] profondément ancrée. Il ne comprend pas pourquoi il se dispute sans cesse avec sa femme ni pourquoi il se sent mal dans sa peau. Toute cette honte provoque une énorme anxiété chez Kevin ; il est bientôt submergé par celle-ci et éprouve le besoin de l'anesthésier en buvant.

Pour commencer à remettre en question et à changer la **Croyance B** [*je suis un raté*], Kevin doit parvenir à un point où, après la **Conséquence A** [*se disputer avec Jamie*], il ne se laisse plus entraîner par ses jugements sur lui-même. Au lieu de cela, il travaille sur la **Croyance A** [*montrer ses émotions fait de soi quelqu'un de faible*].

Si Kevin parvient à faire en sorte qu'après la **Conséquence A** [*se disputer avec Jamie*], il soit capable de travailler autour de la **Croyance A** [*montrer ses émotions fait de soi quelqu'un de faible*], il commencera à remettre en question et à changer la **Croyance A**. Après avoir transformé la **Croyance A** [*montrer ses émotions fait de soi quelqu'un de faible*], Kevin ne subira plus la **Conséquence A** [*se disputer avec Jamie*]. Maintenant qu'il n'y a plus de **Conséquence A** [*se disputer avec Jamie*], il n'y a plus de déclencheur pour déclencher la **Croyance B** [*je suis un raté*].

En résolvant la **Croyance A** [*montrer ses émotions fait de soi quelqu'un de faible*], Kevin se sentira également plus proche de Jamie ; et la **Croyance A** [*montrer ses émotions fait de soi quelqu'un de faible*] ne sera plus à l'origine de leurs disputes.

Comme Kevin, beaucoup d'entre nous sont coincés dans cette réaction en chaîne de **Croyance A – Conséquence A – Croyance B**. Pour illustrer l'idée de la chaîne de croyances source de honte, imaginez ce qui suit : votre partenaire vous dit : «Tu m'ignores toujours.» Certains d'entre nous s'agiteraient et commenceraient à crier en réponse à cette affirmation. Vous avez maintenant la **Conséquence A** : vous vous disputez avec votre partenaire.

À partir de la **Conséquence A** [*se disputer avec votre partenaire*], vous recueillez des raisons de croire la **Croyance B** : *je suis un mauvais partenaire*. Maintenant, vous ressentez la honte liée à la **Croyance B** [*je suis un mauvais partenaire*].

Pouvez-vous nommer la **Croyance A** qui a engendré la **Conséquence A** [*se disputer avec son partenaire*] dans cet exemple ?

En résolvant la vraie croyance en question, nous pouvons commencer à nous libérer de la honte et de l'anxiété que les pensées de singe ont créées et à changer toutes les croyances autolimitantes qui nous entravent.

Chapitre 10

ADOPTER DE NOUVELLES CROYANCES

Après avoir démantelé une croyance autodestructrice, nous devons prendre le temps de consolider notre croyance de remplacement. Nous devons en trouver une nouvelle qui nous mène dans la direction que nous voulons suivre. Nous devons aborder notre vie à travers cette nouvelle perspective, encore et encore, jusqu'à ce que nous puissions expérimenter le changement au niveau du corps. Plus nous réagissons du point de vue de cette nouvelle croyance, plus celle-ci s'enracine naturellement. Elizabeth s'est donné du mal pour voir sa vie à partir d'un nouvel ensemble de croyances, et elle est prête à présenter cette nouvelle façon de penser lors d'un événement important de sa vie : le mariage de sa nièce.

Elizabeth et moi avons travaillé ensemble de manière intensive pendant plusieurs mois pour éliminer ses croyances source de honte. Elle apprend à faire face à de nombreuses situations anxiogènes : le déménagement de son mari, la procédure de divorce qui en résulte, l'obtention de la garde partagée de ses enfants et, finalement, surmonter sa dépendance à l'alcool.

Aujourd'hui, Elizabeth se sent comme une nouvelle femme. Ses enfants veulent passer du temps avec elle, elle écrit de plus en plus en free-lance, elle ne boit plus et elle n'a jamais eu autant confiance en elle. Bien qu'elle ait du mal à tourner la page sur son ancien mariage, elle a fini par comprendre pourquoi Ted et elle se sont éloignés l'un de l'autre et pourquoi il a fini par la quitter. Ted a trouvé quelqu'un d'autre ; à présent, Elizabeth est prête à commencer à développer ses propres relations authentiques, qu'elles soient romantiques ou simplement amicales.

Le mariage de la nièce d'Elizabeth sera la première fois qu'une grande partie de sa famille découvre la « nouvelle » Elizabeth, et celle-ci s'est donné deux nouvelles croyances à tester :

1. Tu *es* bien comme tu es.

2. La plupart des hommes sont foncièrement bons et gentils.

En utilisant ces croyances comme guide, Elizabeth va partir du principe que les hommes qu'elle rencontre ce soir sont de bonne foi. Elle espère reprendre contact avec des membres de sa famille éloignés qu'elle n'a pas vus depuis longtemps, ainsi qu'avec de nouveaux amis potentiels. Bien qu'elle ait conscience que tous les hommes ne seront pas honnêtes, elle sait qu'elle a suffisamment confiance en elle pour déterminer si quelque chose ne va pas *après* avoir parlé avec un homme, plutôt que de le considérer *avant* comme une mauvaise personne.

Lorsqu'Elizabeth arrive à la cérémonie, elle a rapidement l'occasion de tester ses nouvelles croyances. Un homme l'aborde alors qu'elle est en train de prendre un soda au bar. Il lui dit, en tapant du pied sur la musique :

Quel beau mariage jusqu'ici !

— Absolument, en effet ! Comment connaissez-vous les mariés ? demande Elizabeth avec sincérité.

— Je suis le petit cousin de Nicole. Je ne l'ai pas vue depuis quelques années, pour être honnête, admet-il en prenant une bière des mains du barman. Je m'appelle Carlos, se présente-t-il en tendant la main à Elizabeth.

La présentation de Carlos déclenche les pensées de singe d'Elizabeth. *Oh, mon Dieu, Carlos est là ? La dernière fois que tu l'as vu, il essayait de soutirer de l'argent à tes parents !*

Se souvenant de ses objectifs pour la soirée, les pensées d'observateur d'Elizabeth interviennent rapidement. *C'était il y a plusieurs années. Il y a de fortes chances que Carlos ait évolué depuis. Accorde-lui le bénéfice du doute.*

Elizabeth prend une profonde inspiration et répond :

— Carlos ! Quel plaisir de te revoir. Je suis Elizabeth – la tante de Nicole. Tu te souviens de moi ? dit-elle en lui adressant un large sourire.

— Lizzie ! Bien sûr ! Carlos se penche en avant et embrasse chaleureusement Elizabeth. Ouah, tu es superbe. Bien différente de la dernière fois que je t'ai vue, lui fait-il remarquer en grimaçant.

Ignorant son commentaire, Elizabeth répond cordialement :

— Oui, j'ai vraiment beaucoup changé. Alors, comment vas-tu ? Qu'est-ce que tu deviens ?

Carlos effectue un signe de tête confiant.

— Oh, tu sais. J'ai travaillé sur beaucoup de projets différents. En fait, je travaille sur une nouvelle start-up en ce moment, déclare-t-il fièrement.

— Oh ? Dans quel but ? s'enquiert Elizabeth, sincèrement intéressée.

Se redressant, Carlos pose sa bouteille sur le bar et frappe ses mains l'une contre l'autre.

— Tu sais, quand tu te retrouves à ton bureau à deux heures du matin, complètement épuisée et que tu as besoin d'énergie ? demande Carlos avec enthousiasme.

Après quelques instants, il fait un signe de tête en direction d'Elizabeth.

— Oh, euh, oui ! Je déteste ça, répond-elle rapidement.

— Exactement ! C'est pourquoi mon partenaire commercial et moi-même avons créé les Barres énergétiques Electric Energy ! Elles regorgent de tous les bons nutriments et de trucs qui te réveillent, conclut Carlos avec un sourire éclatant et satisfait.

— Ouah ! C'est… c'est original, Carlos, dit gentiment Elizabeth, en essayant d'avoir l'air de le soutenir autant que possible.

Elle prend une inspiration et affirme de manière beaucoup plus authentique :

— C'est bien que tu fasses quelque chose qui te passionne.

— C'est la passion de ma vie, Lizzie. Merci de le souligner, déclare Carlos avec gratitude. Au fait, tes parents sont là ? demande-t-il.

— Non, ils n'ont pas pu venir, répond Elizabeth.

Alors qu'Elizabeth boit une gorgée de son soda, Carlos ajoute :

— Oh mince. Eh bien, alors je suppose que je peux te le dire. Chez Electric Energy, nous sommes toujours à la recherche d'investisseurs. Je suis sûr que ça pourrait t'intéresser – c'est une excellente opportunité d'entrer dans la course si tôt, tu sais !

Les pensées de singe d'Elizabeth ne peuvent pas s'en empêcher. *Et voilà ! Bien sûr, il n'en a toujours qu'après l'argent. Les hommes sont tous les mêmes, égoïstes et avides d'argent.*

Prenant une plus longue gorgée que prévu, Elizabeth laisse à ses pensées d'observateur le temps de donner leur avis avant de répondre. *Il ne réalise pas que ce n'est pas l'endroit pour discuter de ça. Il a trouvé quelque chose qu'il aime faire, alors souhaite-lui bonne chance dans son entreprise.*

Finalement, Elizabeth retire la canette de soda de ses lèvres.

— Tu sais, Carlos, je ne pense pas que le mariage de Nicole soit vraiment l'endroit pour discuter d'opportunités d'investissement. Je te suggère de t'en abstenir pour le reste de la soirée, conseille-t-elle gentiment. Et bien que j'apprécie ta passion, je pense que je vais passer mon tour sur ce coup-là. Mais je te souhaite bonne chance, dit-elle avec un sourire sincère.

Carlos hausse les épaules et roule légèrement les yeux, un soupçon de sarcasme se glissant dans sa voix.

— OK. Merci pour ton soutien, en tout cas. Ça m'a fait plaisir de te revoir, conclut-il en lui faisant un signe de tête avec sa bouteille de bière et en s'éloignant.

Elizabeth procède à des inspirations profondes et continues pour se calmer avant de parler à quelqu'un d'autre. Ses pensées d'observateur la calment. *Bien joué, tu as su rester centrée en parlant avec Carlos ! Ta croyance selon laquelle « on ne peut pas faire confiance aux hommes » était à deux doigts d'être déclenchée.*

Elizabeth se détend un peu tandis que ses pensées d'observateur continuent. *Ta croyance selon laquelle « tu n'es pas assez bien » a également failli être déclenchée. Tu ne dois rien à Carlos. Tu n'aurais pas pu faire mieux. Tu as été super.*

En fermant les yeux un instant, Elizabeth laisse cette idée la pénétrer.

Lorsqu'elle les rouvre, elle est pleine de joie à l'idée de sortir à nouveau et de rencontrer de nouvelles personnes.

Se rendant directement sur la piste de danse, Elizabeth commence à danser avec certains de ses cousins et sa fille, Tiffany. Après quelques chansons, le DJ décide de ralentir la musique. Elizabeth commence à s'éloigner de la piste pour faire de la place aux couples lorsqu'un homme séduisant s'approche d'elle.

— Voulez-vous danser ? lui demande-t-il, souriant, en lui tendant la main.

Elizabeth hésite un court instant. Ses pensées de singe y voient l'occasion d'inventer une histoire abracadabrantesque. *Il va penser que t'es une mauvaise danseuse. Tu vas te mettre dans l'embarras.*

Les pensées d'observateur d'Elizabeth coupent court aux pensées de singe avant qu'elles ne puissent inventer de nouvelles histoires. *Souviens-toi, tu es ici pour explorer. Tu apprends à être toi-même en toute sécurité.*

Elle décide de sortir de sa zone de confort et accepte avec un sourire enthousiaste. Tous deux commencent à discuter en écoutant la musique.

— Je m'appelle Bruce, dit-il en se penchant pour qu'elle puisse l'entendre. Le cœur d'Elizabeth s'emballe, mais elle s'efforce de garder son calme.

— Je m'appelle Elizabeth, répond-elle, un peu plus fort que nécessaire.

— Comment connaissez-vous les mariés ? demande Bruce.

— Je suis la tante de Nicole, répond Elizabeth, en essayant d'ignorer sa nièce qui lui fait un signe du pouce dans le dos de Bruce.

— Eh bien, Elizabeth, vous êtes une merveilleuse partenaire de danse, lui lance Bruce avec un sourire chaleureux, en la faisant tourner sur elle-même. Elizabeth n'a pas dansé avec un homme depuis les premières années de son mariage, et elle est surprise de voir à quel point cela lui plaît.

Tous deux terminent leur danse et quittent la piste pour discuter un peu davantage.

— Je ne me souviens plus de la dernière fois où j'ai dansé un slow, admet Bruce en essuyant une perle de sueur sur son front.

— Moi non plus ! Je crois que la dernière fois, c'était quand j'étais à New York pour une retraite, confie Elizabeth en replaçant une mèche de cheveux indisciplinée derrière son oreille.

— Oh ? Quel genre de retraite ? demande Bruce.

— Une retraite d'écriture, dit Elizabeth, ses joues commençant à rougir.

— Alors vous êtes écrivaine, hein ? demande-t-il.

— Oui, en fait, je me suis remise à travailler en free-lance depuis que mes enfants sont plus grands. J'essaie de reprendre du service ! plaisante-t-elle.

— Quel style d'écriture aimez-vous pratiquer ? demande-t-il. De la poésie ? Prose ? Journalistique ?

Tous deux finissent par discuter pendant l'heure qui suit. À la fin de la soirée, ils décident de se retrouver la semaine suivante dans le restaurant italien préféré d'Elizabeth. Bruce fait ses adieux avec un baiser sur la joue d'Elizabeth, et rien de plus.

Elizabeth repart émerveillée par les événements de la nuit. Elle ne pensait pas rencontrer quelqu'un ce soir ! Une fois cette idée envolée, les pensées de singe s'en donnent à cœur joie. *T'es pas prête. Tu vas être une vraie calamité à ce dîner. Il est beaucoup trop bien pour toi.*

Elizabeth est happée par cette idée pendant un moment, puis elle prend conscience de ce qui se passe. Elle balaie l'histoire des pensées de singe grâce aux commentaires avisés des pensées d'observateur. *Tu as vu comme tu t'es bien débrouillée avec Carlos et Bruce ce soir ? Tu as vraiment compris. Tu t'en sors très bien.*

Une fois rentrées à la maison, Elizabeth et Tiffany se détendent sur le canapé.

— Que ça fait du bien d'enlever ces talons ! s'exclame Elizabeth.

— J'ai enlevé les miens quand je dansais, précise Tiffany en souriant fièrement.

Elizabeth se penche vers elle et lui tapote la tête.

— J'ai toujours dit que tu étais plus intelligente que ta mère, dit-elle avec un sourire affectueux.

Tiffany rit et acquiesce. Puis, tout en essayant d'être aussi nonchalante que possible, elle ajoute :

— Alors… ce type avec qui tu dansais avait l'air plutôt cool…

— Ouais ? Il t'a plu ? Je suis censée dîner avec lui la semaine prochaine, explique Elizabeth, en essayant d'évaluer l'opinion de sa fille.

Hochant légèrement la tête, Tiffany se concentre sur ses doigts, tripotant son vernis à ongles rose. Puis elle lève les yeux vers sa mère.

— Je pense que vous feriez un beau couple, déclare-t-elle, son sourire dévoilant ses fossettes.

— Merci, ma chérie. Venant de toi, ça me touche beaucoup, murmure Elizabeth.

Elizabeth rayonne et serre sa fille dans ses bras. Tout en s'embrassant, Elizabeth pense à ce qu'aurait été la soirée si elle n'avait pas commencé à modifier ses croyances : sa fille ne serait même pas chez elle, elle se serait sentie seule toute la nuit et elle serait déjà dans les vapes à cause du vin.

Avant de travailler avec moi, Elizabeth avait de bonnes intentions, mais elle ne parvenait pas à trouver le bonheur. Quoi qu'elle fasse, la croyance « Je ne peux pas faire confiance aux hommes » et, en fin de compte, « Je ne suis jamais assez bien » n'avait qu'une seule destination :

la solitude. Le chemin qu'elle empruntait ne la rapprocherait jamais d'une véritable connexion. Elle a dû créer de nouvelles croyances afin de forger des liens authentiques dans sa vie.

Quand Elizabeth s'est rendue au mariage, elle s'est avouée à elle-même ce qu'elle voulait vraiment. Elle a pris la décision de croire que le bonheur et la connexion sont possibles dans sa vie. Elle a choisi, sans aucune restriction, une destination qu'elle désire vraiment.

Après avoir exploré ses croyances limitantes, c'est sciemment qu'Elizabeth a créé une voie différente. Sa nouvelle croyance est la suivante : «Peu importe l'intention ou les actions des hommes, je décide si je suis suffisante.» En suivant cette voie, Elizabeth parvient à une destination différente avec Bruce. Elle est désormais prête à s'aventurer plus loin et à créer des relations encore plus authentiques.

Même si les choses ne fonctionnent pas avec Bruce, elle se réjouit à l'idée de voir où sa nouvelle attitude va la mener.

Cette nouvelle croyance crée une réalité différente.

Tester de nouvelles croyances peut vous montrer le pouvoir que vos croyances exercent sur votre vision du monde. Par exemple, essayez de passer votre journée avec la croyance «le monde est hostile» au premier plan de votre esprit. Le jour suivant, essayez de vous promener avec la croyance «le monde est amical». Comment vos interactions quotidiennes diffèrent-elles selon ces deux croyances?

Essayer une nouvelle croyance peut sembler étrange au début, mais c'est un processus incroyablement gratifiant. Si nous nous engageons à appliquer de manière répétée cette nouvelle croyance dans notre vie, elle prendra rapidement la place de la croyance néfaste que nous entretenions auparavant.

À l'instar d'Elizabeth, nous ne pouvons pas accéder à des destinations que nous considérons comme impossibles pour nous. Si vous pensez, pour quelque raison que ce soit, que vous ne pouvez pas atteindre le sommet de l'Everest, vous n'essaierez même pas. Vous n'essaierez pas non plus d'accéder à des endroits que vous ne croyez pas réels, comme Shangri-La ou Le pays imaginaire.

Vous ne sortirez pas la carte. Vous ne chercherez certainement pas une voie ou ne demanderez pas votre chemin. Lorsque nous nous admettons à nous-mêmes ce que nous voulons et que nous nous accordons les outils adaptés pour atteindre cet objectif, nous ouvrons nos vies à ce que l'on pensait auparavant être de l'ordre du fantasme.

Partie 3

LES SENTIMENTS COMME SYSTÈME DE GUIDAGE

Chapitre 11

L'IMPORTANCE DES ÉMOTIONS

Combien de fois nous demande-t-on «Qu'est-ce qui ne va pas?» si nous n'avons pas l'air joyeux? Si la moindre trace de peur, de colère ou de tristesse est visible sur notre visage, nous sommes souvent confrontés à cette question piège. Mais pourquoi avons-nous été conditionnés à croire que si nous ressentons certaines émotions, quelque chose «ne va pas»? Nos sentiments sont très intelligents, mais la plupart d'entre nous n'ont pas appris à tirer des leçons de leurs émotions.

Lorsque nous apprenons à utiliser nos émotions comme un système de guidage, nous pouvons continuer à changer les programmes qui sabotent nos vies.

LES ÉMOTIONS NE SONT NI «MAUVAISES» NI «BONNES»

Les sentiments sont plus profonds que les mots ; ce sont des sensations dans le corps.

Dire que vous êtes en colère contre votre mari n'est pas un sentiment, c'est une histoire.

Les sentiments sont simples. Ce sont les mêmes émotions de base que tous les bébés expriment, bien avant d'avoir des mots pour les expliquer ou les décrire. Vous pouvez être triste, heureux·se, craintif·ve ou en colère ; vous n'avez pas besoin de mots pour cela. En fait, les sentiments sont mieux exprimés par des mouvements et des sons purs, comme les gémissements, les rires ou taper sur le sol. Ce qui est différent des histoires que nous attribuons à nos émotions – le « pourquoi » de nos sentiments.

Nous utilisons nos émotions pour faire le lien avec nos croyances car elles sont beaucoup plus faciles à suivre. Nous avons des milliers de pensées chaque jour – bien trop nombreuses pour être gérées. Or, une émotion est une expérience que nous ressentons dans l'ensemble de notre corps, et nous avons généralement moins de sentiments que de pensées au cours d'une journée. En prenant conscience d'un sentiment et en l'identifiant, nous pouvons facilement déterminer lorsqu'une croyance fondamentale est déclenchée.

En cet instant, essayez de prêter attention aux émotions dans votre corps.

Vos sentiments vous parlent et vous apportent des informations précieuses.

Ne les jugez pas et ne les chassez pas. Ne les édulcorez pas. Observez-les simplement comme le feraient les pensées d'observateur. *Qu'est-ce que je ressens en ce moment ? Où est-ce que je le ressens dans mon corps ? Quelle est l'intensité de cette sensation ?*

Pouvez-vous mettre un nom sur ces sentiments ? Peut-être vous sentez-vous nerveux, ou irrité, ou joyeux, ou désespéré. Il existe de nombreux termes pour désigner nos émotions, mais en fin de compte, elles se résument toutes à cinq sentiments : furieux·se, triste, heureux·se, effrayé·e, et honteux·se. Lorsque nous pouvons classer nos émotions dans l'une de ces cinq catégories, nous sommes plus facilement en mesure de les identifier et de nous entraîner à reconnaître lorsque nous éprouvons l'une d'entre elles.

Pour beaucoup d'entre nous, l'idée de prendre conscience de nos sentiments semble étrangère, car nous avons l'habitude de les réprimer. En grandissant, nous avons entendu des choses du genre « Arrête de pleurnicher ! » ou « Surveille ton caractère ! ». Ce sont ces messages, et les nombreux autres que nous avons reçus, qui ont établi l'idée selon laquelle les émotions sont quelque chose à éviter.

Or, en vérité, toutes nos émotions sont liées. Nous ne pouvons pas éviter un sentiment tout en espérant en avoir un autre. Imaginez vos sentiments comme une canalisation d'eau. Certaines personnes pensent que chaque émotion est équipée d'une vanne « off » d'arrêt. Elles pensent que l'on peut couper une émotion, comme la colère, comme on couperait l'eau de la salle de bains. Pourtant, nos émotions n'ont pas de ramifications. Il n'y a qu'une seule ligne principale – ce qui signifie que si vous réprimez une émotion, vous réprimez *toutes* vos émotions. Vous voulez couper la colère ? Vous perdrez également votre capacité à ressentir du bonheur.

Aucune émotion n'est mauvaise, aucune émotion n'est bonne – ce sont simplement des émotions qui apparaissent naturellement en chacun de nous. Lorsque nous honorons chacune de ces émotions, nous pouvons commencer à apprendre ce que celles-ci ont à nous enseigner.

Les enfants sont souvent les meilleurs professeurs en matière d'émotions. Ils n'ont pas encore développé de jugements par rapport à leurs sentiments, et accueillent donc pleinement chaque sensation passagère. Ils ressentent une émotion, puis passent à la suivante. Une minute, un enfant pleure, et la suivante, il rit. Il ne pourrait pas les faire durer même s'il essayait.

◠

Molly, 6 ans, est au parc avec son père. Elle poursuit joyeusement un papillon dans l'aire de jeu, gloussant continuellement en suivant la créature ailée avec étonnement. Elle ne regarde pas où elle va et trébuche sur le trottoir. Elle tombe, s'écorchant les mains sur les pierres.

Immédiatement, elle se sent envahie par la tristesse. Elle ne tarde pas à verser des rivières de larmes en titubant vers son père pour trouver du réconfort.

— Que s'est-il passé, ma puce ? demande son père en se penchant pour caresser les cheveux châtains de la petite fille.

— Je suis… tombée ! pleure Molly, parvenant tout juste à parler.

— Tu vas bien ? demande-t-il en inspectant son corps.

— Mes mains ! crie Molly, avec une grosse lèvre qui fait la moue. Elle tend ses mains devant son père, pour qu'il les inspecte.

— Elles m'ont l'air d'aller bien ! dit-il en essayant de la réconforter.

Cette remarque fait basculer Molly dans une colère aiguë.

— ÇA VA PAS ! MES. MAINS. J'AI MAL ! hurle-t-elle, rappelant la férocité d'un lion qui rugit.

— Que dirais-tu d'aller chercher un milk-shake pour que tu puisses y poser tes mains ? propose délicatement son père. À nouveau, l'émotion de Molly change complètement.

— Milkshake ! crie Molly tout excitée, se levant d'un bond et sautant jusqu'à la voiture.

Il fut un temps où nous étions tous comme Molly, mais à un certain moment, nous avons perdu la capacité de passer si facilement d'une émotion à une autre. Le concept selon lequel certaines émotions sont bonnes, et d'autres sont mauvaises, nous a été présenté. La plupart d'entre nous craignent, en raison de ce jugement, de se laisser aller et de vraiment ressentir nos émotions. Beaucoup de gens se disent :

« Si je commence à pleurer, je ne m'arrêterai jamais. »

« Si je laisse vraiment sortir ma colère, tout le monde va me détester. »

« Si j'admets que j'ai peur, ils vont penser que je suis une mauviette. »

Imaginez éprouver des sentiments sans lutter pour les faire disparaître.

Imaginez ressentir des émotions sans que les pensées de singe ne vous disent si elles sont bonnes ou mauvaises.

Si vous vous surprenez à réprimer vos émotions, demandez-vous : « Quel est mon jugement vis-à-vis de ce sentiment ? » Ce sont les histoires des pensées de singe qui nous font souffrir, pas nos sentiments. Lorsque nous acceptons nos émotions, elles ne s'attardent pas – elles changent aussi vite que nous pouvons les ressentir. Ce n'est que lorsque nous les rejetons ou leur résistons que nos sentiments restent bloqués et que notre souffrance émotionnelle semble s'éterniser. Soyez aussi libre qu'un enfant avec vos émotions, et elles vous conduiront dans le présent.

ACCEPTER CE QUE L'ON RESSENT

La répression de nos sentiments n'est pas la seule méthode que nous utilisons pour éviter toute la gamme de nos émotions. Il nous arrive également de nous délester de nos sentiments sur les autres pour éviter de les ressentir véritablement. Par exemple, lorsque nous sommes en colère, nous pouvons crier sur notre partenaire dans l'espoir que ce cri libère la colère. Dans ce cas, nous n'assumons et n'identifions pas cette émotion – nous essayons de nous en débarrasser.

Par ailleurs, il arrive également que l'on s'attarde longtemps sur une émotion pour essayer d'éviter tout autre sentiment qui pourrait vouloir surgir.

Aucune de ces méthodes n'est saine, et toutes deux génèrent beaucoup de pensées anxieuses. La plupart de l'anxiété que nous éprouvons autour des émotions ne provient pas des sentiments eux-mêmes – elle découle des histoires que nos pensées de singe créent quant aux raisons pour lesquelles nous ne devrions pas les ressentir. Une façon de faire la paix avec nos émotions consiste à accepter ce que nous ressentons – quel que soit ce sentiment. Cela signifie laisser ce sentiment suivre son cours, sans insister sur le fait qu'il devrait être différent. Faites appel aux pensées d'observateur pour qu'elles deviennent le témoin de vos sentiments.

∼

C'est une journée magnifique et ensoleillée. Pour notre séance d'aujourd'hui, Elizabeth choisit de profiter du soleil en se promenant autour du lac.

Je me sens si bien aujourd'hui, dit-elle en riant.

— Je suis heureux pour toi, lui dis-je. Comment se fait-il que tu te sentes si bien ?

— Eh bien, pas grand-chose n'a changé. Mes enfants sont toujours les mêmes… et mon ex-mari aussi.

— Alors qu'est-ce qui a changé ?

— Je pense que je ne suis plus autant dans l'autocritique. Depuis que nous avons commencé à travailler ensemble, je suis beaucoup plus dans l'acceptation, me confie Elizabeth.

— Comment ça ?

— Je ne mets pas toujours ma tristesse sur le compte du syndrome prémenstruel ou ma colère sur le fait que je n'ai pas bu mon café. J'ai cessé d'essayer de dissimuler toutes mes émotions. Désormais, je me laisse aller à ressentir ce qui se présente, et les émotions vont et viennent avant même que je ne m'en rende compte !

— Ah oui ? Dis-m'en un peu plus à ce sujet, je te prie.

— Très bien, voyons voir. Hier, Ted m'a envoyé un texto à la dernière minute pour me faire savoir qu'il allait manquer le concert de Josh ce soir-là. Avant, je ne lui aurais pas fait de quartier. Mais maintenant, quelque chose de différent se produit. Je *remarque* à quel point je suis en colère. Puis je me dis : « Ne réagis pas. Laisse venir ce sentiment et vois ou ça te mène, explique Elizabeth. Auparavant, dès que je ressentais de la colère, j'avais besoin de la faire sortir de mon corps et de me débarrasser de cet horrible sentiment. Je n'aurais jamais cru que j'arriverais un jour à *apprécier* ma colère ! Mais désormais, c'est vraiment le cas, car je veux voir à quelle croyance cette colère est liée.

Elle prend une inspiration et poursuit :

— Donc, au lieu d'exploser, j'ai respiré tout en éprouvant vraiment mes émotions ; en pleine présence de ma colère. Puis j'ai pu me poser des questions sur les raisons de celle-ci.

— Qu'as-tu appris ?

— Au début, je n'arrêtais pas de me focaliser sur tout le monde sauf sur moi-même. Je reprochais à Ted de ne pas être un bon père. Je sentais ma colère monter en moi ! Puis je me racontais cette histoire selon laquelle je me sentais triste pour Josh parce qu'il ne recevait pas l'attention qu'il méritait. Je pouvais vraiment sentir le passage de la colère à la tristesse, explique Elizabeth.

— C'est souvent ce qu'il y a de plus difficile pour la plupart des gens, Elizabeth : être pleinement présent avec des émotions en constante évolution qu'ils éprouvent, je lui concède.

— Oui, c'est vrai. Mais maintenant, je me sens en confiance avec mes émotions. Je n'ai plus peur de ma colère. Je peux simplement l'apprécier et rester pleinement présente avec elle, et avec toutes les autres choses que je ressens, répond Elizabeth d'un pas léger. Quand j'ai répondu à Ted, je lui ai dit de se souvenir que ce concert était très important pour Josh. Qu'il avait un solo de saxophone et tout, et que c'était donc important ! Je lui ai dit que je serais là pour soutenir Josh, et que je pensais que cela compterait beaucoup pour lui si Ted pouvait réorganiser son emploi du temps afin d'être là pour lui. Et devinez quoi – Ted m'a écouté ! Il a dit qu'il allait voir ce qu'il pouvait faire. Puis, quand je suis arrivée à l'auditorium, Ted était là, et m'avait même réservé un siège ! C'était incroyable de voir tout le chemin parcouru – de constater que nous sommes capables de faire passer les besoins de nos enfants avant nos émotions contradictoires.

Comme l'a réalisé Elizabeth, les sentiments sont faits pour être ressentis. Profitez-en ! Nous avons pris l'habitude de les étouffer, de les dissimuler, de nous y complaire ou d'utiliser les émotions pour alimenter une histoire. C'est un énorme soulagement que celui d'apprendre à accueillir les grandes émotions tout en restant maître de sa réaction face à ce qui les a provoquées.

Lorsque nous ne sommes plus malmenés par les pensées de singe, les sentiments confèrent à la vie une glorieuse richesse.

Prenez un moment pour passer en revue vos sentiments, comme l'a fait Elizabeth. Pensez à quelque chose qui vous contrarie. Maintenant, dites-vous : « Je suis contrarié·e par cette situation. C'est normal d'être contrarié·e. Je suis heureux·euse d'être contrarié·e. Je suis en sécurité avec ce sentiment. Je n'ai pas besoin de le réprimer ou de l'exprimer devant les autres. Je sais que cette émotion m'apportera clarté et soulagement. » Vous avez maintenant ouvert la porte pour remonter de cette émotion à la croyance la plus profonde qui l'a engendrée.

À la surprise de beaucoup de gens, il est facile d'apprécier ce que l'on redoute souvent d'être un processus long et douloureux d'acceptation de nos émotions. Lorsque nous apprenons à apprécier chaque étape de ce processus, nous sommes à même de ressentir un soulagement dans notre propre vie, ainsi que dans celle de ceux qui nous entourent.

Chapitre 12

SOYEZ AUTHENTIQUE VIS-À-VIS DE VOS SENTIMENTS

«Je ne veux pas faire semblant et faire comme si j'étais heureux·se.»

C'est une phrase que j'entends souvent. Personne ne veut simuler le bonheur. Ce que nous recherchons, c'est une joie profonde et durable – un sentiment intérieur profond que la vie est merveilleuse, même quand elle est difficile. Et lorsque nous nous confrontons à nos propres croyances, lorsque nous défions les pensées de singe, c'est ce que nous trouvons.

Être authentique vis-à-vis de nos sentiments constitue une étape essentielle pour parvenir à un mode de vie sain. L'une des raisons pour lesquelles nous avons tendance à ignorer nos sentiments inconfortables tient au fait que nous croyons devoir être perçus d'une certaine manière par les autres.

Lorsque nous commençons à écarter les faux sentiments et à accueillir les émotions inconnues, nous augmentons considérablement notre spectre émotionnel.

SE DONNER EN SPECTACLE

Rappelez-vous, pour un instant, de l'époque où vous étiez au lycée. Vous pensiez probablement que vous deviez agir d'une certaine manière, que ce soit sous la forme d'une pom-pom girl enjouée, d'un élève au tableau d'honneur ou d'un punk. Bien que nous ayons tourné la page sur nos personnages de lycéens, bon nombre d'entre nous sont encore convaincus qu'ils doivent être perçus d'une manière spécifique par leurs pairs.

Pour maintenir cette façade, certains d'entre nous essaient de dissimuler leurs émotions en scandant continuellement des affirmations positives. «Je suis TELLEMENT heureux·se! Je suis TELLEMENT heureux·se! Je suis TELLEMENT heureux·euse. Mince. Je me sens toujours triste. Peut-être que si je répète mes affirmations heureuses dix fois de plus, ça ira mieux…» En réalité, il s'agit d'une façon de se déconnecter de l'émotion authentique et de commencer une guerre intérieure.

Cette idée de se donner en spectacle pour les autres crée ce que j'appelle le «gâteau aux ordures».

Imaginez que vous avez un bol plein d'ordures avariées, puantes, vieilles d'une semaine, que vous mélangez jusqu'à obtenir une pâte épaisse brun-vert. Vous façonnez cette pâte en quelque chose qui ressemble à un petit gâteau. Vous placez le «gâteau» dans une jolie assiette et vous le givrez avec un délicieux glaçage blanc à la crème au beurre. Avec beaucoup de soin et de fierté, vous tracez de jolies spirales de glaçage sur les bords. Vous le décorez avec des fleurs fraîches miniatures et vous le placez au centre de votre table.

Cela vous semble ridicule? Exactement. Peu importe qui admire cette jolie création, vous ne pouvez pas transformer par magie votre gâteau aux ordures en gâteau rouge velours.

Lorsque nous ne sommes pas authentiques vis-à-vis de nos sentiments, n'est-ce pas plus ou moins ce que nous faisons? Combien d'entre nous ont enfoui leurs sentiments inconfortables dans un endroit caché, sur lequel ils ont glacé leurs affirmations, leurs manières et leur attitude ?

Au bout d'un moment, ce que nous essayons de cacher commence à percer le glaçage, et la puanteur se fait sentir. Les autres la sentent également.

Alors, nous commençons à nous faire honte à nous-mêmes.

Au lieu de dissimuler notre chaos émotionnel intérieur, les pensées d'observateur ont une approche différente. Elles partent du principe qu'il est toujours préférable d'être conscient de ce que nous ressentons vraiment. Pourquoi ? Parce que nos sentiments communiquent avec nous. Lorsque nous écoutons ce flot d'informations intérieures et que nous sommes attentifs à nos émotions authentiques, il se passe quelque chose d'étonnant : les problèmes dont nous avons le plus honte nous font découvrir notre sagesse, notre puissance et notre compassion les plus grandes. Nos sentiments nous conduisent à nos croyances fondamentales ; à partir desquelles, nous sommes en mesure de changer notre monde.

NE VOUS LAISSEZ PAS BERNER PAR LES ÉMOTIONS « RÉCONFORTANTES » TROMPEUSES

Les habitudes confortables sont ce qu'elles sont – confortables. Les émotions familières ne sont pas seulement sécurisantes, elles baignent notre système nerveux dans des hormones familières et, oui, réconfortantes. Mais ce qui nous fait nous sentir bien n'est pas toujours ce qu'il y a de mieux pour nous.

Transposons ce concept à la vie réelle. Au début, changer ses habitudes peut sembler gênant, peu naturel, voire agaçant. C'est pourquoi les gens échouent souvent à opérer des changements significatifs dans leur vie ; ils arrivent à mi-chemin dans un changement et se disent : « C'est tellement étrange – je veux juste me sentir mieux ».

Alors ils se replient sur ce qui leur est familier. Ah, voici venir cette réconfortante stimulation neuro-chimique… et oups, qu'est-ce que ces vieilles habitudes font encore là ?

Les émotions. L'imprévisibilité. Être à nouveau un·e étudiant·e. Ce sentiment, nouveau, instable de ne pas savoir ce qui va se passer. Tous ces éléments font partie du changement. Et ils sont souvent inconfortables.

Les buveurs lors d'événements mondains vous diront qu'ils n'ont pas besoin de boire. Mais, dès que surgit la prochaine angoisse, ils prennent un autre verre.

Les fumeurs vous diront qu'ils aiment s'en griller une. Ils vous diront qu'ils se sentent mieux juste après une cigarette. Et presque tous vous diront qu'ils veulent vraiment arrêter de fumer – c'est juste qu'ils ne sont pas encore prêts. Les bourreaux de travail vous diront qu'ils aiment ce qu'ils font, ou du moins qu'ils se sentent utiles, jusqu'à ce que le surmenage les mène au point de rupture. Ils vous diront qu'ils sont obligés de le faire. Certains admettront même que cela leur donne l'impression d'être importants. Ils promettent de maîtriser leur emploi du temps… dès que le prochain projet sera terminé.

Les acheteurs compulsifs adorent faire les magasins. Ils appellent ça « gestion du stress » ou « thérapie par le shopping ». Pendant quelques heures, prétendent-ils, tout est parfait. Mais après avoir ramené les articles à la maison, certains vous diront qu'ils se sentent vides, voire dégoûtés. Ils aimeraient avoir une vie plus simple, mais seulement s'ils peuvent d'abord acheter le meilleur de tout. Les personnes qui abusent des médicaments sur ordonnance vous diront que les pilules soulagent leur douleur. La douleur d'une opération ou d'une maladie était si intense qu'on leur a prescrit un médicament, et rapidement, ils ont dû en prendre de plus en plus pour faire disparaître la douleur. Ils vous diront qu'ils détestent être constamment constipés et oublier où ils sont, mais c'est la seule façon qu'ils ont de fonctionner et de se sentir normaux.

Le buveur mondain, le fumeur, le bourreau de travail, l'acheteur et la personne qui consomme des pilules à mauvais escient sont tous dépendants de leur propre drogue – l'adrénaline, la dopamine, la bouillie de produits chimiques qui se précipitent dans la circulation sanguine, baignant leur cerveau dans une sensation temporaire de soulagement du stress. C'est si tentant de se dire : « Ça doit être bon, on se sent si bien ! » Sauf que cela ne le dure pas très longtemps.

Réfléchissez à vos propres tendances. Répondez spontanément à cette question : « Lorsque je suis vraiment stressé·e (triste, déçu·e, inquiet·e), j'ai tendance à… » Par exemple : « Lorsque je suis vraiment stressé·e, je me replie sur moi-même et je prends un verre. »

Respirez. N'oubliez pas que tout va bien. Vous cherchez à vous aider à vous sentir mieux. Quel malaise essayez-vous de résoudre ?

Quelle peur essayez-vous d'apaiser ? Le fait d'éviter l'inconfort va-t-il vraiment résoudre votre stress ?

Réfléchissez à vos propres tendances. Répondez spontanément à cette question : « Lorsque je suis vraiment stressé·e (triste, déçu·e, inquiet·e), j'ai tendance à… » Par exemple : « Lorsque je suis vraiment stressé·e, je me replie sur moi-même et je prends un verre. »

Respirez. N'oubliez pas que tout va bien. Vous cherchez à vous aider à vous sentir mieux. Quel malaise essayez-vous de résoudre ?

Quelle peur essayez-vous d'apaiser ? Le fait d'éviter l'inconfort va-t-il vraiment résoudre votre stress ?

Lorsque nous essayons de changer et que ce changement fait naître des sentiments inconnus, il peut sembler que nous nous dirigeons vers l'anxiété. *Attendez ! Je n'aime pas cette sensation ! N'est-ce pas la mauvaise direction ?* Mais ce n'est pas la mauvaise direction. Ces sentiments désordonnés et inconfortables sont exactement ce qu'il nous faut.

Chapitre 13

LAISSEZ VOS SENTIMENTS ÊTRE VOTRE BOUSSOLE

Les sentiments persistants et douloureux – ceux qui ne semblent pas se résoudre – sont le signe que nous écoutons les pensées de singe. Celles-ci vont créer l'histoire selon laquelle ces émotions sont causées par des événements extérieurs et d'autres personnes, mais en réalité, ces sentiments persistants sont causés par les croyances erronées et négatives que nous entretenons.

Lorsque nous observons nos sentiments sans les juger ni essayer de les changer, ils deviennent de précieux alliés. Nos émotions douloureuses sont comme un système d'alarme : elles nous alertent de la présence d'une croyance cachée.

Nous devons apprendre des pensées d'observateur (qui utilisent nos sentiments comme système de guidage) pour changer ce que nous croyons et, finalement, créer la vie que nous souhaitons.

Imaginez que votre émotion – disons la colère – soit un détecteur de fumée. Il se met à sonner bruyamment un soir, vous indiquant qu'il y a un feu quelque part (une croyance cachée). Si vous arrachez le détecteur du plafond ou si vous l'ignorez, vous manquez l'avertissement. Le feu n'a pas cessé ; tout ce qui a changé, c'est votre conscience du danger.

Si nous prêtons attention à nos sentiments – si nous écoutons le détecteur de fumée – nous pouvons découvrir les croyances qui nous font souffrir. Nous pouvons combattre le feu lorsqu'il est encore petit et l'éteindre avant qu'il ne se propage. Voyons à présent comment ce concept s'applique à quatre émotions (la colère, la tristesse, la peur et la honte).

Chapitre 14

INVERSEZ LE COURS DE LA COLÈRE

À son niveau le plus élémentaire, la colère peut survenir parce que l'une de nos limites internes est franchie. Nous essayons souvent d'attribuer notre colère à d'autres personnes ou situations, mais la vérité est qu'elle provient d'un problème à l'intérieur de nous-mêmes.

Par exemple, combien d'entre nous peuvent se mettre en colère si quelqu'un ne le rembourse pas après lui avoir prêté de l'argent ? La plupart d'entre nous blâmeraient cette personne pour notre colère, mais en réalité, nous sommes en colère contre nous-mêmes pour avoir prêté de l'argent à cette personne en premier lieu. Nous pouvons nous sentir idiots ou stupides d'avoir fait confiance à cette personne. Nous décidons inconsciemment que nous ne sommes pas une personne intelligente pour avoir prêté de l'argent à quelqu'un qui ne nous a pas remboursés.

Notre colère nous avertit que quelque chose de contradictoire se passe dans notre tête. Si nous parvenons à ne plus laisser les actions des autres ou les situations extérieures affecter la façon dont nous nous percevons, nous éloigner de la colère et récupérer notre argent de façon plus calme devient possible.

Ensuite, lorsque nous remontons le fil de cette émotion jusqu'à notre croyance fondamentale, nous pouvons apprendre à apaiser rapidement la colère avant qu'elle ne s'évacue sur autrui.

~

Elizabeth et Ted se tiennent dans l'entrée d'Elizabeth. Sur le chemin, Ted a appris de mauvaises nouvelles.

— On a toujours dit que je leur apprendrais à conduire ! Je n'arrive pas à croire que tu aies fait ça, dit Ted en secouant la tête avec colère.

— Qu'est-ce que j'étais censée dire quand Tiffany m'a demandé, Ted ? Qu'elle devait t'attendre ? répond Elizabeth, en essayant de baisser la voix pour que leur fille ne les entende pas.

— Ouais ! C'est ce que t'aurais dû faire ! Mais tu veux toujours tout contrôler. C'est tellement énervant ! lance-t-il avant de dresser une liste des fautes commises par Elizabeth.

Alors qu'il se déchaîne, Ted voit son ex-femme prendre plusieurs inspirations profondes et l'écouter patiemment. Convaincu d'avoir démontré le bien-fondé de son point de vue, Ted attend qu'elle lui renvoie la balle.

Mais elle s'abstient.

Elizabeth continue de respirer calmement jusqu'à ce qu'elle finisse par dire :

— Je suis désolée pour les fois où j'ai agi ainsi par le passé. J'essaie vraiment de ne plus le faire. Je n'avais pas réalisé que c'était si important pour toi, et je suis désolée si j'ai dépassé les bornes cette fois.

Ted regarde, abasourdi, la personne qui semble avoir remplacé la femme avec laquelle il avait été marié durant tant d'années.

— Mon Dieu, c'est comme si tu étais une nouvelle personne, dit-il sans détour.

Elizabeth rit, et tous deux parlent ensuite des progrès d'Elizabeth dans sa thérapie, ainsi que de son succès à maintenir sa sobriété. Ils évoquent même les difficultés du divorce pour chacun d'entre eux, et Elizabeth déclare à quel point il lui a été bénéfique de travailler sur ses émotions.

Après avoir constaté le changement évident chez son ex, Ted décide également de travailler avec moi sur les défis auxquels il a été confronté avec le divorce, ainsi que sur sa tendance à se mettre en colère dans les situations difficiles.

Aujourd'hui, plusieurs semaines plus tard, la patience de Ted est mise à rude épreuve au téléphone avec un traiteur. Il a accepté à contrecœur d'organiser un dîner pour son oncle en visite et est déjà sur les nerfs.

— La commande compte six ahi alors, c'est ça ? répète le traiteur.

— Oui, oui. Et les crevettes sont prêtes aussi, non ? confirme Ted.

— Les crevettes, Monsieur ?

— Les crevettes ! Pour le cocktail de crevettes ! C'est assez difficile d'avoir un cocktail de crevettes sans l'ingrédient principal ! explose Ted.

Le traiteur bredouille :

— Je n'ai pas vu de crevettes sur la commande, mais je peux revérifier.

— S'il n'y a pas assez de crevettes pour une douzaine de personnes dans ma cuisine demain soir, je vais venir ici et exiger un remboursement complet ! fulmine Ted. Il raccroche avant d'attendre la réponse du traiteur.

Ses pensées de singe détectent cette indignation et commencent rapidement à tisser leur toile.

Pas de crevettes dans la commande ? Oh, c'est pas vrai ! T'as vérifié trois fois cette commande avant de l'envoyer. Tu sais parfaitement qu'il y avait des crevettes ! Tu devrais dire à tout le monde à quel point ce traiteur est nul, et qu'on ne devrait jamais faire appel à lui.

L'alarme incendie se déclenche – Ted est en colère. Mais qu'est-ce qui cause sa colère ? À ce stade, Ted pense que le traiteur est la source de son émotion. Il est furieux contre lui.

Lors de notre prochaine séance, Ted commence à me déballer cette histoire.

— Très bien, Ted, respire profondément, je l'encourage entre deux jurons. Comment te sens-tu en ce moment ?

— Eh bien, je dirais que je suis plutôt énervé, grommelle Ted.

— Prends juste un moment pour ressentir réellement cette colère. Accorde-lui ta présence. C'est normal d'être en colère, mais commence par la ressentir au plus profond de toi. Où la ressens-tu ? je lui demande calmement.

Ted prend une profonde inspiration et ferme les yeux pour mieux prêter attention à son corps.

— Dans ma poitrine. Dans mes tripes. Dans mes joues.

— C'est génial, Ted. Rappelai-toi, si tu t'autorises à ressentir ta colère, tu peux en tirer des leçons.

— Je sais, mais comment je suis censé apprendre alors que ma colère est telle que je n'ai pas les idées claires ? demande Ted d'une voix rude.

— Il y a une différence entre évacuer sa colère sur autrui et l'utiliser pour acquérir une meilleure compréhension de la situation, je lui explique. Si je te demande de ressentir ta colère, ce n'est pas pour t'en complaire, mais pour apprendre à en faire quelque chose de différent. Tout commence en laissant libre cours à nos émotions. Alors, dis-moi ce qui s'est passé.

Ted se lance dans l'histoire de manière théâtrale, décrivant le traiteur comme une personne de la pire espèce. Une fois cette tumultueuse histoire au suspense haletant terminée, j'interviens :

— Ted, tu sembles être très en colère en ce moment. Ce traiteur est un parfait inconnu, mais tu agis comme si tu étais en colère contre lui depuis trente ans. Est-ce que ton niveau de colère correspond à cette situation ?

— Quand tu le dis comme ça, non, répond Ted à contrecœur, l'air un peu déçu de mon incrédulité face à son histoire.

— Contre qui te sens-tu vraiment en colère en ce moment ?

— Je veux dire, si j'organise ce truc stupide, c'est à cause de… ma mère ! C'est contre elle que je suis en colère ! » explique Ted, frappé d'une révélation soudaine.

— Respire et ressens cette colère. Quelle différence ressens-tu par rapport à avant ? je précise ma question.

Ouvrant rapidement la bouche pour répondre, Ted hésite. Il prend finalement une profonde inspiration et lance :

— Oui, je ressens un certain ressentiment plutôt que la colère noire que j'ai ressentie vis-à-vis du traiteur, discerne-t-il, cette observation semblant le surprendre lui-même.

— Pourquoi es-tu en colère contre ta mère ?

— Parce que je cède toujours et fais tout ce qu'elle veut. Organiser un dîner m'a-t-il déjà ne serait-ce que traversé l'esprit une fois dans ma vie ? Non ! Mais l'oncle Hans arrive d'Allemagne, et ce serait impoli de ma part de ne *pas* organiser une fête ! » s'emballe Ted, se laissant rapidement emporter par l'histoire de ses pensées de singe.

— Si tu ne voulais pas le faire, alors pourquoi as-tu accepté la demande de ta mère ?

Parce que je ne lui dis jamais non, répond Ted d'un air détaché.

Pourquoi ne dis-tu pas non à ta mère ?

— Eh bien, si je lui disais non, elle deviendrait folle, répond-il encore une fois, comme s'il s'agissait d'un fait connu de tous.

Pourquoi ne veux-tu pas qu'elle se mette en colère ?

— Parce qu'elle est le genre de personne qui pourrait arrêter de me parler si je ne fais pas ce qu'elle veut, plaisante Ted à moitié.

Je prends une profonde inspiration et je m'arrête un instant.

— Laisse la colère que tu ressens envers ta mère s'insinuer dans ton corps.

Il soupire d'agacement.

— Ça devient trop envahissant. J'ai l'impression que ça prend le dessus, note-t-il en mettant ses mains en boule pour former des poings.

— Tu t'en sors très bien, Ted. Continuons à suivre ta colère. Jusqu'à présent, il semble que tu ne l'exprimes pas en présence de ta mère, mais que tu n'as aucun problème à l'exprimer en présence d'autres personnes dans ta vie. Pourquoi penses-tu que c'est le cas ?

— Je… je ne sais pas, répond Ted en se creusant la tête pour trouver une réponse.

— Pourquoi ne pas respirer ? je lui suggère doucement. Ted s'exécute et prend plusieurs inspirations profondes.

S'abstenant de parler pendant quelques secondes, il réfléchit à cette question.

— Je suppose qu'avec les autres personnes, si elles finissent par se fâcher en retour, je suis capable de m'en débarrasser, répond-il. Qui s'en soucie, n'est-ce pas ? Mais avec ma mère, j'ai l'impression de faire quelque chose de mal. Comme si un bon fils devait faire ce que sa mère veut.

— Tu crois que tu fais quelque chose de mal si tu refuses d'organiser ce dîner ?

Ted s'énerve.

— Eh bien, si tu le dis comme ça, non. Je ne fais rien de *mal*. C'est une fête, bon sang, ce n'est pas comme si je lui avais dit qu'elle ne pouvait pas voir ses petits-enfants ou un truc du genre.

— Donc est-il vrai que lorsque tu n'es pas d'accord avec ta mère, tu fais quelque chose de mal et que tu n'es pas un bon fils ?

— Heu, répond tranquillement Ted. Non, je suppose qu'il n'y a rien de mal à ça.

— Peux-tu voir en quoi c'est le vrai problème ici ? Pas ce que ta mère te demande de faire ou de ne pas faire, mais le fait que tu penses que tu fais quelque chose de mal et que tu es un fils indigne en t'opposant à ses désirs ?

— Ouais, je commence à comprendre ce que tu veux dire, confirme Ted à mi-voix.

— Maintenant que tu parviens à visualiser cela, Ted, quel est ton niveau de colère en ce moment ?

Ted marque une pause et prend une inspiration. Il réfléchit :

— Je ne me sens plus autant en colère. En fait, je me sens un peu plus calme, parce que je peux concevoir que ce n'est pas ma mère qui me met en colère. Ou le traiteur.

Se caressant légèrement la barbe, Ted demande :

— Une autre raison pourrait-elle expliquer pourquoi je me mets en colère si facilement ? Comme si je gardais en moi toute la colère de ne pas savoir tenir tête à ma mère, et que je m'en prenais aux autres à la place ?

— Qu'est-ce que tu en penses ?

Il secoue sa tête d'avant en arrière.

— Ce serait logique, je suppose. Ça expliquerait pourquoi je me mets toujours en colère contre Elizabeth à la moindre occasion – c'est elle qui en fait les frais.

— C'est bien possible, Ted. Alors maintenant, que penses-tu de parler à ta mère ? Il secoue sa tête d'avant en arrière.

— Je ne sais pas ! Je veux le faire, mais ça va être dur la première fois. Mais je sais que je dois le faire, reconnaît Ted.

Désormais, Ted a découvert la véritable provenance de la fumée. Les pensées de singe ont pointé du doigt le traiteur, puis sa mère, avant que les pensées d'observateur n'interviennent et ne ramènent Ted à l'intérieur de lui.

Ted se sent soulagé et, de façon inattendue, devient reconnaissant vis-à-vis de sa colère – l'alarme qui l'a conduit à l'incendie. La véritable raison de sa colère résidait dans sa conviction qu'il commettait quelque chose de mal s'il parlait franchement à sa mère.

Pensez à la dernière fois où vous étiez vraiment en colère. Quels sentiments ont subsisté une fois votre colère dissipée, comme la peur que ressentait Ted d'être un fils indigne ? Si vous pouviez passer outre votre couche de colère, quelles autres émotions pourriez-vous découvrir en dessous ?

Lorsqu'il s'agit de gérer notre colère, prendre conscience de la façon dont nous doutons inconsciemment de notre propre valeur peut s'avérer très utile. Lorsque vous remontez à la source de la colère, vous pouvez changer la croyance autolimitante avant que les braises ne déclenchent d'autres incendies.

Chapitre 15

INVERSEZ LE COURS DE LA TRISTESSE

La tristesse découle souvent de la conviction que nous sommes en train de perdre quelque chose ou quelqu'un, ou que quelque chose nous a été enlevé. Par exemple, combien d'entre nous se souviennent de ce sentiment de tristesse à la suite d'une rupture avec sa moitié ? Si la tristesse nous affecte autant, c'est parce que nous avons l'impression que nous ne retrouverons jamais ce que nous avons perdu ; dans le cas d'une rupture, nous avons l'impression que nous ne retrouverons jamais une telle connexion.

Souvent, cette angoisse est très difficile à gérer dans la mesure où, d'une certaine manière, nous laissons cette autre personne ou cette autre chose nous définir. Si nous parvenons à identifier la tristesse avant qu'elle ne devienne trop envahissante, nous pouvons remonter jusqu'à la croyance ayant provoqué l'incendie.

Un jour, à la bibliothèque, Elizabeth croise Paula.

— Oh mon Dieu, attends que je te raconte ce qui m'est arrivé au magasin – c'est tout simplement *horrible*, s'écrie rapidement Paula. Ménageant ses effets, Paula raconte comment elle a essayé une robe et remarqué qu'elle était déchirée au niveau de la couture. Après avoir attiré l'attention d'un vendeur, celui-ci a eu l'audace d'accuser Paula d'avoir déchiré la robe.

— Tu y crois ? demande Paula d'une voix stridente.

Compatissante, Elizabeth répond :

— Je n'aurais pas aimé être à ta place, Paula. Comment te sens-tu par rapport à ce qui s'est passé ?

Paula hésite un instant.

— Eh bien, heu, ça m'a plutôt bouleversée, répond-elle de façon incertaine.

— Oui, j'imagine. Tu veux en parler ? propose Elizabeth.

Elles s'assoient toutes les deux et Paula remarque qu'à chaque fois qu'elle essaie de souligner l'horreur de la situation, Elizabeth ramène toujours l'attention sur Paula. À l'issue de leur conversation, cette dernière se sent beaucoup moins stressée. Elle demande innocemment à Elizabeth d'où lui vient cette sérénité retrouvée, et Elizabeth lui parle de son travail avec moi. Quelques jours plus tard, Paula appelle pour fixer une séance.

Après avoir partagé plusieurs séances avec elle, Paula se trouve confrontée à un problème qu'elle a besoin d'aide pour résoudre. Robin, une amie de Paula, a organisé un voyage entre filles à Vegas et ne l'a pas invitée. Après le choc initial, Paula a lentement sombré dans une profonde dépression.

Au cours des dernières années, Paula a multiplié les épisodes dépressifs et a progressivement augmenté la dose de ses médicaments contre l'anxiété pour étouffer ces sentiments. Elle en est arrivée au point où son médecin ne veut plus lui en prescrire, et son désespoir commence à prendre le dessus sur elle.

Pendant cette dernière crise, les pensées de singe de Paula se déchaînent. *Robin a probablement invité toutes ces femmes de son nouveau club de lecture. C'est avec elles qu'elle te remplace. Tu n'as pas d'amies, et qui voudra devenir amie avec toi à ton âge ? Pourquoi tu n'arrives jamais à garder une amie ? Pourquoi les fais-tu toutes fuir ?*

Paula n'a pas quitté la maison depuis des jours, ce qui n'est pas du tout dans ses habitudes. Sa tristesse est le détecteur de fumée qui l'alerte sur un problème beaucoup plus profond. Elle finit par se lever de son canapé pour se rendre à notre prochaine séance et me raconte l'histoire de la trahison de Robin. Très rapidement, elle est en larmes.

— Je ne comprends pas pourquoi Robin m'a fait ça! se désespère Paula, les larmes coulant sur son visage.

— Paula, que ressens-tu en ce moment?

— De la tristesse. Une immense tristesse, répond-elle doucement.

— Peux-tu t'asseoir avec moi et laisser ta tristesse envahir ton corps?

— J'ai peur… si je me laisse vraiment aller… je ne pourrai pas m'arrêter! s'écrie Paula entre deux gros sanglots.

— Nous avons tous tendance à réprimer nos émotions, mais lorsqu'on procède ainsi, rien ne change. Tu t'en sors très bien, prends juste une minute pour te permettre de vraiment éprouver ta tristesse, je l'encourage avec un doux sourire.

Elle se met à sangloter davantage.

— Ça fait vraiment mal d'être rejetée de la sorte, reconnaît Paula en prenant un mouchoir dans la boîte.

— C'est la marche à suivre, Paula. C'est très inconfortable, mais c'est comme ça qu'on fait bouger les choses dans sa vie, lui fais-je remarquer. Quelle est, selon toi, la raison pour laquelle tu te sens triste?

— Parce que Robin est partie et s'est fait un tas de nouvelles amies! répond Paula anxieuse.

— Essaie d'aller plus loin, Paula. Concentre-toi sur ce que tu ressens et sur la raison pour laquelle ça fait si mal. Cela t'aidera à trouver la véritable raison à la racine de ton mal-être, je lui rappelle.

Elle prend une inspiration et se remet à pleurer.

— C'est une expérience tellement familière pour moi, commence Paula en s'enfonçant davantage dans sa chaise. Quand j'étais au lycée, j'avais un horrible groupe d'amis. Pendant toute une année, ils ont fait semblant d'être mes amis, et une nuit nous sommes tous allés à un feu de joie en dehors de la ville. Ou ce que je pensais être un feu de joie en tout cas. Nous sommes tous sortis de la voiture, et ils m'ont dit de commencer à marcher le long du chemin vers l'endroit où tout le monde se trouvait. Je me souviens avoir marché un peu, puis avoir réalisé que je n'entendais personne derrière moi. Je me suis retournée et c'est alors que je les ai vus reprendre la route. Je pouvais entendre leurs rires malgré le bruit du moteur. J'ai fini par devoir marcher 12 km pour rentrer chez moi ce soir-là. J'étais tellement gênée que je n'en ai jamais parlé à ma mère, explique Paula. D'autres larmes coulent, créant un flot continu.

— Continue à permettre à ton émotion de suivre son cours. Peux-tu voir comment tes émotions te permettent d'accéder à tes expériences passées ? Je lui demande de manière rassurante.

Elle acquiesce rapidement, en tamponnant sa joue avec le mouchoir.

— Essayons de relier cette expérience passée à Robin. Quel est le lien entre cette expérience du lycée et le fait que tu sois contrariée de ne pas avoir été invitée à la fête de Robin ?

— Robin est comme ces filles. Elle a deux visages. Elle agit comme si elle m'aimait, mais en réalité, elle ne veut rien avoir à faire avec moi, s'exaspère Paula, en essayant de calmer sa main tremblante.

— Nous ne pouvons pas savoir pour l'instant pourquoi Robin ne t'a pas invitée pour ce voyage. C'est une question à laquelle elle seule peut répondre. Pourtant, envisageons cette possibilité un instant. Disons que Robin ne t'aime pas. Que ressens-tu à ce sujet ?

— Je me sens mal ! réplique aussi sec Paula, visiblement offensée par ma question.

Ce qui provoque un nouveau flot de larmes.

— Pourquoi te sens-tu mal à l'idée que Robin puisse ne pas t'aimer ? Je répète calmement. Paula se redresse sur son siège et hausse la voix.

— Parce que j'ai l'impression de ne pas avoir grandi du tout ! Comme si j'étais toujours la même ratée de l'école sans aucun ami. J'ai travaillé si dur pour me redéfinir après le lycée, et j'ai l'impression que rien n'a changé ! s'écrie Paula, ses mains volant sauvagement dans tous les sens pour souligner son propos.

— Regarde la quantité d'informations auxquelles tu peux accéder en t'autorisant à éprouver tes émotions.

Je marque une pause, laissant à Paula un moment de considérer ce dernier point.

— Pourquoi es-tu triste que Robin ne t'ait pas invitée à ce voyage ?

— Je veux dire, comment te sentirais-tu si ton meilleur ami organisait tout un voyage pour ses amis et ne t'invitait pas ? se lamente Paula, cherchant un nouveau mouchoir en papier alors qu'elle en met un autre en boule déjà utilisé dans sa main.

— Chacun a ses raisons pour expliquer comment il réagit à telle ou telle situation. Quelle est la raison qui explique ta colère envers Robin en ce moment ? N'oublie pas de prendre le temps de respirer pendant que tu travailles sur cette question.

Paula se mord la lèvre avant de répondre. Mais rapidement, elle se laisse aller et inspire profondément. Dans sa respiration, elle semble trouver un peu de clarté.

— J'ai l'impression que je ne suis pas appréciée. Robin ne veut pas être mon amie. Ces filles du lycée ne le souhaitaient pas non plus.

Elle soupire profondément et reprend :

— J'ai l'impression que je fais quelque chose de mal pour que toutes ces personnes dans ma vie refusent d'être en ma compagnie… comme s'il y avait quelque chose qui n'allait pas chez moi, explique Paula, de nouvelles larmes envahissant ses yeux.

— On dirait à présent que tu mets le doigt sur le nœud du problème, Paula. Ta tristesse est-elle vraiment due au fait que Robin ne t'a pas invitée ?

Se tamponnant les yeux, Paula expire lourdement.

— Je ne pense pas que ce soit le cas. Je suppose que je croyais déjà que quelque chose n'allait pas chez moi, n'est-ce pas ? Et le fait que Robin ne m'a pas invitée, ça a juste… consolidé cette idée, réalise-t-elle, perdue dans son regard.

Elle secoue légèrement la tête, presque par incrédulité et me demande :

— Comment se fait-il que le rejet fasse *toujours* aussi mal qu'au lycée ?

— Tu t'es accroché à cette croyance pendant longtemps, Paula. C'est un problème central que tu as avec toi-même, et lorsqu'il est activé, cela fait aussi mal que lorsque cette croyance a été créée. Mais dorénavant tu es consciente de cette croyance, ce qui signifie que tu peux commencer à la remettre en question. Une fois que tu auras commencé à changer cette croyance, tu constateras que ta tristesse commencera également à se dissiper, je lui explique.

— C'est incroyable que je puisse continuer à penser qu'elle ait un quelconque pouvoir sur moi. Je dois être plus anxieuse que je ne le pensais, confie Paula en essuyant son mascara. Le plus drôle dans tout ça, c'est que lorsque je regarde vraiment Robin, objectivement, elle ne me traite pas comme le ferait une véritable amie, reconnaît Paula.

— Comment cela ?

— Eh bien, elle me ment, pense d'abord à elle, aime créer des drames inutiles… honnêtement, je ne peux pas trop lui en vouloir pour ça, concède Paula en soupirant.

— Qu'est-ce que tu veux dire par là ?

— Je veux dire que j'ai tendance à le faire aussi. Si je connais les ragots les plus juteux, ça donne aux gens une raison de vouloir me parler, tu comprends ? confesse-t-elle, les joues écarlates.

— Maintenant que tu as pris conscience de cela, sur Robin et sur toi-même, que vois-tu ?

— Je suis prête à commencer à arrêter de me mentir. Je mérite d'être amie avec des personnes qui me traitent mieux que ne le fait Robin, affirme Paula avec fermeté, ses larmes ayant complètement disparu.

— Alors réalises-tu maintenant comment le fait de t'autoriser à ressentir pleinement ta tristesse t'a permis de parvenir à cette conclusion ?

— Oui, il ne s'agissait pas du tout d'elle – il s'agissait de moi et de ma tendance à penser que je fais fuir les gens, admet-elle.

— Est-ce vrai que quelque chose ne va pas chez toi considérant qu'elle ne t'a pas invitée au voyage ?

— Non, pas du tout, déclare Paula avec vigueur alors qu'elle se redresse sur son siège.

C'est une croyance que Paula commence maintenant à démanteler. Elle peut voir que sa tristesse n'était pas vraiment en lien au rejet de Robin, mais davantage au fait qu'elle se rejetait elle-même en pensant que quelque chose n'allait pas chez elle. Désormais, elle se sent capable de continuer à trouver des réponses à sa dépression et à son anxiété. Elle peut commencer à laisser tomber les amis qui l'empêchent d'avancer et, pour la première fois depuis longtemps, elle peut imaginer à quoi ressemblerait la création de nouvelles amitiés authentiques.

Prenez un moment pour considérer ce type de rejet dans votre propre vie. Imaginez que vous venez de vous disputer avec un·e être cher·e et qu'il ou elle a fait un commentaire qui vous a vraiment touché·e. Vous partez maintenant en voyage et vous ne pourrez pas communiquer avec cette personne pendant un mois.

Ressentez-vous la tristesse d'être jugé·e ? Avez-vous besoin de son approbation pour changer la croyance que vous valez quelque chose ? Pouvez-vous reconnaître que votre amour-propre ne dépend pas de ce qu'elle pense de vous ?
Maintenant, imaginez-vous en train de changer cette croyance en « je suis quelqu'un de bien même si cette personne pense cela de mo. » Qu'advient-il de cette tristesse à présent ?

Lorsque nous sommes capables de développer notre amour-propre sans dépendre d'autres personnes, expériences ou circonstances, nous pouvons commencer à nous libérer de cette tristesse qui menace de prendre le contrôle de nos vies.

Chapitre 16

INVERSEZ LE COURS DE LA PEUR

Lorsque nous sommes prisonniers d'un état d'esprit dicté par la peur, toute situation donnée peut provoquer un début d'inquiétude ou d'anxiété. Cette façon de vivre peut avoir un effet débilitant, mais bon nombre d'entre nous ne comprennent pas que cette peur provient d'un désir de contrôler ce que nous craignons de voir se produire.

Nous avons ce désir plus souvent que nous ne le pensons. Lors d'un entretien d'embauche, par exemple, nous pouvons craindre d'être rejetés par l'employeur. Nous nous mettons donc la pression pour être parfaits, car nous pensons que c'est ce qu'il faut pour être embauchés. Ensuite, si nous ne sommes pas parfaits, les pensées de singe nous fustigent et nous nous rabattons sur nos vices et nos dépendances pour atténuer la honte.

Nous avons également tendance à projeter notre peur vers l'extérieur, car cela nous protège en quelque sorte. « Si je ne suis pas embauché·e, ce sera parce que le recruteur ne m'apprécie pas ». Ainsi, nous n'avons pas à assumer la responsabilité de notre échec.

En réalité, nous ne pouvons pas contrôler la façon dont le recruteur nous perçoit ou ce qu'il recherche chez un candidat. Lorsque nous essayons de nous conformer à ce que nous pensons qu'il recherche, nous ne faisons qu'accroître notre nervosité.

Au contraire, si nous avions confiance en nos capacités et répondions à chaque question de manière authentique, le recruteur constaterait notre courage et, ironiquement, serait plus enclin à nous embaucher.

Une fois que nous aurons pris conscience que nous ne pouvons pas tout contrôler et que nous aurons assumé la responsabilité du rôle que nous jouons dans notre vie, nous serons en mesure de remonter le fil de ce sentiment jusqu'à notre croyance et de voir cette inquiétude envahissante s'éloigner.

Après avoir repris le travail à temps partiel pour un petit magazine indépendant, Elizabeth remarque que sa nouvelle collègue, Gabriela, ne semble jamais avoir le temps ou l'énergie de socialiser avec les autres employés du bureau. Elle est toujours incroyablement amicale, mais on dirait que quelque chose pèse lourdement sur son esprit. Elizabeth essaie à plusieurs reprises d'apprendre à mieux la connaître, mais Gabriela part dès la fin de son service et décline toujours les invitations à des dîners ou à des fêtes.

Un jour, pendant sa pause déjeuner, Elizabeth fait la queue derrière Gabriela à la sandwicherie. Elle y voit l'occasion d'apprendre à mieux connaître sa collègue.

— Gabriela ! Comment vas-tu ? demande Elizabeth en souriant.

— Oh, pas trop mal. Je prends juste un sandwich, dit Gabriela avec un petit sourire.

— Hum euh… Je suis affamée ! As-tu quelque chose de prévu après le travail aujourd'hui ?

— Mon fils a un concert à l'école, donc, voilà ce que je vais faire, répond tranquillement Gabriela.

— Oh ? Je ne savais pas que tu avais un fils. Quel âge a-t-il ? demande Elizabeth.

— Dix ans. C'est un enfant merveilleux. Les yeux de Gabriela s'illuminent et son sourire s'élargit.

Elizabeth lui rend son sourire.

— J'aimerais en savoir plus sur lui.

Elles se mettent à discuter, et Gabriela commence enfin à s'ouvrir à Elizabeth, surtout à propos de son fils, Steven.

— Il est tellement créatif – Je n'ai jamais rencontré quelqu'un d'aussi imaginatif que lui avant, je le jure, plaisante Gabriela.

Puis son visage se décompose.

— Mais parfois, cela peut lui causer des problèmes avec d'autres enfants.

— Oh ?

— Ouais, il est sur le spectre autistique, et certains de ses camarades de classe ne comprennent pas vraiment comment lui parler. Ça peut être difficile parfois.

Gabriela commence à tripoter sa paille.

— C'est lourd à gérer pour une mère, compatit Elizabeth.

Plaisantant à moitié, Gabriela ajoute :

— Surtout pour une mère célibataire.

Elizabeth partage les difficultés qu'elle a rencontrées avec ses enfants, et les deux femmes commencent à se connecter à un niveau que seules des mères peuvent comprendre. À la fin du déjeuner, Gabriela demande à Elizabeth comment elle peut être si ouverte et parler de ses problèmes personnels avec quelqu'un qu'elle connaît à peine. Elizabeth sourit et commence à parler à Gabriela de son travail avec les pensées d'observateur. Après avoir caressé l'idée pendant quelques semaines, Gabriela franchit le pas et m'appelle pour fixer un rendez-vous.

Alors qu'elle se rend en voiture à sa dernière séance avec moi, Gabriela reçoit un appel téléphonique du conseiller scolaire de son fils ; il veut qu'elle vienne à une réunion pour discuter de Steven. Son estomac se noue et sa gorge se serre. Sa première réaction est la peur au ventre ; son détecteur de fumée personnel retentit bruyamment à l'intérieur de son corps pour attirer son attention. Qu'est-ce qui déclenche l'alarme ?

Gabriela est farouchement protectrice de son unique et magnifique enfant, et ses pensées de singe se mettent rapidement en mode défense. *Ces professeurs ne se soucient pas de Steven. Ils le voient simplement comme un enfant parmi d'autres. Ils veulent probablement le retirer de son programme! Personne ne va prendre sa défense. Tu vas devoir faire ça toute seule.*

Aucune de ces peurs, aussi réelles puissent-elles paraître, n'est la cause première du détecteur de fumée qui sonne maintenant de façon si stridente. Alors, de quoi s'agit-il? Après avoir fait un bref bilan, Gabriela ne peut plus retenir son anxiété plus longtemps.

— Je dois aller à l'école de Steven après ça, et ça me fait vraiment peur! s'écrie-t-elle.

— Prends quelques inspirations, Gabriela. Que t'arrive-t-il? Je lui demande.

— L'école de Steven m'a appelée en venant ici pour me dire qu'ils voulaient me rencontrer, et je ne sais pas pourquoi! Et s'il avait des ennuis, ou si quelqu'un l'intimidait, ou si un professeur ne l'aimait pas, ou… Gabriela se lance dans une histoire, se donnant à peine le temps de respirer entre les mots.

— Gabriela, respire avec moi et autorise-toi à ressentir la peur pendant un moment. Compte jusqu'à dix et respire. N'essaie pas de repousser l'anxiété, permets-toi simplement de la ressentir et ta réponse viendra naturellement.

Nous commençons à compter ensemble pendant qu'elle respire. «Un… deux… trois… quatre…»

J'attends quelques instants, puis je lui demande :

— Que remarques-tu, Gabriela?

Continuant de respirer profondément, Gabriela ferme les yeux avant de me répondre :

— C'est vraiment incroyable à quel point je suis sur les nerfs en ce moment. Mes mains tremblent et je ressens une douleur profonde à l'estomac. Je ne peux pas m'empêcher de penser à ce qui pourrait arriver de pire. Mes pensées se bousculent si vite dans ma tête que j'ai du mal à réfléchir de façon cohérente, m'explique Gabriela, la voix encore toute tremblante.

— Tu t'en sors très bien, Gabriela. Reste avec ce sentiment. Je vais te poser quelques questions, et je veux que tu imagines que tu peux y répondre à partir de ton anxiété, et non de ton esprit submergé. Imagine que ton sentiment a une voix, et qu'il va nous dire ce qui se passe.

— OK, approuve Gabriela, les yeux encore bien fermés. Je vais faire de mon mieux.

— Comptons jusqu'à dix encore une fois, je lui propose.

Nous comptons à haute voix et laissons de la place à l'anxiété.

Je marque une pause, puis je reprends :

— À bien y réfléchir, pourquoi es-tu nerveuse à propos de cette réunion ?

Gabriela perd rapidement son rythme respiratoire régulier et ses yeux s'ouvrent.

— Parce qu'à chaque fois que je vais quelque part avec Steven ou à son sujet, on dirait que ça se passe toujours mal. Il est *toujours* jugé. La pire fois, c'était quand il n'avait que quatre ou cinq ans, et que nous étions dans une épicerie avant Thanksgiving. Il y avait du monde dans toutes les allées, et Stevie a commencé à hyperventiler. Puis il a fait une crise de nerfs. Je comprends que ce n'est pas agréable à entendre, mais la façon dont ces gens ont réagi était horrible ! Les enfants me montraient du doigt, d'autres mamans me lançaient des regards furieux et chuchotaient à leurs maris. Une femme m'a même dit : « Vous savez, vous devriez vraiment le faire sortir d'ici si vous n'arrivez pas à le maîtriser ». Qu'est-ce que j'étais censée faire, rentrer à la maison sans nourriture parce qu'il pleurait ? J'ai constaté à maintes reprises que les gens n'ont aucune empathie lorsqu'il s'agit de Steven, répond Gabriela, qui semble subir le poids d'un camion sur les épaules.

Je laisse un moment de silence s'installer entre nous, puis je lui demande :

— Peux-tu voir en quoi ton anxiété est liée à un moment très précis dont tu te souviens ?

Elle reprend sa respiration profonde et hoche lentement la tête.

Je poursuis :

— Sachant que certaines personnes ont jugé Steven par le passé, pourquoi as-tu peur d'aller à *cette* réunion ?

— À cause de ce que j'ai toujours vu ! dit Gabriela en secouant la tête d'un air vaincu. J'ai peur qu'il ne comprenne pas ce dont il a besoin.

— Saurais-tu me donner un exemple d'un de ses besoins que, selon toi, le conseiller ne comprendra pas ?

Gabriela ouvre la bouche pour parler mais ne peut produire aucune syllabe.

— Je… je ne sais pas. Maintenant que j'y pense, je n'ai pas vraiment d'exemples en tête. Honnêtement, cette école l'a grandement aidé jusqu'à présent cette année, admet-elle.

— Cette peur pourrait-elle alors être liée à autre chose ?

— Eh bien, je me sens toujours inquiète d'une manière ou d'une autre, alors c'est difficile à cerner.

Je demande :

— D'où provient cette inquiétude, d'après toi ?

Gabriela répond sans hésiter :

— Oh, de ma mère. Elle était *tellement* surprotectrice et imaginait toujours que le pire allait se produire. Je veux dire, une fois j'ai été mordu par un chien, et elle pensait honnêtement qu'ils allaient devoir m'amputer le bras.

— Penses-tu que le fait d'avoir grandi dans cet environnement anxieux t'affecte encore aujourd'hui ?

— À en croire mon état d'énervement actuel, probablement ! répond-elle.

— Eh bien, revenons à la réunion et voyons si nous pouvons gagner un peu en clarté vis-à-vis de cette peur. Si tu admets que cette école te convient jusqu'à présent, pourquoi as-tu peur ? lui fais-je remarquer.

Elle ferme les yeux et étire son cou, essayant de se détendre.

— Je pense que j'ai peur de faire confiance aux autres pour les soins de Steven. Je suis terrifiée à l'idée de lâcher prise.

— Que penses-tu qu'il se passera si tu lâches prise ?

— Quelque chose de mal arrivera à Steven, et ce sera ma faute, se lamente-t-elle.

— Et si quelque chose de mal devait arriver à Steven sous le regard de quelqu'un d'autre, qu'est-ce que cela dirait de toi ?

— Eh bien, ça voudrait dire que je suis une mauvaise mère. C'est mon rôle de le protéger.

— Tu vois la pression que tu te mets en croyant cela ?

— Mais qu'est-ce que je suis supposée faire d'autre ? C'est le rôle principal d'une mère – assurer la sécurité de son enfant ! s'écrie Gabriela.

— Est-ce réaliste de croire que tu peux protéger Steven chaque seconde de chaque jour ?

— Je veux dire… non, soupire-t-elle. Non, ce ne l'est pas.

— Maintenant que tu en as conscience, et si tu envisageais une perspective différente ? Que se passerait-il si tu t'autorisais à croire que le conseiller a à cœur de protéger Steven ? Ensuite, une fois que tu l'auras rencontré, tu pourras décider si tu le trouves digne de confiance ou non, je lui suggère.

Et là, Gabriela laisse tomber son bouclier protecteur.

— Oui, ce serait génial de penser comme ça. Mais c'est tellement difficile à imaginer ! Il n'y a toujours eu que lui et moi, je me suis battue seule pour lui pendant tant d'années. Si je fais confiance à la mauvaise personne, Steven souffrira à cause de mon erreur.

— Eh bien, dans quelle mesure ton angoisse concernant les soins de Steven t'aide-t-elle en ce moment ?

Respirant bruyamment, Gabriela répond :

— C'est affreux. Je peux même voir comment Stevie capte mon anxiété parfois. Je ne veux que ce qu'il y a de mieux pour lui, mais je pense que je l'ai protégé de façon excessive. Je veux dire, je traite son conseiller comme un ennemi avant même de savoir pourquoi il veut le rencontrer ! Ce serait vraiment bénéfique pour Steven si je l'ouvrais à un plus grand système de soutien.

Elle ferme les yeux et respire profondément, en comptant tranquillement jusqu'à dix.

Elle s'étire, cette fois en tendant les bras au-dessus de sa tête.

— En fait, dit Gabriela, qui semble se surprendre elle-même, cela pourrait être très bénéfique pour moi aussi. Ma vie tourne tellement autour de Steven que je ne fais rien d'autre de mon temps. Il y a quelques mois, j'ai rencontré une autre maman dont le fils est également atteint de troubles autistiques. Elle m'a invité à amener Steven chez elle pour qu'ils puissent avoir un copain. Et elle m'a dit qu'elle et son mari seraient ravis de les garder tous les deux, pour que je puisse avoir un peu de « temps pour moi » loin de Steven. Quand elle a suggéré cela, j'ai immédiatement rejeté l'idée, parce que je ne savais rien d'elle. Je devrais vraiment essayer de la connaître un peu plus pour voir si elle serait capable de veiller sur Steven.

Gabriela fait craquer ses articulations, semblant évacuer les dernières tensions de son corps.

— Comment te sens-tu à présent, Gabriela ?

Elle se redresse un peu sur sa chaise.

— Mieux. Pour une fois, dit-elle avec un léger rire.

— Peux-tu voir dans quelle mesure le fait de ressentir ton anxiété t'a permis de comprendre que ton besoin de t'inquiéter constamment de sa sécurité ne rend service ni à toi ni à Steven ?

— Oui, je peux vraiment le voir.

Gabriela lève les sourcils, impressionnée par ce qu'elle a pu accomplir et ajoute :

— Je peux même sentir à quel point l'anxiété se dissipe… C'est assez bizarre, de se libérer un peu de ce contrôle, honnêtement. C'est inhabituel… mais bon.

Courageusement, Gabriela a laissé son anxiété suivre son cours et, pour le bien de Steven, accepte de baisser sa garde et d'abandonner ses croyances fondées sur la peur. La fumée se dissipe. L'alarme de la peur s'arrête. Elle devient enthousiaste et pleine d'énergie lorsqu'elle se rend compte de la différence que cela va lui apporter. Peu importe ce que le conseiller peut faire ou dire, elle se sentira plus forte.

La réunion de Gabriela se passe bien, et elle me rappelle pour me raconter ce qui s'est passé. Je peux entendre la joie et l'enthousiasme dans sa voix et je suis ravi d'apprendre qu'elle a maintenant une équipe d'adultes bienveillants pour l'aider à soutenir son fils. Gabriela me fait part d'une nouvelle capacité à trouver des solutions fondées sur l'amour et la créativité à des problèmes qu'elle considérait auparavant comme irréversibles.

Dans le cadre de son évolution, Gabriela apprend à Steven à identifier ses croyances lorsqu'il est troublé par des sentiments intenses – c'est un jeu auquel il se prête volontiers. Bon nombre de ses problèmes de comportement antérieurs étaient liés à des émotions incontrôlées. Maintenant, lorsqu'il ressent quelque chose de fort, il vient voir sa mère et lui dit : « Le détecteur de fumée se déclenche ». Ils s'arrêtent et jouent au détective, à la recherche d'indices. Ensemble, ils parviennent de mieux en mieux à localiser les feux et à remettre en question chacune de leurs croyances douloureuses.

En constatant que son inquiétude était liée au contrôle de tous les aspects de la vie de son fils, Gabriela peut reconnaître qu'elle s'imposait des attentes irréalistes. Bien qu'elle continue à essayer d'assurer la sécurité de son fils autant que possible, elle ne détermine plus sa réussite en tant que mère en fonction de facteurs échappant à son contrôle.

Pouvez-vous vous rappeler un moment de votre vie où vous étiez rongé·e par l'anxiété et cherchiez à contrôler une situation, comme Gabriela? Pensez à un moment précis où cela s'est produit. Ressentez l'anxiété que cela a généré dans votre corps. Que se passerait-il si vous vous autorisiez à mieux connaître votre anxiété?

Pour illustrer cette idée, imaginez que vous êtes le parent d'un enfant dans une situation que vous ne pouvez pas contrôler. Par exemple, disons que votre enfant a commis un crime. Dans quelques semaines, vous allez savoir si votre enfant va être envoyé en prison.

Avez-vous l'impression de vouloir contrôler la situation d'une manière ou d'une autre? La croyance «je suis un mauvais parent si mon enfant va en prison» se manifeste-t-elle dans votre esprit? Après avoir fait tout ce que vous pouviez, que diriez-vous de porter votre attention sur l'anxiété de votre enfant et la vôtre? Pouvez-vous concevoir dans quelle mesure vous seriez plus efficace si vous n'étiez pas consumé·e par la peur de ce qui pourrait arriver?

Lorsque nous laissons la peur diriger notre vie, lorsqu'elle nous habite constamment, elle devient un problème. En développant la capacité de surmonter nos peurs et d'oublier ce qui pourrait arriver, nous pouvons avoir davantage confiance en nos capacités et nous libérer de la peur qui nous envahit.

Chapitre 17

INVERSEZ LE COURS DE LA HONTE

Une fois que nous avons une conscience accrue de nos croyances et de nos émotions, nous commençons à aborder une question nouvelle et peu familière : nous faire honte pour nous faire honte. Ce type de double honte ne se produit que lorsque nous sommes suffisamment conscients pour remarquer que nous nous laissons entraîner dans les histoires de nos pensées de singe.

Comme nous l'avons mentionné précédemment, nous croyons souvent inconsciemment que la honte constitue le moyen de nous faire changer. Cette idée est souvent si profondément ancrée en nous que nous procédons ainsi même lorsque nous essayons de *cesser* d'utiliser la honte !

La honte sape notre confiance en nous-mêmes et notre amour-propre. Lorsque nous faisons quelque chose qui entraîne en nous ce sentiment de honte, les pensées de singe ajoutent une deuxième couche en répétant : « *Tu aurais dû le savoir* ». Nous estimons que si nous cessons de nous faire honte, cela signifie que nous ne nous préoccupons pas du problème et que nous allons simplement le laisser perdurer au lieu d'essayer de le changer.

Lorsque nous avons honte d'avoir fait quelque chose, *combiné* au sentiment que nous aurions dû le savoir, nous accumulons une quantité écrasante d'anxiété. Voyons comment Kevin utilise les pensées d'observateur pour l'aider à gérer sa honte liée à l'idée qu'il devrait le savoir.

～

La relation de Kevin et Jamie a pris un tournant radical dans la bonne direction suite au travail de Kevin avec moi pendant plusieurs mois. Kevin laisse enfin Jamie voir ses émotions, ce qu'elle pensait être impossible. Un soir après le travail, ils ont prévu de se retrouver pour aller voir un film.

Depuis qu'il a commencé à se faire aider, Kevin s'épanouit au travail. Il est désormais le chef d'équipe des autres infirmier·es de l'hôpital. Plus tôt dans la journée, Kevin a dû se séparer d'un des infirmiers, et cela ne s'est pas très bien passé. Kevin se sent mal pour la façon dont il a géré la situation et regrette de ne pas avoir tourné les choses différemment. Il ne peut s'empêcher de repasser l'incident dans sa tête, et il n'est pas d'humeur à être romantique.

Lorsqu'ils se retrouvent au cinéma, tout ce que Kevin veut, c'est prendre du pop-corn et regarder le film en silence pendant les deux prochaines heures.

Jamie, de son côté, a passé une excellente journée au cabinet d'architecture. Elle a eu une réunion surprise avec sa patronne, qui lui a expliqué à quel point elle était impressionnée par le dernier projet de Jamie. Elle veut faire de Jamie la conceptrice principale du projet d'un nouveau client important. Jamie est impatiente d'annoncer la bonne nouvelle à Kevin.

Lorsque Kevin entre dans le hall, Jamie attend dans la longue file d'attente pour lui en faire part et lui fait signe avec empressement.

— Tu ne vas pas croire ce qui s'est passé au travail aujourd'hui ! lui lance-t-elle.

— Quoi ? demande Kevin en constatant la lenteur de la file d'attente.

Jamie attrape le bras de Kevin avec enthousiasme et s'exclame :

— Ils veulent que je sois la designer en chef de la maison Johnson !

— Oh, c'est génial, chérie, marmonne Kevin avec un sourire crispé, en gardant les yeux rivés sur le guichet.

— Vraiment? Bonjour l'enthousiasme! Je suis vraiment emballée à cette idée, précise Jamie d'un air déçu, en faisant un pas en arrière de Kevin et retirant son bras.

— Je suis désolé, Jamie. J'ai eu une journée difficile et je ne suis pas dans mon assiette. On peut en reparler après le film? demande Kevin en se frottant les tempes.

Jamie, encore un peu énervée, laisse échapper un soupir.

— Oui, c'est bon. Attends dans la file. Je vais aller chercher un siège.

Elle laisse Kevin et se dirige vers le cinéma. Maintenant, les pensées de singe de Kevin commencent à l'interroger. *Qu'est-ce qui vient de se passer? Tu voyais bien comme cette nouvelle était importante et tu es resté là, sans émotion. Qu'est-ce qui ne va pas chez toi? Pourquoi tu ne l'as pas prise dans tes bras? Et si elle pense que tu t'en fous? Elle mérite mieux que ça. Elle mérite mieux que toi.*

Kevin commence à avoir honte de son comportement, et une boule se forme dans son estomac. Mais il respire et donne la parole à ses pensées d'observateur. *Ouaip, tu viens de recommencer à ne pas dévoiler tes sentiments – que ce soit la joie pour la grande nouvelle de Jamie ou la tristesse pour le licenciement de Todd. Mais ce n'est pas grave. Tu lui as demandé de l'espace. Donne-toi une chance d'y repenser après le film.*

Kevin achète un soda et du pop-corn, et repère Jamie dans la salle bondée. Il s'assoit juste au moment où les bandes-annonces commencent, et ils ne se parlent pas pendant le reste du film.

Sur le chemin du retour, Jamie demande :

— C'était quoi cette attitude tout à l'heure? Tu as fait tellement de progrès pour t'ouvrir, et tout d'un coup, tu dresses ce mur énorme. Est-ce que j'ai fait quelque chose de mal?

Les mains de Kevin se crispent sur le volant. De nouveau, la voix de ses pensées de singe commence à le fustiger dans sa tête. *Tout ça pour ça! Tu devrais le savoir à force! C'est quelque chose que l'ancien Kevin*

aurait fait. Tu n'as fait aucun progrès. Tu t'enfermes toujours, t'as peur d'être
vulnérable. Tu n'as pas du tout changé. T'es pathétique.

Accablé par ses pensées, Kevin les traverse en respirant. Alors qu'il
est sur le point de se laisser embarquer par l'histoire des pensées de
singe, ses pensées d'observateur se manifestent. *Tu accumules beaucoup*
de honte en ce moment. Tu dois en tenir compte avant de dire quelque chose
que tu regretteras plus tard.

Kevin se gare dans le parking le plus proche et regarde Jamie. Il lui
lance :

— J'ai besoin de deux secondes pour mettre de l'ordre dans mes idées.

À la surprise de Jamie, Kevin saute de la voiture et commence à
faire des tours du petit parking. Il se concentre sur le maintien d'une
respiration régulière et commence à interroger ses pensées, comme
je le lui ai appris. Les pensées d'observateur de Kevin lui demandent,
Pourquoi es-tu si dur avec toi-même en ce moment ? Tu t'es si bien débrouillé
avec elle, et elle te tend la main. Quel est le problème ?

« Ouah, j'ai vraiment peur de dire à Jamie combien je suis triste
d'avoir viré Todd aujourd'hui », répond silencieusement Kevin.

Pourquoi as-tu peur de lui en parler ?

« Parce que je ne suis pas censé être triste à ce sujet. C'était un mauvais
employé, et il devait être viré. Point final. »

Pourquoi n'es-tu pas censé être triste à ce sujet ?

« Parce qu'en tant que chef d'équipe, je devrais pouvoir virer quelqu'un
sans pleurnicher pour autant ! »

Pourquoi ne devrais-tu pas pleurnicher après avoir viré quelqu'un ?

« Parce que ça fait de moi quelqu'un de faible ! » répondent les pensées
de singe de Kevin, avec la voix désapprobatrice de son père.

Kevin interrompt son parcours, réalisant qu'il a atteint la source. Il
remonte calmement dans la voiture et clique sur le bouton de la lumière
pour pouvoir voir le visage de Jamie.

— Je suis désolé, Jamie. J'ai dû virer Todd aujourd'hui, et il ne l'a pas
bien pris, explique Kevin la voix brisée, ses yeux se mettant à pleurer.

Il prend une inspiration.

— Ça m'a rendu anxieux toute la soirée, et je n'ai même pas remarqué que j'étais fermé.

— T'inquiète Kevin, c'est oublié. Que s'est-il passé ? demande Jamie en frottant le bras de son mari.

— Il a commencé à me faire des reproches et à dire que je ne lui avais pas donné les instructions dont il avait besoin pour bien faire son travail, explique Kevin. Puis il a dit que sa famille avait besoin de ce travail et qu'en gros il allait finir à la rue à cause de moi. Kevin baisse la tête et, sans hésiter, laisse couler quelques larmes.

— Hey, chéri, rien de tout ça n'est ta faute, OK ? La façon dont tu te soucies des autres infirmières est incroyable, mais tu ne dois pas culpabiliser pour ça, explique doucement Jamie, en se penchant vers son mari.

— Oui… Je sais. C'est juste que ça fait quand même mal de savoir qu'il va devoir galérer, tu sais ? marmonne Kevin.

— Il va s'en sortir. Tout ira bien pour lui, Kevin. C'est sûr.

Il se retourne et sourit faiblement à Jamie.

— Merci, chérie. Il se penche vers elle et l'embrasse sur le front.

Ils restent assis en silence pendant quelques instants, et Kevin transforme lentement son souffle saccadé en inspirations profondes. À présent, se sentant beaucoup plus stable, il dit :

— J'aimerais en savoir plus sur ta réunion avec ta patronne. Tu mérites vraiment ce qui t'arrive.

— Merci, mon amour, dit Jamie, en embrassant son mari et en lui serrant à nouveau le bras avant de se détacher de lui. Alors ! commence-t-elle, s'animant de plus belle, je venais tout juste de m'asseoir à mon bureau quand…

Elle raconte à Kevin la réunion, ses projets pour la nouvelle maison et comment elle va utiliser son équipe. Ayant reconnu ses propres sentiments, Kevin peut être pleinement présent pour tout ce qu'elle a à dire sans être assourdi par la voix critique des pensées de singe.

Ce soir, Kevin est passé par deux phases qu'il est important de souligner.

Tout d'abord, Kevin s'est jugé lui-même pour ne pas avoir exprimé ses émotions – la joie pour Jamie et la tristesse d'avoir licencié son employé.

Deuxièmement, et plus important encore, Kevin s'est jugé beaucoup plus sévèrement pour s'être laissé de nouveau embarqué par les histoires des pensées de singe. Il croyait pourtant avoir travaillé son sens de l'observation depuis suffisamment longtemps pour ne plus devoir prêter attention à cette voix désobligeante. Il pensait qu'il devrait le savoir à force, et qu'il ne devrait plus du tout entendre la voix des pensées de singe.

Quel est votre « devrait » ? Pensez-vous que vous *devriez* être plus responsable, moins irritable, plus honnête, moins égoïste ?

Par exemple, disons que votre jugement est le suivant : « Je devrais être plus mince ». Maintenant, regardez-vous dans le miroir et répétez votre jugement à haute voix cinq fois, comme si vous le disiez à une autre personne. Du genre : « Tu devrais être plus mince. Tu devrais être plus mince. Tu devrais être plus mince. Tu devrais être plus mince. Tu devrais être plus mince. »

Pouvez-vous ressentir la honte ? Vous sentez-vous motivé·e pour changer ?

Maintenant, recommencez, mais ajoutez : « Je suis désolé·e de penser que… »

« Je suis désolé·e de penser que tu devrais être plus mince. Je suis désolé·e de penser que tu devrais être plus mince. Je suis désolé·e de penser que tu devrais être plus mince. Je suis désolé·e de penser que tu devrais être plus mince. Je suis désolé·e de penser que tu devrais être plus mince. »

Compte tenu de ce nouveau niveau de compassion que vous ressentez envers vous-même, êtes-vous plus enclin·e à vouloir changer ?

Être conscient·e des pensées de singe ne signifie pas être parfait·e tout le temps. La voix des pensées de singe se fait entendre depuis de très nombreuses années, et il est logique que les anciens schémas refassent surface. N'oubliez pas de vous laisser un peu de répit lorsque vous remarquez que vous vous laissez embarquer dans l'histoire des pensées de singe. La honte n'est jamais la solution pour créer un changement durable. La compassion dont vous faites preuve, à votre égard, dans ces moments-là est la même qui vous aidera finalement à vaincre les pensées de singe et à changer les programmes qui sabotent votre vie.

Partie 4

LES OUTILS DE CONSCIENCE

Chapitre 18

LA PRISE DE CONSCIENCE
CRÉE LE CHANGEMENT

Nous sommes naturellement câblés pour vouloir prendre soin de nous-mêmes. Toutefois, lorsque nous croyons aux histoires des pensées de singe, nous ne prenons pas conscience que la façon dont nous essayons de nous aider ne fonctionne pas. Une fois que nous avons compris que les croyances et les émotions sont les clés pour changer notre programmation, nous avons besoin d'outils spécifiques dans l'optique de nous mettre pleinement à l'écoute des pensées d'observateur. C'est là que les outils de conscience entrent en jeu.

Dans cette section, nous allons explorer comment prendre conscience d'un phénomène peut nous aider à adopter une manière plus efficace de prendre soin de nous.

Afin de commencer à identifier les types simples de prise de conscience dont nous faisons l'expérience chaque jour, imaginez que vous mettez un toast dans le grille-pain.

Le bouton de température est réglé sur six. Lorsque votre toast refait surface, il est brûlé.

Vous avez désormais une nouvelle conscience des choses. La prochaine fois que vous ferez griller du pain, vous réglerez le bouton sur quatre.

Ou disons que vous êtes pressé·e un matin, et que vous prenez la sortie sud du périphérique. Vous vous retrouvez coincé·e dans les embouteillages.

La prochaine fois, vous éviterez ce chaos en empruntant la sortie ouest.

Ou disons qu'une certaine paire de chaussures vous fait des ampoules. Vous arrêtez de les porter.

Nous sommes assaillis toute la journée par divers types de prise de conscience, et pourtant, nous n'appliquons pas souvent ce même concept d'apprentissage fondé sur nos expériences passées à nos relations avec nos proches et nous-mêmes.

Nous ne réglons pas le grille-pain sur six et nous attendons à ce que les toasts soient parfaitement cuits – alors pourquoi rejouer la même dispute avec les personnes de notre entourage, encore et encore, et nous attendre à un résultat différent ?

Lorsque votre niveau de conscience est élevé, vous êtes à même d'observer et de vous rappeler comment vous avez exprimé votre irritation de la même manière à propos d'un problème spécifique un certain nombre de fois auparavant, sans pour autant modifier ce que fait une personne. Dorénavant, vous comprenez que s'énerver n'est pas le moyen de créer le résultat que vous souhaitez. Vous voyez clairement que vous devez adopter une stratégie différente.

Pour commencer à ancrer cette idée de prise de conscience, pensez à trois choses qui, selon vous, n'auraient pas dû se produire dans votre vie. Vous pensez peut-être que vous n'auriez « pas dû » divorcer. Ou vous n'auriez « pas dû » échouer à ce test. Ou vous n'auriez pas dû crier sur votre enfant. Cette expérience vous apporte-t-elle des connaissances si vous estimez qu'elle n'aurait pas dû se produire ?

Au lieu de cela, dites-vous : « Qu'est-ce que je sais maintenant sur le maintien d'une relation réussie que je ne savais pas avant ? » « Qu'est-ce que je sais maintenant sur la réussite d'un examen que je ne savais pas avant ? » « Qu'est-ce que je sais maintenant sur la communication avec un enfant que je ne savais pas avant ? »

Lorsque nous prenons conscience d'un phénomène, nous remarquons ce qui fonctionne et ce qui ne fonctionne pas. Nous ajustons naturellement nos croyances et notre comportement. Moyennant les bonnes questions et le regard compatissant des pensées d'observateur, nous pouvons créer de la compréhension, ce qui nous pousse naturellement à changer.

PRÊTER ATTENTION À SES PENSÉES

L'un des premiers outils de conscience, qui nous échappe souvent, consiste à prendre pleinement conscience du bombardement de pensées qui entrent dans notre esprit à tout moment et de remarquer la différence entre les pensées de singe et celles des pensées d'observateur.

À l'intérieur de votre esprit, remarquez les pensées qui surgissent et entraînez-vous à faire des observations sur ce qui se passe autour de vous. Les pensées d'observateur pensent en termes d'observations. *Une moto vient de passer. Il y a une fourmi sur le tapis. L'odeur des biscuits fraîchement cuits vient de la maison du voisin. Ce pull est duveteux. Mon·ma partenaire est contrarié·e.*

Maintenant, voyez combien de temps vous pouvez continuer à faire des observations sans jugement avant que les pensées de singe ne commencent à essayer de prendre le dessus. De façon plus réaliste, vos pensées seront probablement du type suivant : *Une moto vient de passer. Il y a une fourmi sur le tapis… Il y a une fourmi ici ! Les exterminateurs sont passés la semaine dernière ! Ne peuvent-ils pas faire correctement leur travail ?*

Lorsque vous remarquez que vous écoutez vos pensées de singe, revenez en arrière et concentrez-vous sur les observations. *L'odeur des cookies fraîchement préparés vient de la maison du voisin. Ce pull est duveteux. Ma partenaire est contrariée. Pourquoi est-elle contrariée ? Est-elle en colère contre moi ?* Ce sont les pensées de singe qui reviennent à la charge.

Essayez de vous réserver un peu de temps chaque jour pour pratiquer activement le sens de l'observation. Vous commencerez à développer la capacité de vous demander : « D'où vient la pensée "les exterminateurs ne peuvent pas faire leur travail ?" Ou encore, "Pourquoi est-ce que je pense instantanément que quelque chose est ma faute si mon·ma partenaire est contrarié·e ?"»

Au fur et à mesure des pratiques, vous serez plus facilement en mesure de différencier ce qui relève des observations des pensées d'observateur plutôt que des histoires des pensées de singe ; et de continuer à changer les programmes qui sabotent votre vie.

Chapitre 19

FAITES ÉVOLUER LES PENSÉES DE SINGE

La plupart d'entre nous sont pris dans des schémas répétitifs et réactifs, et nous avons du mal à reconnaître d'où viennent ces schémas. Pour y remédier, nous pouvons développer la compétence consistant à comprendre comment nous filtrons les commentaires des autres à travers la voix des pensées de singe. Nous percevons souvent de simples déclarations ou questions de manière négative et réagissons de la même manière que nous le ferions face à une menace. Or, ces « menaces » ne sont rien d'autre que le produit de notre programmation.

Paula s'installe sur une chaise pour notre séance et m'explique immédiatement ce qui se passe dans sa tête.

— Hier soir, James et moi allions à un spectacle avec des amis, et quand je suis descendue, il m'a demandé si j'allais vraiment porter ça. J'ai dit oui, et j'ai répliqué en demandant ce qui n'allait pas. Il m'a dit qu'il trouvait ça plutôt décontracté pour ce genre d'événement, et j'ai ironisé en disant « pourvu qu'on ne te voie pas avec quelqu'un en jeans… » Mais, après tout ça, j'ai quand même fini par me changer parce que je me sentais tellement mal à l'aise, admet Paula.

— Mmm. Et pourquoi cela te dérange-t-il tant ?

— Eh bien, j'admets volontiers que ma réponse était disproportionnée par rapport à son commentaire, explique Paula. Oui, mon orgueil en a pris un coup, mais bon. J'avais l'impression qu'il m'attaquait ou quelque chose comme ça.

— Attaqué est le mot parfait, Paula. Et pas seulement verbalement – mais la façon dont tu as répondu, on pourrait presque penser que tu as été victime d'une menace *physique*, n'est-ce pas ?

— Oui, en effet, c'est ce que j'ai ressenti !

— Donc, est-ce que la remarque de James selon laquelle tes vêtements étaient décontractés représentait une menace physique ?

— Pas du tout, dit-elle en riant.

— C'est intéressant, n'est-ce pas ? Ta réaction, de ton propre aveu, était disproportionnée par rapport au commentaire de James. C'était comme si tu percevais cette déclaration comme une menace physique. Et pense à toutes les autres fois où tu as eu l'impression qu'il t'attaquait… lui dis-je pour commencer.

— Oh oui, c'est ce que je ressens tout le temps ! lance Paula

— Peux-tu me donner un exemple ?

— Par exemple, l'autre jour, il m'a demandé pourquoi je n'avais pas nettoyé la cuisine et j'ai craqué. J'avais fait des courses toute la journée, et il a fallu qu'il s'arrête sur la seule chose que je n'avais pas encore faite.

— Sais-tu pourquoi tu es coincée dans ce cycle de disputes avec James ?

Paula secoue la tête.

— Nous agissons ainsi parce que c'est ancré en nous par nos ancêtres. À l'époque des premiers hommes, lorsqu'il y *avait* effectivement une menace physique – comme un tigre dans les buissons – on fuyait ou on combattait, pas vrai ?

— Ouais, notre réponse combat-fuite, convient-elle.

— Exactement. Notre réponse combat-fuite est ce qui nous a permis de rester en vie à l'époque. Mais aujourd'hui, il n'y a plus beaucoup de tigres dans les parages, pas vrai ?

— Non, admet Paula en riant.

— Pourtant, cet instinct de survie subsiste encore dans une partie de notre cerveau, je lui explique. J'aime à l'appeler la partie « non évoluée » de l'esprit.

Cette partie ancienne de notre psyché croit toujours que le danger autour de nous est omniprésent. S'il est vrai que certaines personnes de par le monde doivent encore faire face à des menaces physiques, la plupart d'entre nous sont relativement en sécurité aujourd'hui. Donc, avec le temps, la partie non évoluée de l'esprit a changé d'objectif pour protéger autre chose : notre amour-propre.

— Notre amour-propre ? Tu veux dire que lorsqu'on pense que quelqu'un nous critique, on le considère comme une menace au même titre qu'un tigre sur le point d'attaquer ? me demande Paula avec curiosité.

— Exactement. Quand quelqu'un nous critique, la partie non évoluée de notre cerveau se déclenche. « Voilà le tigre ! », nous prévient-elle – même s'il s'agit de quelque chose d'aussi simple que ton mari te faisant remarquer que tu as l'air trop décontracté. Et on réagit alors avec la même force que celle d'un homme des cavernes qui défendrait son intégrité physique contre un tigre. On crie en retour et se déchaîne contre lui. On n'est pas satisfait tant que cette menace – cette critique – n'a pas été suffisamment maîtrisée.

— C'est ce que j'ai fait, reconnaît Paula.

Je lui demande :

— Alors Paula, quand James t'a fait remarquer que tes vêtements étaient trop décontractés – dans quelle mesure penses-tu l'avoir associé à ton amour-propre ?

— Eh bien, si je portais des vêtements inappropriés, je craignais qu'on puisse penser que j'ai l'air stupide.

— C'est donc un problème d'amour-propre – que tu puisses décider de ta prétendue stupidité en fonction des vêtements que tu portes. Et le nettoyage de la cuisine ? En quoi cela te concerne-t-il ?

— Eh bien, je lui ai dit que je le ferais, et puis je ne l'avais pas encore fait, répond Paula.

— Et quel genre de personne ne respecte pas son engagement ?

— Une personne irresponsable, répond Paula.

— Tu vois que lorsque James te fait ces demandes, tu les prends comme une menace ? Avec sa déclaration sur tes vêtements, la menace ne concerne pas tes vêtements, mais le fait que tu aies l'air stupide, lui fais-je remarquer.

— Je n'y avais jamais pensé, mais oui, je peux le concevoir, répond Paula.

— Et peux-tu concevoir que lorsqu'il te pose des questions sur la cuisine, la question n'est pas de savoir si elle est propre ou pas ? Il te demande pourquoi tu ne l'as pas fait, mais en vérité, tu te sens menacée d'être perçue comme une personne irresponsable.

Paula rit.

— Bon sang, ça commence à être pathétique.

— Lorsqu'on considère véritablement ce que nous percevons comme des menaces, on commence à réaliser l'absurdité de celles-ci. Mais, sur le moment, on a l'impression que c'est une véritable menace, je lui explique.

— Oui, complètement. C'est fou ! dit Paula en secouant la tête.

— Alors comment en arrives-tu à la conclusion que ses commentaires devraient être pris comme une menace ?

Paula siffle silencieusement alors qu'elle prend conscience de la situation.

— Mes pensées de singe.

— Exactement. Tes pensées de singe estiment que ce commentaire menace ton amour-propre, alors elles inventent l'histoire selon laquelle tu dois te défendre.

— Donc je dois commencer à reconnaître que ma réaction n'a rien à voir avec la cuisine ou les vêtements – c'est en réalité parce que je crois que les commentaires de James signifient que quelque chose ne va pas chez moi, reconnaît Paula.

— Tu as tout à fait raison. Il y a deux étapes pour y parvenir. La première consiste à être capable de prendre conscience du nombre de réactions disproportionnées que nous avons. Tu as déjà une longueur d'avance dans la mesure où tu peux identifier ces moments, comme tu as remarqué à quel point la simple remarque sur le nettoyage de la cuisine t'a énervée.

— Oui, bien sûr, admet Paula.

— Maintenant, tu dois passer à l'étape suivante : identifier quelle partie de ton amour-propre est menacée. On doit être capable de distinguer quelle histoire nos pensées de singe nous racontent. Ensuite, il suffit de se demander si notre amour-propre dépend vraiment de ladite remarque. Ta valeur dépend-elle du fait que tu nettoies la cuisine ?

— Non ! C'est tellement fou, comment ai-je pu me convaincre que… c'est vraiment révélateur, répond-elle.

Pouvez-vous penser à un moment de votre vie où vous vous êtes senti·e attaqué·e, comme Paula lorsque James lui a demandé pourquoi elle n'avait pas nettoyé la cuisine ? Remarquez que votre réponse était disproportionnée au regard de ce qui a été dit. Identifiez l'aspect de votre amour-propre qui s'est senti menacé, comme Paula qui avait l'impression que James la croyait irresponsable.

Remarquez-vous à quel point il peut être simple d'être moins réactif lorsque vous reconnaissez que votre sentiment de menace n'est pas une menace réelle ?

PROTÉGER SON AMOUR-PROPRE

Le concept de l'attaque par les pensées de singe est facile à identifier lorsqu'il s'agit de déclarations simples accompagnées de réactions disproportionnées. Mais qu'en est-il lorsque quelqu'un soulève un problème qui vient directement heurter un jugement profondément ancré en vous ? Voyons comment Kevin est capable de gérer cette attaque perçue lorsqu'il est confronté à l'une de ses croyances les plus honteuses.

Kevin et Jamie sont assis sur leur canapé, discutant de l'idée d'organiser bientôt une soirée jeux chez eux.

— Ooh ! on pourrait essayer ce nouveau jeu de charades ! Qui veux-tu inviter ? demande Jamie.

— Ce serait génial d'inviter les Morgan. Et les Peterson, suggère Kevin.

— Ouais ! Et ce serait cool d'inviter aussi les Brown ! suggère Jamie avec enthousiasme.

Le cœur de Kevin s'accélère dès qu'il entend le nom de ses voisins.

— Les Browns ? Vraiment ? plaisante Kevin à moitié.

— Quoi ? demande Jamie sur la défensive. Oh, allez, Kevin. On en a parlé tellement de fois ! Tu as fait une médiation avec eux. Tu as reconnu ce que tu as fait. Ils voient le changement en toi. Ils ont dit cent fois qu'ils te pardonnaient !

— Tu ne comprends pas. Ce n'est pas toi qui as écrasé leur chien, Jamie ! s'écrie Kevin.

— Ce n'est pas juste, ni pour moi ni pour toi. Les Browns sont parmi nos meilleurs amis, et tu nous prives de cette amitié en étant obsédé par l'incident avec Max !

— Obsédé par l'incident avec Max ? Je ne peux pas croire que tu puisses dire ça. J'ai pas la tête à ça en ce moment.

Kevin s'excuse rageusement avant de se rendre dans son bureau, où il tente de décortiquer les fortes émotions qu'il ressent. Il a beau s'efforcer de mettre le doigt sur la croyance sous-jacente en cause, tout ce qu'il entend ce sont ses pensées de singe. *T'es une horrible personne. Peu importe ce que tu fais, tu ne changeras jamais le fait que t'as tué ce chien. C'est impardonnable.*

Kevin décide de mettre ce sujet sur la table et de l'aborder lors de sa prochaine séance avec moi.

Après m'avoir parlé de la dispute avec Jamie, je lui demande :

— Pourquoi penses-tu que Jamie, en suggérant d'inviter les Browns, a suscité tant d'émotion ?

— Parce que nous sommes censés être du même côté, tu sais ? Elle sait combien toute cette situation a été difficile pour moi. Et qu'elle propose de les faire venir avec tant de nonchalance… C'est comme si elle prenait leur parti plutôt que le mien, explique Kevin en se frottant le visage.

— Tu te souviens quand je t'ai dit que souvent, lorsqu'on se sent critiqué, on se sent attaqué ? Que notre instinct de survie se déclenche ?

— Oh, c'est vrai. Et qu'ensuite, nous réagissons de façon disproportionnée, c'est ça ? soupire-t-il. C'est ce que j'ai fait avec Jamie, pas vrai ?

— Eh bien, décortiquons ce sentiment heurté pour le découvrir. Imagine les Browns qui viennent pour la soirée-jeu. Comment te sens-tu ?

Kevin ferme les yeux et se contorsionne sur sa chaise. Après quelques instants de silence, ses yeux s'ouvrent.

— Je ne peux même pas l'imaginer ! Tout d'abord, je doute qu'ils veuillent venir. Est-ce que *tu* voudrais passer du temps avec le gars qui a tué ton chien ? Et dieu sait qu'ils aimaient Max. Ils l'avaient depuis presque 10 ans. Il avait grandi avec leurs enfants et tout. Même s'ils disent qu'ils me pardonnent, je ne peux pas vraiment le croire. C'est impardonnable ce que j'ai fait.

— Rappelle-toi que tu ne peux pas changer ce qu'ils croient. Qu'ils t'aient vraiment pardonné ou non, ton pouvoir s'applique uniquement à ce que tu crois. Donc, la question est : t'es-tu pardonné ?

— Je dirais que j'ai encore du travail à faire là-dessus, concède Kevin.

— Eh bien, revenons au sentiment que tu as ressenti lorsque Jamie a parlé d'inviter les Browns. Un aspect de ta dignité s'est senti attaqué quand elle a dit cela, non ? De quoi penses-tu qu'il s'agisse ?

Kevin respire profondément.

— Eh bien, chaque fois que je pense aux Brown et à Max, j'ai ce sentiment accablant que je suis une horrible personne. De la pire espèce, vraiment. Mes pensées de singe se déchaînent à chaque fois que j'y pense.

— Tu bases donc ta capacité à être une bonne ou une mauvaise personne sur le fait que tu as tué ce chien ?

Il soupire.

— Je suppose que oui, en effet.

— Eh bien, regardons ça d'un peu plus près. Repense à cette nuit, Kevin. Quand tu as décidé d'aller au bar, t'es-tu dit, « Je vais me saouler ce soir, conduire jusqu'à la maison, renverser le chien des Browns, et ensuite m'évanouir sur le canapé » ?

— Bien sûr que non, se défend Kevin.

— À quoi pensais-tu, donc, quand tu es allé au bar ?

— Je ne sais pas si je pensais vraiment à quelque chose. Je nous avais fait perdre notre chance d'acheter cette superbe maison, et j'étais tellement énervé contre moi-même que j'avais besoin de me vider la tête.

— Tu dis que vous n'aviez pas l'intention de tuer Max alors ?

— Non ! s'exclame Kevin.

— Alors pourquoi n'es-tu pas capable de considérer cet incident pour ce qu'il était – une erreur ? On dirait que tu es en train de croire que tu avais une intention malveillante, mais tu viens d'affirmer le contraire.

Kevin réfléchit à cela pendant une seconde.

— Je n'avais pas réalisé que je faisais ça.

— Tu continues à te répéter que tu es une horrible personne pour avoir renversé Max. Mais, nous venons d'établir qu'une horrible personne aurait eu l'intention de le tuer, n'est-ce pas ?

— Oui, c'est vrai.

— Donc à nouveau, laisse-moi te poser la question : cette nuit-là, quand tu es allé au bar, es-tu sorti et t'es-tu saoulé dans l'intention de tuer le chien de tes voisins ? Ou, était-ce pour te soulager de la honte et de l'anxiété que tu ressentais ?

Silencieux, Kevin considère cette idée. Je poursuis :

— Profites-en pour te mettre à l'écoute de tes pensées d'observateur, Kevin. Les pensées d'observateur savent que tu ne voulais pas renverser Max. Elles n'écoutent pas toutes les histoires que les pensées de singe inventent quant au fait que tu es une mauvaise personne. Et elles ne considèrent pas le fait de mentionner les Browns comme une attaque contre ta dignité.

J'ajoute :

— Peux-tu réaliser que les Browns n'ont rien à voir là-dedans ? On en revient au fait que tu décides de ta valeur sur la base d'un incident isolé. Et tant que tu ne seras pas capable de te pardonner à ce sujet, tu continueras à te sentir attaqué chaque fois que le nom des Browns sera évoqué.

Kevin inspire bruyamment.

— Alors, qu'est-ce que je fais maintenant ?

— Si tu devais deviner, ce serait quoi ?

— Eh bien, d'après ce que tu dis, je dois observer que ma réaction n'a rien à voir avec les Browns ou Max – c'est plutôt en rapport au fait que je crois que ce qui s'est passé avec les Browns signifie que je suis une mauvaise personne, reconnaît Kevin.

— Et n'oublie pas de te demander si ta dignité dépend vraiment de cet événement. Ta valeur repose-t-elle sur le fait d'avoir tué le chien des Browns ?

— Tu sais, je sens que j'y arrive. Mais j'ai encore du mal à répondre non à ça, admet Kevin.

— Rappelle-toi que l'une des meilleures façons de reprogrammer nos croyances consiste à les mettre en action. Alors, que penses-tu d'accepter l'idée d'inviter les Browns pour ta soirée jeux ?

— Je veux dire, j'ai constaté par moi-même à quel point il est puissant d'expérimenter de nouvelles croyances. Mais de là à les recevoir à la maison… tu sais quoi, oui. Ça sera dur, mais je peux le faire.

— Ça te semble difficile uniquement parce que tu considères encore tout ce qui concerne Max comme une attaque contre ta dignité. Quand vous recevrez les Brown, rappelle-toi de te demander constamment s'il est vrai que le fait d'avoir tué Max te définit de façon catégorique comme une mauvaise personne. Ou, était-ce juste une erreur ?

Pensez à quelque chose que vous avez du mal à vous pardonner d'avoir fait. Notez trois ou quatre commentaires que vos pensées de singe utilisent pour vous attaquer à propos de cet événement.

Par exemple, disons que vous avez oublié votre portefeuille dans une station-service. Vos pensées de singe diraient : *T'es vraiment un idiot. Pourquoi tu peux pas faire attention pour une fois ?*

Pour chaque affirmation de vos pensées de singe, faites intervenir la conscience sans jugement des pensées d'observateur et énoncez la vérité sur votre amour-propre qui en découle. Par exemple, avec le portefeuille perdu, vos pensées d'observateur noteraient : *Lorsque tu es allé·e à la station-service, tu étais vraiment stressé·e à l'idée d'arriver à l'heure à ta réunion. Être anxieux·e ne fait pas de toi un·e idiot·e.*

Ressentez-vous un changement de jugement lorsque vous considérez tous les facteurs qui ont contribué à cette situation ?

Une fois que nous avons atteint le point où nous pouvons rapidement repérer que nous sommes en « mode attaque », nous pouvons dès lors retrouver quel aspect de notre dignité nous sentons menacé à ce moment précis. En procédant ainsi, nous pouvons faire en sorte que le contrôle de notre vie par les pensées de singe appartienne au passé.

Chapitre 20

APPROPRIEZ-VOUS VOTRE EXPÉRIENCE

Les pensées de singe nous ont convaincus que les sources du bonheur et du malheur se trouvent partout à l'extérieur de nous-mêmes. Ce n'est pas une mince affaire. Nous sommes soumis à un barrage constant de pensées qui cherchent à rendre les situations et les autres personnes responsables de ce que nous ressentons. La plupart des gens passent leur vie à essayer de contrôler des choses qui ne dépendent pas d'eux. La focalisation à l'extérieur de soi-même est facile à identifier : la voix plaintive de votre fille, les vêtements éparpillés de votre mari, la déception de votre mère à votre égard, l'embouteillage, le sous-sol inondé, le téléphone qui sonne, les dossiers empilés sur votre bureau. Toute personne (autre que vous), tout événement et toute situation – ils sont à l'extérieur de vous-même.

À l'inverse, lorsque vous développez l'habitude de vous focaliser à l'intérieur de vous-même, vous pouvez prêter attention à vos sentiments, vos sensations et vos pensées à votre sujet. Pour ce faire, vous devez d'abord entrer en contact avec ce que vous ressentez. Vos sentiments sont à l'intérieur de vous. Votre souffrance et votre bonheur sont à l'intérieur de vous. Vous ne pouvez trouver votre expérience personnelle nulle part ailleurs.

~

Imaginez que Paula monte dans sa voiture et découvre que son mari a une fois de plus laissé le réservoir d'essence vide. Elle est déjà en retard. Sa frustration se transforme en colère, et ses pensées de singe alimentent le feu.

Il manque tellement de considération ! Il ne pense qu'à lui ! Combien de fois t'a-t-il fait le coup ? Et combien de fois lui as-tu demandé de ne pas le faire ? Il est désespérant.

Les sentiments de colère et de frustration bouillonnent en elle. Voyez-vous à quel point il lui serait facile de rejeter la faute sur son partenaire ? Elle pourrait facilement se disputer et évacuer sa colère en faisant une crise et en accusant son mari de toutes sortes de choses.

Paula pourrait dépenser toute son énergie à essayer de changer les facteurs extérieurs. Or, si elle veut éteindre le feu, elle doit regarder à l'intérieur d'elle-même.

Les pensées d'observateur remarquent la jauge d'essence vide, la colère et l'histoire. Mais elles savent qu'il n'y a pas lieu pour le moment de se concentrer sur quoi que ce soit à l'extérieur de Paula. Elles ne vont pas la laisser sombrer dans un mélodrame. Sagement, les pensées d'observateur tournent l'attention de Paula vers l'intérieur.

Intérieurement, il ne se passe que deux choses :

1. Les pensées de singe racontent une histoire.
2. Paula se sent frustrée.

Ce sont les deux choses sur lesquelles elle doit se concentrer. Paula ne peut pas changer le fait que la voiture n'a plus d'essence, mais elle *peut* prendre conscience de cette réaction se produisant en elle et la modifier. Une fois qu'elle a fait cela, elle peut remonter à la source de ses croyances qui provoquent son irritation en ce moment.

En réalité, l'étourderie de son mari n'a rien à voir avec Paula, mais ce n'est pas ainsi qu'elle le voit. Inconsciemment, elle part du principe que puisqu'elle lui a déjà dit de ne pas laisser le réservoir vide et qu'il l'a quand même fait, cela signifie qu'elle ne vaut pas la peine qu'on se soucie d'elle.

Une fois qu'elle remonte à la croyance «Je ne vaux pas la peine qu'on se soucie de moi», Paula peut voir que ce n'est pas vrai. Le fait que le réservoir d'essence soit vide ne signifie rien sur elle en tant que personne. Elle peut désormais se défaire de cette croyance à cet instant. Même si son mari recommence, Paula continuera à le lui rappeler en toute sérénité, parce qu'elle n'établit plus de lien entre ses croyances sur elle-même et le réservoir d'essence ou le comportement de son mari.

Prenez un moment pour réfléchir à l'exemple de Paula. Soyez honnête – avez-vous été un peu contrarié·e en lisant l'histoire du mari de Paula laissant le réservoir d'essence vide ? Avez-vous pensé «Bien sûr, cela rendrait n'importe qui furieux» ? Pouvez-vous voir à quel point il est facile de se laisser embarquer dans l'histoire des pensées de singe ?

Revenons aux raisons pour lesquelles Paula est contrariée et voyons quelle est la croyance profonde à l'œuvre ici :

1. La voiture est presque en panne d'essence – à l'extérieur de Paula
2. Mon mari manque tellement de considération et il doit changer – à l'extérieur de Paula
3. Il ne se soucie pas de moi – à l'extérieur de Paula
4. Je ne dois pas être importante ; je ne compte pas – à l'intérieur de Paula

Nous pouvons maintenant observer que la véritable raison de la colère de Paula réside dans le fait qu'elle croit qu'elle ne compte pas.

Nous pointons si souvent du doigt les autres pour notre malheur dans notre vie quotidienne. Pour faire l'expérience de cette action consistant à tourner votre attention sur vous-même, visualisez que vous êtes à l'aéroport, et que votre vol vient d'être annulé. Imaginez que le réceptionniste de la compagnie aérienne se tient devant vous. Tendez physiquement votre bras et pointez votre doigt vers lui. Dites à haute voix : «Vous êtes responsable de ma frustration. Faites en sorte que je me sente mieux maintenant.»

Cela vous semble ridicule ?

Maintenant, laissez tomber votre bras. Au lieu de cela, concentrez-vous sur vous-même. Demandez-vous : «Quelle est cette croyance que j'entretiens et qui me rend si contrarié·e par l'annulation de mon vol?»

Ramener sans cesse notre attention à l'intérieur de nous-mêmes relève d'un équilibre précaire. Il faut faire preuve de discipline pour y parvenir. Les pensées de singe sont toujours prêtes à détourner l'attention vers d'autres personnes ou des situations extérieures. Se concentrer sur l'intérieur est souvent l'aspect le plus difficile de la maîtrise des outils de la conscience. La clé réside dans l'appropriation de notre expérience.

À L'INTÉRIEUR DE MA PEAU OU À L'EXTÉRIEUR DE MA PEAU

Maintenant que vous avez pris conscience du concept consistant à se concentrer à l'intérieur de soi plutôt qu'à l'extérieur, nous devons décomposer exactement ce que cela implique. Si nous ne sommes pas capables de regarder à l'intérieur de nous-mêmes, nous ne pourrons jamais nous attaquer véritablement aux croyances qui forment nos perceptions négatives. Il existe une quantité infinie de données dans notre propre esprit et notre propre corps, et pour devenir vraiment en bonne santé, nous devons apprendre à puiser dans ce réservoir de connaissances.

Afin de mieux comprendre cette idée consistant à regarder à l'intérieur de soi, revenons à Patrick Smith. La dernière fois que nous avons vu Patrick, il avait perdu sa place de parking et était en retard à sa grande présentation. Il avait massacré la réunion et était rentré chez lui pour anesthésier son chagrin avec des drogues. Le lendemain, il a été licencié.

Patrick a alors commencé à en faire un usage intensif pendant des semaines et n'a pas pu rester sobre assez longtemps pour se rendre à un autre entretien d'embauche. Kevin a vu le chemin ô combien familier que Patrick prenait ; et s'est alors entretenu avec son frère jusqu'à le convaincre de participer à une séance avec moi pour voir si Patrick pouvait commencer à découvrir la cause sous-jacente de sa consommation de drogues.

Patrick et moi avons passé quelques mois intensifs ensemble à aborder les croyances fondamentales qui étaient à l'origine de sa dépendance à la cocaïne. Lentement mais sûrement, Patrick a retrouvé le sens de sa propre identité et est parvenu à mettre son problème de drogue sous contrôle. Aujourd'hui, alors qu'il est sur le point de commencer à un nouveau poste, Patrick est déterminé à faire en sorte que cette expérience professionnelle soit différente de la précédente.

Au cours d'une de nos séances, Patrick me dit :
— J. F., je veux vraiment comprendre pourquoi je me suis effondré sous la pression de mon dernier emploi – je n'ai pas le droit de me planter à nouveau.

— Que dirais-tu si je te présentais un outil pour t'aider à comprendre ce qui s'est passé ? Il s'appelle « À l'intérieur de ma peau ou À l'extérieur de ma peau ». Le principe est le suivant : nous nous laissons berner par la fable des pensées de singe selon laquelle la véritable source de nos problèmes est due à d'autres personnes ou à des circonstances extérieures. Nous pouvons utiliser cet outil pour reconnaître que la véritable cause de nos problèmes se trouve en nous-mêmes – à l'intérieur de notre peau. Commençons à le pratiquer, et tu verras ce que je veux dire au fur et à mesure que nous progressons. Pour ce faire, nous devons revenir au jour où tu as donné cette présentation, je lui explique.

Patrick prend une profonde inspiration.

— OK. Je peux le faire.

— Tu m'as déjà raconté l'histoire de ton retard à ta réunion, mais commençons par le moment où tu as perdu la place de parking. Comment t'es-tu senti quand ce type te l'a prise ?

— Vraiment en colère, répond Patrick, le son de sa voix s'intensifiant alors qu'il se souvient de la colère qu'il a ressentie.

— Quelle est la raison pour laquelle tu t'es senti en colère ?

Patrick essaie de garder son calme, mais il a du mal avec un souvenir aussi douloureux.

— J'étais en colère parce que ce type a volé ma place de parking.

— Maintenant, prends en considération les pensées de singe t'expliquant que la raison pour laquelle tu es en colère est à cause de cette autre personne. Tant que tu imputes tes sentiments à des choses extérieures à toi, tu ne t'attaques pas à la source interne de ce sentiment – ta croyance fondamentale.

— Oh, c'est vrai. Nous avons déjà parlé de cela. La vraie raison de ma colère n'était pas qu'il ait volé ma place de parking, reconnaît Patrick.

Il marque une pause et ajoute :

— Quelle en était la raison alors ?

— Utilisons cet outil pour le découvrir. Le type qui a pris ta place de parking était-il à l'intérieur ou à l'extérieur de votre peau ?

— Était-il à l'intérieur de ma peau ? Tu veux dire littéralement ? demande Patrick, le regard confus.

— Oui. Chaque fois que notre attention se porte sur l'extérieur de notre peau, on utilise un facteur extérieur comme la raison pour laquelle on est en colère, lui fais-je remarquer. La clé consiste à continuer jusqu'à ce qu'on parvienne à la raison interne pour laquelle on est en colère. L'outil « À l'intérieur de ma peau ou *À l'extérieur de ma peau* » nous aide à filtrer tous les facteurs extérieurs pour accéder rapidement à la croyance sous-jacente.

— OK, je comprends que les facteurs extérieurs ne déterminent pas nos réactions – je le sais. Mais en même temps, je ne vois pas bien la croyance profonde à l'origine de ma colère dans cette situation, admet Patrick.

— Continuons, et cela deviendra plus clair. L'homme qui a pris ta place de parking était-il à l'intérieur ou à l'extérieur de toi ? Je réitère ma question.

— À l'extérieur, répond Patrick, avec plus d'assurance maintenant.

— Exact. Une autre personne est toujours à l'extérieur de toi et constitue toujours un déclencheur externe. Donc, étant donné que l'objectif est de parvenir au point où tu es à l'intérieur de ta peau, nous devons aller plus loin. Maintenant que tu as perdu la place de parking, quel a été le prochain défi qui t'a contrarié ?

Les yeux de Patrick commencent à scruter le tapis, comme s'il cherchait la réponse dans ses fibres.

— Eh bien, si je n'obtenais pas la place, j'allais être en retard pour ma réunion.

— Qu'as-tu ressenti quant à la possibilité d'être en retard ?

— Je me sentais nerveux à ce sujet.

— Donc, tu étais nerveux à l'idée d'être en retard à ta réunion. Une réunion est-elle à l'intérieur ou à l'extérieur de toi ?

— À l'extérieur, répond-il rapidement.

— Tu as compris, Patrick. Allons plus loin. Disons que tu es maintenant en retard pour ta réunion. Quel défi as-tu dû relever ensuite ?

— Eh bien, je me suis dit que les clients et mes collègues de travail allaient me juger pour mon retard. Surtout mon patron, se souvient Patrick, son humeur évoluant rapidement vers la tristesse.

Le fait d'être jugé par tes clients, tes collègues et ton patron est-il à l'intérieur ou à l'extérieur de toi, Patrick ? je lui demande à nouveau.

Patrick s'arrête un moment, se creusant la tête pour déterminer si cela pourrait être intérieur. Quand bien même, il prend une profonde inspiration et admet :

— À l'extérieur.

— Oui, l'opinion que ces gens ont de toi est extérieure à ta peau. Je sais que ce processus peut sembler fastidieux, mais il nous aide en fait à accéder directement à la croyance fondamentale à l'œuvre ici. Tes collègues étant désormais en position éventuelle de te juger, quel défi as-tu dû relever ensuite qui t'a mis en colère ?

— J'avais peur de me faire virer, concède-t-il d'un air penaud.

— Ton travail est-il à l'intérieur ou à l'extérieur de toi, Patrick ? je l'interroge à nouveau.

— À l'extérieur, admet-il rapidement.

— Nous y sommes presque. Disons que tu te fais virer – quelle est la suite ?

Patrick lâche un soupir de frustration et secoue la tête.

— Eh bien, je me *suis* fait virer ! C'est la seule chose qui me vient à l'esprit. Je veux dire, qu'est-ce qui est pire que de perdre son emploi ? me demande-t-il, le visage grimaçant.

— C'est souvent là que les gens se heurtent à un barrage, Patrick. Il est difficile de dépasser ce stade. Lorsque tu arrives au point où il devient difficile de trouver d'autres raisons pour expliquer ta colère, demande-toi : « Qu'est-ce que cela dit de moi ? » Alors Patrick, qu'est-ce que la perte de ton emploi dit de toi ?

Patrick s'arrête un instant et ferme hermétiquement les yeux.

— Ça dit que je suis un raté.

— Le fait de penser que tu es un raté est-il intérieur ou extérieur à toi ? je lui demande gentiment.

— Hé, nous y voilà, répond Patrick à demi-mot. C'est à l'intérieur de ma peau.

— Tu es en train de réfléchir à une croyance fondamentale profondément ancrée que tu entretiens à ton sujet, Patrick : que tu es un raté. Tu ne considères plus quelque chose qui échappe à ton contrôle, je lui explique. Je sais que ce processus peut sembler un peu pénible à traverser, alors récapitulons tous les différents points de focalisation externes que tu as nommés avant d'en venir à tes croyances internes. Je sors un marqueur et j'écris :

<u>Les raisons d'être en colère</u> :

L'homme qui a pris la place de parking – À l'extérieur de ta peau
Être en retard à une réunion – À l'extérieur de ta peau
Être jugé par les autres – À l'extérieur de ta peau
Se faire virer – À l'extérieur de ta peau
Je suis un raté – À l'intérieur de ta peau

— Peux-tu voir combien de fois tes pensées de singe t'ont convaincu que la cause de ta détresse était extérieure à toi, Patrick ?

— Pas étonnant que je me laisse parfois embarquer dans des histoires, convient Patrick avec de grands yeux. Et c'est exactement le problème dont nous parlons depuis des mois – comment ma relation avec mon père a affecté ma confiance en moi. Donc le vrai problème résidait dans le fait que je pensais être un raté avant même d'aller à la réunion, reconnaît Patrick.

— Exactement. Vois-tu à quelle vitesse nous avons pu accéder à cette croyance grâce à cet outil ? Donc maintenant, lorsque tu es confronté à des situations stressantes, tu peux utiliser les mêmes étapes pour remettre en question ce que ces situations disent de toi. Ensuite, tu peux te demander si c'est vrai. Est-il vrai qu'être en retard à une réunion fait de toi un raté ?

— Bien sûr que non ! Tu sais, ça me permet en fait de me sentir mieux à l'idée de commencer ce travail la semaine prochaine. Si je ne prends pas tout personnellement, ça ne devrait pas être aussi stressant, répond Patrick avec un petit sourire.

Parfois, un évènement aussi trivial que d'arriver en retard à une réunion peut déclencher nos croyances fondamentales. En utilisant l'outil « À l'intérieur de ma peau ou *À l'extérieur de ma peau* », Patrick a pu cartographier ses réactions pour détecter ses croyances fondamentales internes. Dorénavant, il est en mesure de comprendre ce qui a vraiment déclenché sa réaction négative et l'a poussé à consommer des drogues par le passé, et il peut se sentir habilité à identifier les croyances fondamentales qui motivent ses réactions à l'avenir.

Essayez d'appliquer l'outil «À l'intérieur de ma peau, À l'extérieur de ma peau» à votre propre vie. Pensez à un moment où vous vous êtes énervé·e ce mois-ci. Pour chaque raison que vous trouvez pour expliquer pourquoi cette situation vous a perturbé, demandez-vous si cette raison est à l'intérieur ou à l'extérieur de votre peau. Tant que vous êtes à l'extérieur, continuez à approfondir la question, comme l'a fait Patrick, jusqu'à ce que vous trouviez une raison qui soit à l'intérieur de votre peau – une croyance qui vous concerne.

Lorsque nous nous focalisons sur l'intérieur de nous-mêmes, nous nous débarrassons des couches extérieures et nous accédons au cœur du problème. Ce n'est que lorsque nous parvenons à la cause profonde de notre comportement, notre croyance fondamentale à l'origine de l'autosabotage, que nous pouvons commencer à changer.

Chapitre 21

RALENTISSEZ VOTRE RYTHME INTÉRIEUR

Maintenant que votre attention est concentrée à l'intérieur, sur vos propres sentiments et pensées, il est temps d'ajouter un autre outil de conscience : le ralentissement de votre rythme intérieur. C'est quelque chose que les pensées d'observateur, vos alliées, pourraient faire ; simplement d'elles-mêmes, lorsqu'elles arrivent sur la scène d'une urgence. À travers leurs questions calmes et claires ainsi que la vigilance de leur attention, les pensées d'observateur ralentissent tout.

La panique s'estompe. Les choses cessent d'être hors de contrôle. Le ralentissement offre la possibilité de rester calme et permet d'atténuer considérablement l'anxiété.

Elizabeth et moi marchons et discutons dans un parc. Au détour d'un virage, nous apercevons Ted, assis près d'une femme sur un banc. Je vois qu'Elisabeth devient anxieuse et agitée, alors nous nous asseyons près de l'étang à poissons.

— Comment te sens-tu en ce moment, Elizabeth ?

— Très mal. Je savais qu'il voyait quelqu'un, mais je ne l'ai pas encore rencontrée… Et s'ils viennent par ici ? Qu'est-ce que je vais dire quand je la rencontrerai. L'a-t-il présentée aux enfants ? Ne m'a-t-il pas *dit* qu'il l'a présentée aux enfants ? se demande-t-elle à haute voix en tripotant son bracelet.

— Elizabeth, tu vois à quelle vitesse tes pensées s'enchaînent ? Ralentissons un peu les choses, je lui suggère calmement. Ferme les yeux et écoute ma voix. Ensemble, nous allons tout ralentir en douceur. Commence par prendre une profonde inspiration dans ton ventre. Prête attention aux sensations que ton corps éprouve. Quelles sont-elles ?

— Je sens des palpitations dans mon estomac, et mon cœur bat vite, me confie-t-elle.

— Super. C'est une excellente observation. Pour l'instant, il n'est pas nécessaire de résister à quoi que ce soit. Inspire à nouveau et laisse ce sentiment suivre son cours sans essayer de le contrôler, lui dis-je.

Elle prend quelques inspirations profondes, et ses épaules se détendent.

— Comment te sens-tu à présent, Elizabeth ?

— Un peu mieux, me fait-elle savoir, la voix toujours instable.

— OK, nous allons ajouter un autre élément à ta respiration. Je veux que tu penses à un moment de ta vie où tu étais parfaitement paisible. Pour moi, j'imagine toujours un grand feu de joie rugissant et l'odeur du bois qui brûle.

J'inspire profondément, puis retourne mon attention sur Elizabeth.

— Quelque chose te vient-il à l'esprit ?

— Oui… Je me souviens d'être dans une chaise de jardin au bord du lac, de regarder les ondulations de l'eau et d'entendre les grenouilles coasser, m'informe-t-elle avec un petit sourire.

— À présent, imagine-toi que tu y es. Remarque comment tu te sens maintenant. Remarque ce qui se passe dans ton corps lorsque tu te permets de t'imprégner de cette relaxation, dis-je, lui donnant des instructions sur un ton doux.

— Mon cœur ralentit, répond lentement Elizabeth.

— Bien. Continue à visualiser l'image de ce lac. Reviens à une seule pensée à la fois. Sois le témoin des pensées qui te traversent, comme les pensées d'observateur.

— Ouah, je me sens déjà beaucoup plus calme. Comment ça se fait ? se demande Elizabeth.

— Souvent, lorsque tu commences à ressentir une immense anxiété, c'est parce que tu es pris dans le schéma de pensée ultra-rapide des pensées de singe. Tu n'es plus dans le moment présent – tu es transporté vers un moment spécifique où tu as ressenti une anxiété similaire par le passé, *ou* tu penses à ce qui pourrait se passer à l'avenir, en te basant sur une expérience passée. Ton corps réagit à ce souvenir ou à cette possibilité, je lui explique.

— Que veux-tu dire ?

— Eh bien, en ce moment, alors que tu vois Ted, qu'est-ce que tu crains le plus ?

— La vache, il y a tant à dire. En fait, je n'ai jamais vu Ted avec une autre femme auparavant… c'est juste que c'est difficile à encaisser. Et si elle est horrible ? Comment je gérerais ça ? Je ne veux pas que Ted pense que je suis une ex-femme jalouse ou quelque chose comme ça, me fait-elle savoir rapidement.

— Regarde ce que tu viens de dire sur le fait de ne pas vouloir que Ted pense que tu es jalouse – réalises-tu en quoi cela renvoie à la façon dont tu cherchais toujours à obtenir son approbation pendant votre mariage ? Et, en fin de compte, comment tu essaies d'obtenir l'approbation de ton père en grandissant ?

— Bon sang, pas étonnant que je sois si anxieuse, s'exclame Elizabeth avec un petit rire, son souffle commençant à revenir à la normale.

— La clé consiste à revenir au moment présent de ce que nous venons de faire. En te concentrant sur les sensations de ton corps – ta respiration, les battements de ton cœur, la sensation dans ton estomac – tu te rediriges vers l'instant présent.

— Oui, je peux le sentir.

— Après cela, tu as pris le temps de te remémorer l'image de ce souvenir rassurant et relaxant qui est le tien. Qu'est-il arrivé aux pensées de singe envahissantes lorsque tu as fait cela ?

— Je me sens moins anxieuse désormais. Mon cœur bat, ma respiration… Je me sens comme si je pouvais respirer à nouveau. J'ai toutefois l'impression que j'aurais déjà dû avoir dépassé ces pics d'anxiété, concède-t-elle.

— N'oublie pas, Elizabeth, que tout ceci est un processus d'apprentissage. Tu continueras à être déclenchée, mais la façon dont tu réagis est ce qui importe le plus.

Nous continuons à réancrer dans le présent les sentiments et les pensées d'Elizabeth.

Son anxiété s'atténue et la couleur revient sur son visage. Nous respirons profondément ensemble et continuons à ramener son corps dans l'instant présent. En ralentissant son rythme intérieur, Elizabeth est en mesure de poursuivre sa séance et de se concentrer sur la croyance fondamentale qui alimentait son anxiété.

Prenez un moment et respirez profondément. Pouvez-vous vous souvenir d'un moment où vous vous sentiez complètement en sécurité et à l'aise, comme le souvenir d'Elizabeth au bord du lac ? Respirez et restez concentré·e sur ce souvenir.

Vivez vraiment l'expérience d'être là. Dans votre esprit, ramenez les odeurs, la détente de vos muscles, la brise sur votre peau.

Une fois ce moment présent à l'esprit, pensez à un moment où vous étiez très stressé·e et permettez-vous de ressentir les émotions et les sensations liées à ce souvenir. Lorsque vous sentez l'anxiété monter, revenez à votre souvenir rassurant. Voyez si vous pouvez vous ralentir et devenir présent·e et calme en vous concentrant sur cette image.

Porter notre attention sur notre corps constitue l'un des moyens les plus efficaces pour nous stabiliser lors d'un moment d'anxiété. En associant cela au souvenir d'une époque plus détendue, nous pouvons ralentir le barrage de pensées et examiner objectivement la situation en cours. Ce faisant, nous nous ouvrons à une expérience plus calme et plus ancrée dans le présent, sans être gênés par la voix des pensées de singe.

Chapitre 22

SOYEZ PRÉSENT DANS VOTRE CORPS

Les pensées de singe ont dominé nos pensées pendant la majeure partie de notre vie. Nous avons désormais plusieurs outils à notre disposition, mais cela ne signifie pas que les pensées de singe vont simplement arrêter leur flot de paroles.

Lorsque vous apprenez à être présent dans votre corps, vous rompez le monologue constant des pensées de singe et vous pouvez être témoin de vos pensées sans y être accroché.

Ce processus commence par la rupture du cycle des réponses combat-fuite auxquelles nous réagissons constamment dans nos vies. Lorsque ce réflexe de combat ou de fuite est déclenché, nous traversons trois phases à la vitesse de l'éclair :

1. Nous entendons les mots qu'une personne prononce.
2. Nous écoutons les pensées de singe traduire ce qu'elles pensent que ces mots signifient « *vraiment* ».
3. Nous répondons non pas à la déclaration réelle de la personne, mais au message non exprimé que les pensées de singe nous ont convaincus que la personne voulait vraiment dire.

Tout ce processus se déroule en l'espace de quelques microsecondes. Il est si rapide que nous ne sommes souvent pas capables de le repérer. Examinons un exemple de réponse combat-fuite dans la vie réelle.

Paula remplace sa sœur au match de foot de sa nièce. Une des mamans, Kelly, s'approche et lui dit :

« Oh, tu as apporté de la pizza pour le goûter de l'équipe ? »

Immédiatement, les pensées de singe de Paula entendent, *Ouah, t'as vraiment apporté ça pour le goûter ? Tu n'as pas entendu que tu étais censée apporter quelque chose de sain ? T'es vraiment irresponsable.*

Paula passe en mode Combat et répond avec colère :

« Oui, c'est vrai. Désolée de ne pas avoir eu le temps de couper des tranches d'orange pour tout le monde. » Paula se retourne alors brusquement, le visage rouge de honte et de colère.

Kelly est stupéfaite – elle pensait en fait que la pizza était une excellente idée pour un goûter.

Vous voyez comment les pensées de singe peuvent nous pousser à interpréter négativement ce que les gens disent ? Même Paula, qui s'est efforcée d'utiliser ses pensées d'observateur, a réagi de façon impulsive.

Or, si vous vous tournez vers votre corps plutôt que vers votre esprit dans une situation difficile, vous vous donnez l'un des meilleurs outils pour vous détacher des pensées de singe : la respiration consciente.

Lorsque vous vous concentrez sur votre respiration, vous vous déconnectez de la voix des pensées de singe. En effet, la respiration consciente crée un espace qui nous permet d'observer nos pensées, ce qui manque à la plupart d'entre nous. Elle nous enseigne les bienfaits de faire face à notre malaise plutôt que de le fuir constamment. Lorsque nous développons l'aptitude consistant à traverser notre détresse en respirant, la chose la plus étonnante se produit – le malaise s'atténue.

Si Paula avait pris une respiration au lieu de réagir brutalement, elle aurait pu se maîtriser avant de tirer la conclusion que Kelly la critiquait.

Pouvez-vous penser à un moment de votre vie où vous avez réagi de manière excessive au commentaire de quelqu'un, ou l'avez complètement mal interprété ? Pensez à ce que serait votre réponse aux déclarations suivantes :

Votre patron qui vous dit : « Tu travailles toujours sur ce projet ? »
Votre mère vous disant : « Vous emménagez ensemble ? » Votre partenaire vous disant : « Tu as acheté un nouveau canapé ? »

Pouvez-vous utiliser votre respiration pour créer l'espace dont vous avez besoin pour identifier ce qui vous contrarie vraiment ? Essayez de voir combien de fois vous pouvez accéder à votre respiration consciente aujourd'hui avant de répondre à quelqu'un.

Si nous ne développons pas la capacité de dégager de l'espace, nous nous retrouvons toujours pris dans le jugement rapide des pensées de singe et continuons à alimenter nos réponses réactives de type combat-fuite. La respiration consciente brise le schéma de combat-fuite. La respiration consciente interrompt les pensées de singe.

PRATIQUER LA RESPIRATION CONSCIENTE

Si nous voulons vraiment nous débarrasser de notre anxiété, nous devons savoir que la respiration consciente n'est pas un remède ponctuel. Créer une routine quotidienne de respiration consciente et s'y tenir constitue la meilleure façon d'intégrer cet outil de conscience dans notre vie.

Cette routine peut représenter un défi, car nos pensées de singe seront très présentes tout au long de celle-ci. Leurs histoires deviendront bruyantes, et il sera très tentant d'arrêter de pratiquer la respiration pour éviter ces pensées.

Or, plus nous nous exercerons à nous asseoir et à respirer malgré cette anxiété, plus nous constaterons les immenses bienfaits que cela peut procurer.

Kevin est sur le point d'apprendre comment il peut intégrer la respiration consciente dans sa vie pour soutenir la poursuite de sa sobriété, ainsi que pour garder ses pensées de singe encore plus à l'écart.

～

Lorsque Kevin arrive à sa séance avec moi, il se sent assez anxieux. Il admet :

— Je suis vraiment fier du chemin parcouru, mais j'ai encore l'impression de lutter certains jours.

— Contre quoi luttes-tu ? je lui demande.

— J'ai l'impression d'avoir encore beaucoup de ces pensées négatives qui envahissent mon esprit. Certains jours, c'est tellement oppressant… Kevin se frotte le front. La semaine dernière, par exemple, j'ai décidé que j'allais présenter ma candidature pour retourner à l'école de médecine. Je suis vraiment enthousiaste, mais je n'arrête pas de penser à quel point ce sera difficile et de me demander si j'en serai capable ; et si je serai capable de rester sobre tout ce temps. J'ai remarqué que lorsque je suis dans cet état d'esprit, je m'emporte beaucoup plus contre Jamie.

— Peux-tu me donner un exemple précis de moment où tu as eu l'impression de t'emporter contre Jamie ?

— Eh bien, l'autre jour, elle m'a demandé de sortir les poubelles, et je me suis mis dans une colère noire en me demandant pourquoi je devais toujours sortir les poubelles et pourquoi elle ne pouvait pas le faire… c'était assez embarrassant, révèle Kevin.

— Tu vois à quel point tu deviens conscient, Kevin ? Être capable de reconnaître une situation spécifique si rapidement ? lui fais-je remarquer positivement.

— Je suppose… mais j'aimerais être conscient plus souvent.

— Et si je te montrais une technique de respiration spécifique qui te permettra de changer certaines de ces réactions instinctives ?

— Oui, ça a l'air génial, approuve Kevin en se penchant en arrière sur sa chaise.

— Cela s'appelle la respiration consciente. Lorsque tu pratiques la respiration consciente, tu inspires et expires continuellement. Il est utile de s'imaginer un grand ballon bleu tendu sur ta poitrine et ton ventre. Lorsque tu inspires, tu remplis le ballon. Lorsque tu expires, tu libères l'air du ballon.

— Toute ma poitrine doit se soulever, non ? demande-t-il, en regardant son ventre d'un air incertain pendant qu'il essaie cette technique.

— Oui. Avec la respiration consciente, tu dois remplir le ballon avec autant d'air que possible, puis relâcher autant d'air que possible. C'est comme le courant d'une vague, qui va et vient. Tu inspires et expires continuellement.

— Comme ça ? demande Kevin, en faisant la démonstration de cette respiration.

— Presque, mais ne retiens pas du tout ta respiration, Kevin. Laisse l'air circuler – en remplissant et vidant continuellement le ballon, je lui explique.

— Oh, je vois, confirme Kevin, qui me regarde et jette un coup d'œil à son propre corps.

— Pendant que tu fais cela, *observe* les pensées qui te viennent. N'essaye pas de vider ton esprit de tes pensées, ne juge pas tes pensées, et ne cède pas à l'histoire des pensées de singe sur tes propres pensées. Observe simplement, et respire, lui dis-je pour toute instruction.

Kevin demande :

— Est-ce que je dois fermer les yeux ?

— Ne les ferme pas, mais baisse ton regard et détends tes yeux, afin de te concentrer sur le sol devant toi. Nous voulons à terme que tu arrives au point où tu peux utiliser cette respiration chaque fois que tu te sens anxieux, et cela peut se produire à des moments où tu as besoin d'avoir les yeux ouverts.

— Oui, comme si je conduisais ou autre. Compris, me confirme-t-il le pouce en l'air.

— On va faire ça pendant deux minutes, OK, Kevin ? je lui demande, en réglant un minuteur.

— Ça me paraît bien.

L'alarme se déclenche rapidement.

— OK, Kevin, je vais noter sur le tableau les pensées qui viennent de te traverser l'esprit à l'instant. Quelle est la première chose qui t'est venue à l'esprit lorsque tu pratiquais ta respiration ?

Kevin détend ses épaules.

— Euh, honnêtement, je me suis demandé si je respirais correctement, admet-il avec un petit rire.

— Quelle était la suivante ? je lui demande avec un sourire, en écrivant cette pensée au tableau.

Kevin rigole à nouveau.

— En fait, je me suis demandé si j'avais oublié d'éteindre ma cafetière avant de quitter la maison.

— La suivante ?

— Je me suis demandé combien de temps il restait sur les deux minutes… avoue Kevin, son visage rougissant légèrement.

— Et puis quoi ?

Kevin regarde autour de lui, se creusant la tête.

— Ah ! Puis j'ai pensé que je devais vérifier si le Dr Puri m'avait envoyé sa lettre de recommandation pour ma candidature à l'école de médecine.

— Ensuite ? je lui demande, en écrivant cela au tableau.

— Ensuite, j'ai commencé à penser que je devais encore rédiger ma déclaration personnelle pour la candidature. En fait, j'ai commencé à la rédiger dans ma tête, explique Kevin en haussant les épaules.

— Et ensuite ?

— Euh… ensuite j'ai pensé à quel point j'avais faim. Puis j'ai réfléchi à ce que je voulais manger pour le déjeuner, confie Kevin avec un sourire malicieux.

J'acquiesce et me retire du tableau.

— Parfait. Que dirais-tu de poursuivre et de lire tes pensées ?

Pensée 1 : Est-ce que je respire correctement ?
Pensée 2 : Est-ce que j'ai laissé la cafetière allumée ?
Pensée 3 : Combien de temps reste-t-il des deux minutes ?
Pensée 4 : Je dois vérifier si le Dr Puri m'a envoyé sa lettre de recommandation pour ma candidature à l'école de médecine
Pensée 5 : Il faut que je rédige ma déclaration personnelle pour ma candidature.
Pensée 6 : J'ai commencé à rédiger ma déclaration personnelle.
Pensée 7 : Je commence à avoir faim.
Pensée 8 : Qu'est-ce que je devrais manger à midi ?

Après avoir lu ces pensées, je demande à Kevin :
— Maintenant, qu'est-il arrivé à ta première pensée « Est-ce que je respire correctement ? » une fois que tu as pensé à la cafetière ?
— Que veux-tu dire par « qu'est-il arrivé » ? demande Kevin avec curiosité.
— Eh bien, tu t'es demandé « Est-ce que je fais ça bien », mais ensuite que s'est-il passé ?
— Eh bien, ensuite j'ai commencé à penser à la cafetière… donc, la première pensée s'est envolée, je suppose ? répond-il incertain.
— Exactement. Et qu'est-il arrivé à ta pensée sur la cafetière une fois que tu as commencé à te demander combien de temps il restait des deux minutes ?
— J'ai arrêté de penser à la cafetière.
— Kevin, te rends-tu compte à quel point tes pensées vont et viennent facilement ? Avec quelle facilité elles sont remplacées par d'autres pensées ? lui fais-je remarquer.
— Oui, je m'en rends compte, acquiesce-t-il d'un hochement de tête appuyé.

— Je suppose également que tu as eu beaucoup plus de pensées pendant cette période de deux minutes que celles que tu as énoncées. Souvent, nous ne sommes pas conscients du nombre de pensées qui nous traversent en une heure, et encore moins en une journée. C'est pourquoi je recommande d'utiliser la respiration consciente – elle nous donne l'occasion d'être témoins de nos pensées. Cela peut également nous donner une idée de l'ampleur de l'obsession que nous pouvons avoir pour une seule pensée. Par exemple, combien de temps estimes-tu avoir pensé à ta demande d'admission en école de médecine ?

— Heu… je ne sais pas combien exactement, mais un certain temps. Et puis cette pensée m'a fait réfléchir à la rédaction de ma déclaration personnelle, et puis j'ai commencé à la rédiger dans ma tête.

— Vois-tu comment tu commences désormais à prendre conscience des pensées qui se répètent dans ton esprit ?

— Oui, admet Kevin.

— Pendant qu'on observe ces pensées et ces idées répétées, on peut également remarquer les sentiments qu'elles suscitent. Par exemple, comment t'es-tu senti quand tu as pensé à la lettre pour ta demande d'inscription en médecine ?

— J'ai commencé à me sentir nerveux, reconnaît Kevin.

— Et qu'est-il arrivé à cette anxiété lorsque tu es finalement passé à « j'ai faim » ?

— Je n'ai pas vraiment fait attention… mais, je ne pense pas que j'étais aussi anxieux. En fait, j'étais un peu excité parce que je me suis souvenu qu'il y a ce super resto de burritos juste au coin de la rue, dit Kevin, ses yeux s'illuminant à cette possibilité.

— Donc, ton anxiété a suivi son cours, et elle a été remplacée par une autre émotion – le bonheur.

— Heu. Je suppose que c'est le cas, affirme Kevin.

— Grâce à la respiration consciente, on développe la capacité de renoncer à résoudre tout problème que notre esprit fait surgir. Tu n'as pas besoin de travailler sur ta candidature à l'école de médecine, ni même de décider ce que tu vas manger à midi. Lorsqu'on tient compte de notre respiration, on s'accorde simplement un temps désigné pour accueillir toute pensée inconfortable, afin d'en prendre conscience. C'est important car la plupart du temps, on développe inconsciemment des mécanismes d'adaptation pour contourner notre anxiété – des mécanismes qui ne fonctionnent pas. Comme la façon dont tu as commencé à boire pour atténuer tes sentiments d'anxiété, je lui explique.

— Je veux dire, d'une certaine manière, c'est notre esprit qui essaie de nous aider, n'est-ce pas ? rétorque Kevin.

— Tu as raison. Son but est de nous protéger contre l'inconfort de l'anxiété. Mais, ça ne fonctionne pas si bien que ça de simplement ignorer ses problèmes. Revenons à ta consommation d'alcool pour comprendre pourquoi. Tu buvais en raison des réflexions que les pensées de singe rejouaient sans cesse dans ta tête. Chaque fois qu'une de ces autocritiques surgissait, tu l'acceptais et tu te sentais mal dans ta peau.

— Je… Ouais… Tu peux expliquer ça un peu plus ? demande Kevin, butant sur ce concept.

— Eh bien, pense à ce que tu as ressenti lorsque tu as entendu tes critiques les plus courantes : « Pleurer fait de moi quelqu'un de faible. Ne montre pas tes émotions. T'es un raté. Tu ne seras jamais un bon mari, » je lui énumère.

Kevin respire profondément.

— Ah, toutes ces pensées-*là*. Oui, je me sentirais tout le temps mal dans ma peau.

— Exactement. Et lorsqu'on est obsédé par ces pensées, on génère beaucoup de honte et d'anxiété dans notre corps. Et lorsque tu fais cela, que fais-tu ? Ou plutôt, que *faisais*-tu avant ? Je précise.

— Je buvais pour atténuer l'anxiété, répond Kevin.

— La respiration consciente permet de prendre conscience de ces croyances anxiogènes afin d'éviter d'accumuler une telle quantité de stress. Alors recommençons. Encore deux minutes de respiration, d'accord ?

Kevin acquiesce et concentre son regard sur le sol. Après quelques minutes, le chronomètre se déclenche à nouveau.

— Argh, celle-là était vraiment inconfortable, annonce Kevin, en s'étirant le dos.

— Oh ? Quelles pensées te sont passées par la tête cette fois-ci ?

— Ma première était que je dois aller chercher du lait avant de rentrer chez moi, confie Kevin.

— La suivante ?

— La suivante était que j'avais mal au dos. Après cela, je me suis demandé si cela m'aidait vraiment. Puis j'ai pensé à ma demande d'inscription à l'école de médecine pendant un moment – à rédiger à nouveau cette déclaration. Puis j'ai commencé à m'inquiéter de ce qui se passera s'ils n'aiment pas ma déclaration. Ou mes lettres de recommandation. Puis je me suis demandé ce qui se passerait si je n'étais pas accepté. Heu… Je me suis perdu dans ce labyrinthe-là pendant un bon moment. Puis je me suis souvenu que je n'avais pas encore rappelé ma mère et qu'il fallait que je le fasse. Puis j'ai remarqué que je commençais à retenir un peu ma respiration et j'ai essayé d'ajuster ça, énumère-t-il rapidement.

— Vois-tu comment tu deviens déjà plus conscient de tes pensées, Kevin ? Maintenant, concentrons-nous sur le sentiment. Quel était le sentiment principal que tu as éprouvé pendant ces deux minutes ?

Kevin répond sans hésiter.

— De l'anxiété. Un bon nombre de ces pensées m'ont rendu anxieux, en fait.

J'acquiesce.

— La raison pour laquelle je voulais faire ça avec toi, Kevin, c'est pour te montrer comment nos pensées génèrent notre anxiété. La plupart d'entre nous n'ont pas le contrôle de la façon dont nos schémas de pensée nous affectent – nos pensées sont constamment présentes, et nous les acceptons toutes sans poser de questions. Et puis, lorsque ces pensées critiques surgissent encore et encore, comme « je suis un raté », nous commençons à nous sentir vaincus.

— Oui, je peux tout à fait comprendre ce sentiment, convient Kevin.

— Lorsqu'on fait cela, on développe le muscle pour faire face à nos pensées anxieuses. On n'essaie pas de changer l'anxiété ou de s'en débarrasser – on lui laisse de l'espace, ce qui permet finalement à l'anxiété de se déplacer dans notre corps. Et agir ainsi est tout sauf une partie de plaisir. Il faut de la pratique. C'est pourquoi on se chronomètre lorsqu'on pratique la respiration consciente – faute de quoi nous abandonnerions presque toujours prématurément. Certaines pensées vraiment difficiles peuvent surgir lorsqu'on pratique cette technique de respiration pendant une période prolongée – les pensées que l'on a repoussées dans un coin de sa tête pour les contourner.

Kevin soupire, passant ses doigts dans ses cheveux.

— Oui, je pouvais déjà ressentir un peu de ça avec ma candidature à l'école de médecine. Je voulais juste arrêter de respirer et faire autre chose. Ou aller travailler réellement sur ma candidature.

J'acquiesce avec empathie.

— Tâche de te souvenir : cette technique de respiration vise à briser cette habitude consistant à éviter notre malaise. On doit lui faire de la place si on veut vraiment changer notre façon de penser et de ressentir. Et si on veut opérer un changement à long terme, on doit en faire une habitude quotidienne.

— Alors, deux minutes par jour ? demande Kevin.

— Pas tout à fait. Je recommande habituellement vingt minutes par jour – deux fois par jour.

Le souffle coupé, il ajoute :

— Vingt ! C'était déjà assez difficile d'en faire deux, J.F...

— On y arrive progressivement, je le rassure. Et lorsqu'on arrive à des temps plus longs, on commence à briser le schéma qui consiste à éviter notre anxiété. Lorsqu'on aborde notre anxiété par petites portions chaque jour, notre anxiété ne s'accumule plus jusqu'à atteindre une quantité écrasante qui nous oblige à boire pour y échapper. Plus on pratique notre respiration consciente, plus notre muscle se renforce pour accueillir notre anxiété. Et ensuite, notre corps commence à associer *l'anxiété* à la *respiration*. Donc la prochaine fois que tu te trouveras dans une situation stressante, ta nouvelle réponse par défaut sera de te tourner vers ta *respiration*.

— Que veux-tu dire ? demande Kevin, en s'étirant le cou.

— Eh bien, disons que quelqu'un te coupe la route dans le trafic. Comment réagirais-tu habituellement ? je lui demande pour illustrer.

— Eh bien, si elle sort vraiment de nulle part, il se peut que je profère des, euh, mots fleuris, admet Kevin.

— Si tu pratiques la respiration consciente de façon constante, ta réponse normale finira par se transformer en une respiration profonde plutôt que des insultes, je lui explique.

— Ouah, ce serait génial de pouvoir y parvenir, approuve Kevin.

Je lui réponds :

— Si tu veux utiliser la respiration consciente comme un outil pour t'aider à rester sobre, tu dois en faire une discipline et une priorité.

— Donc si je ne suis pas occupé à fuir mon anxiété et que j'apprends à me tourner vers ma respiration à la place, alors ce sera un autre moyen de m'aider à rester sobre ?

— Cela peut être ton plus grand allié, Kevin. Imagine juste que la prochaine fois que Jamie te demande si tu as sorti la poubelle, tu respires au lieu de t'emporter contre elle. Peux-tu concevoir comment de petits changements de la sorte commenceraient à s'additionner ?

— Oui, ça, je peux tout à fait le concevoir. Jamie et moi aurions moins de disputes, et j'aurais alors moins de choses dont j'aurais honte ; ce qui était généralement la principale chose qui me poussait à boire, reconnaît-il.

— Au fait, comment te sens-tu dans ta peau en ce moment, Kevin ? Te sens-tu plus calme que lorsque tu es arrivé ici ?

Kevin arque le dos, ses yeux changent de focus alors qu'il évalue sa réponse interne.

— Tu sais… en fait, oui ! Mais je ne comprends pas vraiment pourquoi, admet-il.

— C'est l'une des merveilles de la respiration consciente. On ne *cherche* jamais à devenir plus calme avant de se tourner vers sa respiration. Les seuls objectifs sont de se concentrer sur sa respiration et d'être le témoin de ses pensées et de ses sentiments. Mais en fin de compte, ce processus nous permet de nous sentir plus calmes naturellement une fois qu'on a terminé.

— Oui, je vois ça. Eh bien, si je veux arriver au point où je fais ça pendant vingt minutes d'affilée, je vais avoir besoin d'un peu plus d'aide, J.F., lance Kevin avec un sourire.

Kevin apprend comment la respiration consciente peut se révéler un outil puissant pour gérer sa dépendance et soulager son anxiété. Lorsque vous réalisez votre propre schéma de respiration consciente, l'objectif est de vous amener à ce niveau de conscience.

Lorsque vous commencez, dès que vous remarquez un jugement ou que vous vous apercevez que vous essayez de résoudre un problème, dites-vous : « Pensées de singe ». Par exemple, imaginez que vous êtes en train de respirer et que votre esprit vous dit : « Je suis trop fatigué pour faire ça maintenant. » Remarquez d'abord qu'il s'agit d'un jugement, puis étiquetez-le en disant « Pensées de singe ».

Continuez à respirer. Dès que vous remarquez la prochaine pensée qui tente de résoudre un problème, étiquetez-la également. Tout en respirant, pouvez-vous constater comment le fait de qualifier une pensée de « pensée de singe » crée un espace pour ne pas adhérer immédiatement à cette pensée ?

En nous accordant l'espace nécessaire pour ressentir notre anxiété, passer plus naturellement des pensées de singe aux pensées d'observateur n'est plus qu'une question de temps.

Les outils de conscience que nous avons explorés dans cette section du livre sont subtils mais puissants. Nous pouvons les utiliser pour diriger notre attention vers l'intérieur afin de visualiser clairement nos pensées et nos sentiments, et également nous libérer de l'anxiété. Nous pouvons identifier les croyances qui nous guident vers le bonheur, et celles qui nous causent souffrance et douleur. Une fois que nous pouvons prendre conscience de ces aspects de nous-mêmes sans nous laisser embarquer par les histoires des pensées de singe, nous sommes dans une position de force.

Lorsque nous utilisons les outils de conscience, c'est un peu comme si nous braquions un projecteur sur une scène obscure ; soudain, nous pouvons tout voir clairement et la scène de notre monde intérieur devient visible. Alors que nos croyances dansent en dessous et en dehors de la lumière des projecteurs, nous pouvons examiner leurs motifs et décider de celles que nous voulons garder dans notre production, et de celles que nous voulons changer.

Tout cela se passe à l'intérieur de nous ; nous ne sommes plus concentrés sur le monde extérieur.

C'est ici, à l'intérieur, que nous pouvons prendre le contrôle de nos scénarios et les réécrire pour en faire ce qui nous plaît. Mais visualiser et réécrire sont deux activités très différentes. Nous avons besoin d'outils supplémentaires pour changer réellement ces croyances – pour éliminer les personnages malfaisants de l'esprit et promouvoir ceux qui sont bienveillants.

Dans cette optique, nous aurons besoin d'un outil puissant que nous appelons l'enquête en pleine conscience.

Partie 5

L'ENQUÊTE EN PLEINE CONSCIENCE

Chapitre 23

QUESTIONNEZ-VOUS SUR VOTRE ÉTAT D'ESPRIT

Dans cette partie, je vais vous montrer comment vous pouvez utiliser l'enquête en pleine conscience pour modifier davantage vos programmes inconscients. Au fil des pages de ce livre, vous avez déjà vu des exemples illustrant comment l'enquête en pleine conscience s'avère un outil puissant utilisé par les pensées d'observateur pour susciter une prise de conscience et générer de la clarté. En posant les bonnes questions, vous pouvez vous libérer de l'emprise anxiogène des pensées de singe.

Comme nous l'avons dit, la plupart d'entre nous se retrouvent coincés à écouter le monologue des pensées de singe, percevant le monde à travers la lentille de notre programmation. Elles insistent sur le fait que leur narration de ce qui se passe dans le moment présent constitue la vérité, et bien souvent, nous croyons automatiquement ses histoires, peu importe leur absurdité ou le type de sentiment qu'elles provoquent.

L'enquête en pleine conscience vous permet d'entamer un dialogue avec vos pensées et de prendre le contrôle de la façon dont vous réagissez aux circonstances extérieures de la vie. Ce processus commence par les pensées d'observateur qui observent passivement vos schémas de pensée sans agir. Lorsque vous remarquez une pensée insistante, les pensées d'observateur interviennent et commencent à poser des questions. *Pourquoi crois-tu cette pensée ? Est-ce bien vrai ? Quels mots ont-ils réellement été prononcés ? Que ressens-tu en ce moment ? Est-il possible que ce soit une histoire ?*

Les pensées d'observateur écoutent attentivement, puis posent des questions. Elles testent chaque pensée, apportant une nouvelle prise de conscience. Elles ne supposent pas qu'elles connaissent déjà les réponses. Elles savent que vous n'avez pas besoin de croire ces pensées ou d'y adhérer – vous pouvez simplement les observer et les laisser filer.

Quels que soient les défis personnels auxquels vous êtes confronté·e, qu'il s'agisse de consommation d'alcool ou de drogues, de dépression, d'anxiété ou de problèmes relationnels, vous pouvez utiliser l'enquête en pleine conscience pour couper court aux pensées de singe qui vous paralysent. Offrez-vous le don de questionner consciemment vos pensées, sachez apprécier vos réponses honnêtes, et créez de la sorte une présence ainsi qu'une paix durables dans votre vie.

SOYEZ CURIEUX

L'enquête en pleine conscience commence par le simple fait d'être curieux et de chercher ce que vous ne savez pas – c'est là que vous trouverez votre clarté et votre bonheur.

Pour beaucoup d'entre nous, nous n'adoptons pas toujours cette approche insouciante de l'inconnu. Nous avons tendance à ressentir un certain malaise lorsqu'il s'agit de choses que nous ne connaissons pas. Certaines personnes sont même attachées à la croyance qu'elles devraient déjà avoir toutes les réponses, de telle sorte que tout ce qui est étranger peut être considéré comme une sorte de menace.

En réalité, poser des questions et maintenir une perspective empreinte de curiosité est un signe d'intelligence. Le simple fait de reconnaître qu'il y a des choses que nous ne savons pas, et que nous voulons apprendre, accroît notre connaissance.

≈

Jamie et Kevin fêtent le sixième anniversaire de leur relation nouvellement inspirée et authentique. Ils le célèbrent en allant à Paris et en séjournant dans un nouvel hôtel du 16e arrondissement. Le dimanche matin, alors qu'ils s'habillent pour le petit-déjeuner, Jamie se rend compte qu'il lui manque le collier que Kevin lui a offert vendredi soir.

Ses pensées de singe se lancent dans leur drame habituel. *Quelqu'un a volé ton collier! Tu l'avais hier, et maintenant il a disparu! La femme de chambre l'a probablement volé pendant que tu étais en train de déjeuner. C'est quoi cet hôtel? Tu devrais appeler la réception tout de suite et demander à parler à un responsable. Que va penser Kevin? C'est probablement ta faute, t'es tellement étourdie.*

Le cœur de Jamie commence instinctivement à s'emballer. Elle se met à chercher de façon erratique dans la chambre d'hôtel le bijou perdu, et Kevin remarque son comportement étrange.

— Tout va bien? demande-t-il avec curiosité.

— Je ne trouve pas mon collier d'émeraudes, répond frénétiquement Jamie en plongeant la tête sous le lit.

— Oh… OK, laisse-moi t'aider à le chercher, propose Kevin, se passant la main dans les cheveux en balayant la pièce du regard.

— Ce serait génial. Euh, je suis vraiment désolée, répond honteusement Jamie en tirant les couvertures du lit. Elle n'arrive pas à reprendre son souffle.

— C'est bon, Jamie. On va le retrouver, lui assure Kevin avec un sourire chaleureux, en prenant une profonde inspiration.

La respiration réfléchie de Kevin rappelle à Jamie de se tourner vers sa propre respiration consciente. Cette respiration profonde permet aux pensées d'observateur de Jamie d'intervenir et de demander : « *Pourquoi cela te rend-il si anxieuse?* »

Elle interrompt sa recherche et prend quelques inspirations avant de répondre.

À présent, elle est mieux préparée pour cette conversation.

— Merci de ne pas te fâcher contre moi, chérie. Il y a quelques années, tu étais glacial avec moi chaque fois que je perdais quelque chose… Je pense que je m'attendais encore un peu à ça de ta part, admet Jamie.

— Ça, c'était l'ancien moi, répond affectueusement Kevin, qui s'approche de Jamie et lui donne un baiser sur le front. Alors que penses-tu qu'on pourrait faire pour nous rappeler où tu l'as mis la dernière fois ?

— Une enquête en pleine conscience ! annonce Jamie vivement, en trottinant vers le bureau pour prendre un stylo et du papier. Pourrais-tu me poser quelques questions, Kevin ? demande Jamie.

— Bien sûr, chérie. Pourquoi es-tu anxieuse en ce moment ? demande-t-il.

— J'ai perdu mon collier.

— Pourquoi cela te rend-il anxieuse ?

— J'ai l'impression que c'est ma faute, répond Jamie d'un air penaud.

Kevin s'approche de sa femme et prend sa main dans la sienne.

— Même si c'est ta faute, pourquoi cela te met-il en colère ? N'as-tu pas le droit de commettre des erreurs ? demande-t-il gentiment.

— Je suppose que je m'en veux beaucoup en ce moment, reconnaît-elle avec une profonde inspiration.

Au fur et à mesure que Jamie répond aux questions, elle peut sentir son anxiété se dissiper. Elle décide de prendre le rôle des pensées d'observateur et commence à les utiliser de manière très concrète : en notant toutes les questions qui lui traversent l'esprit et qui pourraient mener à l'endroit où se cache le collier.

A-t-il vraiment été volé ? Quand l'as-tu vu pour la dernière fois ? Est-ce que tu le portais lorsque tu t'es déshabillée pour te mettre au lit vendredi soir ? As-tu regardé dans les endroits évidents, comme ton sac à main ou les poches de ta veste ? Est-il tombé derrière la commode ou la table de nuit ? L'as-tu caché dans un endroit inhabituel pour le garder en sécurité ?

— C'est ça ! s'encourage Jamie à haute voix.

Elle court vers sa valise et dézippe un compartiment extérieur.

À l'intérieur se trouve une poche secrète, et bien sûr, elle y plonge la main et sent la chaîne du collier.

— Je l'avais mis là pour le garder en sécurité ! Comment j'ai pu oublier ça, s'écrie Jamie avec un large sourire.

Kevin attache le collier autour du cou de Jamie. Il l'entoure de ses bras et ils admirent le bijou étincelant dans le miroir. En se regardant, Jamie est fière d'avoir su rester curieuse et garder son sang-froid pour trouver ce trésor. Maintenant, le couple peut apprécier ce beau moment sans les remarques désagréables des pensées de singe.

Prenez un moment et pensez à quelque chose que vous regrettez d'avoir fait. En écoutant les pensées de singe, dites-vous : «T'es tellement stupide. Pourquoi as-tu fait ça ?» Comment vous sentez-vous ? Voulez-vous même connaître la réponse ?

Pensez à quelque chose d'autre que vous regrettez d'avoir fait. Cette fois, dites : «Tu as fait de ton mieux. Qu'est-ce qui pu conduire à cela, selon toi ?» Que ressentez-vous cette fois-ci ? Vous voyez qu'il est impossible de porter un jugement et d'être curieux en même temps ?

Dans des situations quotidiennes et stressantes comme celle-ci, les pensées de singe s'attachent à ressasser le problème tandis que les pensées d'observateur cherchent une solution. Leur ouverture d'esprit et leur curiosité l'emporteront et vous épargneront une anxiété inutile.

Chapitre 24

POSEZ DES QUESTIONS SINCÈRES

Lorsque vous utilisez l'enquête en pleine conscience pour poser des questions, assurez-vous de déterminer si vous êtes dans une position de jugement. Si c'est le cas, les questions ne feront que renforcer les pensées de singe. Crier avec colère « POURQUOI NE M'AS-TU PAS APPELÉ·E ? » n'est pas une question. C'est une accusation qui se termine par un point d'interrogation. Ce n'est qu'un jugement déguisé.

Lorsque vous portez un jugement, vous vous placez du point de vue des pensées de singe. Elles ne s'intéressent pas à la réponse ; elles veulent juste faire valoir leur point de vue. Elles ont déjà décidé de la bonne réponse et elles essaient de vous convaincre de l'accepter ; cela ne mènera jamais à une nouvelle solution.

Ce qui importe ici, ce n'est pas un appel manqué, ni de commencer une vraie conversation, mais de prouver l'histoire du jugement des pensées de singe. En même temps, nos pensées de singe sont tellement prédisposées à juger qu'il est difficile de lâcher prise et d'écouter une question pour ce qu'elle est. Au lieu de cela, nous entendons les questions sincères comme des accusations et nous nous mettons sur la défensive. Si nous parvenons à nous libérer de notre dégoût de soi et à nous concentrer sur le fait de poser et d'écouter sincèrement les questions, nous pouvons créer des liens plus forts et plus profonds avec les personnes de notre entourage.

Voyons comment Patrick, le frère de Kevin, utilise l'enquête en pleine conscience pour éviter de tomber dans une perspective de jugement.

∽

Après avoir occupé son nouvel emploi pendant plusieurs mois, Patrick a déjà été promu et aime ce qu'il fait. Un jour, il reçoit un e-mail indiquant qu'un client important n'a pas encore reçu la livraison qu'il a commandée une semaine auparavant. Patrick consulte son système de suivi et se rend compte que son employé Mason n'a pas envoyé la commande. Aussitôt, ses pensées de singe passent furieusement en mode Reproches.

Pourquoi le payes-tu s'il ne peut même pas faire son travail ? C'était un énorme contrat, et maintenant tout est en péril parce que Mason n'a pas pu s'assurer que ça soit fait. C'est la troisième commande qu'il n'a pas envoyée à temps au cours des deux derniers mois. Il ne mérite pas de travailler ici. Tu devrais le virer. Tu pourrais trouver quelqu'un de bien plus efficace.

Heureusement, les pensées d'observateur de Patrick prennent le relais et lui ordonnent de prendre une profonde inspiration avant de parler à Mason. Puis elles rappellent à Patrick de poser une question à Mason plutôt que de l'accuser de faire quelque chose de mal.

Patrick s'approche de Mason et lui demande gentiment :

— Mason, je viens de découvrir que tu n'as jamais envoyé la commande de Wilson la semaine dernière. Ce n'est pas la première fois que je constate que vous oubliez des choses. Est-ce que quelque chose ne va pas ?

— Ce travail est très stressant – voilà ce qui ne va pas ! On attend de moi que je jongle avec une centaine de balles, et on me reproche de ne pas y arriver. Je suis désolé de ne pas être un super-héros, Patrick, répond Mason avec colère. Ses pensées de singe, défensives, sont visiblement très actives en ce moment.

Les commentaires de Mason déclenchent une réaction, défensive, de Patrick. Mais il reste calme et combat l'envie de courir vers ses pensées de singe. Il s'efforce de rester ouvert d'esprit.

— Mason, trois autres personnes occupent le même poste que vous, et elles sont toutes capables de mener à bien l'envoi de leurs commandes. Comment expliquez-vous cela ? demande-t-il d'un ton calme.

— Je suis désolé si je ne veux pas travailler soixante heures par semaine comme tous les autres ! En fait, je préfère avoir une vie ! ironise Mason.

Patrick est sur le point de fustiger les excuses de Mason, mais le souvenir du dernier employé qu'il a licencié à son ancien poste lui revient en mémoire. La réaction de Patrick avait été très vive et il s'était mis à hurler avec cet employé au milieu du bureau. Non seulement cette relation s'est très mal terminée, mais la réputation de Patrick au bureau en a pâti en raison de cette expérience.

Cette fois-ci, Patrick décide de s'en tenir à une approche affectueuse.

— Ils travaillent chacun quarante heures par semaine, avec très peu d'heures supplémentaires. Revenons maintenant à vous, Mason. Comment expliquez-vous que vous n'arrêtiez pas de rater des commandes ?

Mason ne renonce pas si facilement.

— Parce que je ne suis pas aussi rapide ? Je ne suis pas aussi intelligent ? Désolé de ne pas être comme les autres stars de votre équipe, Patrick. Je fais de mon mieux.

— Quand vous avez commencé à travailler ici, vous ne ratiez aucune commande. Vos capacités ont-elles changé depuis ? lui fait remarquer Patrick sans porter de jugement.

— Sérieusement ? Vous savez pertinemment que j'avais moins de commandes à suivre à l'époque ! rétorque Mason en criant.

Patrick prend une profonde inspiration, essayant de faire appel à toute la compassion dont il dispose. Il tient ses pensées de singe à distance et reste centré.

— Mason, puis-je vous faire part d'une de mes observations à votre sujet ?

Mason acquiesce légèrement en haussant les épaules.

— Avant ces derniers mois, vous avez toujours fourni un excellent travail. Mais ces derniers temps, j'ai l'impression que vous avez perdu votre entrain. Lorsque j'ai remarqué ce changement chez les employés auparavant, c'est qu'il n'avait plus la tête à leur travail.

Patrick marque une pause et appuie son bras contre le mur du bureau de Mason avant de reprendre :

— Il n'y a rien de mal à cela, Mason. Nous changeons tous et désirons des choses différentes dans la conduite de nos carrières. Je veux juste m'assurer que vous aimez toujours ce que vous faites.

Mason prend une profonde inspiration et pose son visage dans ses mains en se frottant les tempes. Lorsqu'il relève la tête, c'est un homme beaucoup plus détendu qui regarde Patrick.

— Je n'avais pas réalisé que c'était si évident. Il y a quelques mois, j'ai commencé à aider un de mes amis à faire des missions photo le week-end. Je n'avais aucune idée à quel point ce serait intéressant. Maintenant, je ne pense plus qu'à ça. Même pendant mes pauses ici, je cherche des techniques et des appareils photo différents… J'ai été tellement distrait. Je pense que c'est peut-être ce qui me freine ces derniers temps. D'autant plus depuis que mon ami m'a proposé un emploi à temps plein chez lui la semaine dernière… confie Mason, en regardant ses pieds.

— Il n'y a pas de quoi avoir honte, Mason. Je crois fermement que tout le monde devrait poursuivre ce qui le passionne, explique Patrick, sans porter de jugement ; donnant à Mason un regain de confiance.

— C'est assez terrifiant quand même. Je n'ai jamais fait quelque chose comme ça ! Je veux dire, je veux le faire, mais c'est tellement déconcertant. Et vous seriez en sous-effectif, lui fait remarquer Mason, ses pensées de singe menaçant d'anéantir son rêve.

Patrick lui adresse un sourire rassurant.

— Ne vous inquiétez pas pour nous. Votre départ laisserait la place à quelqu'un d'autre, passionné par le travail que nous faisons, pour rejoindre notre équipe. Que diriez-vous de ça pour faciliter la transition : pendant le mois à venir, nous réduirons vos heures de travail et vous passerez à temps partiel dans quelques semaines. Cela nous donnera le temps de trouver votre remplaçant, et vous donnera aussi le temps de vous organiser. Qu'en pensez-vous ?

— C'est très gentil de votre part de proposer cela, Patrick. Mais ça représente un grand saut dans l'inconnu pour moi… M'accorderiez-vous quelques jours pour y réfléchir ?

— Bien sûr. Mais je veux que vous réfléchissiez à ce que vous ferez si vous ne faites pas ce saut. Vous continuerez à travailler ici et à vouloir être dehors avec un appareil photo. Est-ce quelque chose que vous voulez vraiment ?

— Je sais. Je ne manquerai pas de vous donner une réponse d'ici la fin de la semaine, tôt ou tard, répond tranquillement Mason en faisant tourner son alliance autour de son doigt.

— Cela me semble être une bonne idée. Passez une bonne soirée, Mason, dit Patrick, tapotant légèrement l'épaule de Mason en s'éloignant.

Quand Patrick retourne à son bureau, il est rempli de fierté. Au lieu d'une situation de licenciement désastreuse, Patrick a su écouter ses pensées d'observateur pour aider Mason à découvrir ce qu'il voulait vraiment. Par ailleurs, Patrick a pu laisser tomber les jugements qu'il portait sur Mason, et il n'a pas eu à se reprocher la façon dont le comportement de Mason rejaillissait sur lui. Au lieu de cela, Patrick a su rester présent et établir une connexion sincère avec son employé ; ce qui a permis une conversation mature.

Repensez à la dernière dispute que vous avez eue. Avez-vous posé des questions rhétoriques auxquelles vous ne vous attendiez pas réellement à ce que la personne réponde ? Identifiez les jugements qui se cachent derrière la question. Lorsque vous les identifiez, imaginez que quelqu'un vous adresse ces jugements. Quel effet cela fait-il de recevoir ces jugements ?

Maintenant, reformulez la question de manière à ne pas porter de jugement. Comment vous sentez-vous cette fois-ci ?

Lorsque vous êtes confronté·e à une situation inconfortable, utilisez ces outils pour poser des questions sincères et renoncez à vos jugements sur l'autre personne ainsi que sur vous-même, et vous trouverez plus facilement une solution.

Chapitre 25

QUELLES QUESTIONS POSER

Lorsque l'on étudie l'aspect scientifique des questions à poser dans le cadre de l'enquête en pleine conscience, l'objectif ultime visé est d'aborder et de modifier les croyances fondamentales que nous entretenons à notre égard. Mais comment faire exactement pour poser les bonnes questions afin de parvenir à ces croyances profondément ancrées ?

Les questions à poser dépendent de l'indicateur que nous utilisons pour nous signaler qu'une croyance fondamentale est en jeu. Par exemple, si nous remarquons que nous sommes extrêmement tristes, nous devrons remettre en question cette émotion pour parvenir à la croyance à l'œuvre qui en est à l'origine. D'autres fois, nous pouvons remarquer que nous tapons sans cesse du pied pendant une conversation inconfortable. Dans cette situation, nous devrons poser des questions centrées sur cette réaction physique.

Lorsque nous sommes déjà tout à fait conscients, nous pouvons remarquer que nous faisons l'expérience d'une croyance externe au sujet de quelqu'un d'autre ou d'une situation, par exemple : « Il est tellement grossier lorsqu'il fait des bulles avec son chewing-gum ». Ensuite, nous suivrons cette croyance extérieure jusqu'à ce qu'elle nous ramène à une croyance focalisée sur l'intérieur.

Enfin, une fois que nous aurons bien travaillé sur notre programmation, nous serons en mesure d'identifier les mécanismes d'adaptation que nous utilisons dans les situations difficiles. Peut-être s'agit-il d'une blague lorsque quelqu'un parle d'un sujet qui nous met mal à l'aise, ou de fumer des cigarettes pour nous détendre après une journée particulièrement difficile. Une fois que nous reconnaissons ces stratégies en nous-mêmes, nous pouvons commencer à les repérer et à poser des questions plus profondes pour voir ce qui nous mettait mal à l'aise ou nous rendait anxieux.

Dans ce chapitre, nous allons explorer chacun de ces indicateurs, afin de savoir comment les aborder lorsqu'ils surgissent dans notre vie quotidienne.

QUESTIONNEZ-VOUS SUR LA FAÇON DONT VOUS VOUS SENTEZ

Comme nous l'avons vu précédemment, les émotions sont une boussole qui nous ramène à nos croyances.

Dans le cadre d'une enquête en pleine conscience, nous interrogeons toutes nos émotions afin de couper court aux bavardages des pensées de singe et d'atteindre les problèmes sous-jacents à l'œuvre.

L'un des principaux axes de l'enquête en pleine conscience consiste à s'interroger systématiquement sur ce que nous ressentons. Par exemple :

Que ressens-tu lorsque Susie te crie dessus ?

Que ressens-tu à l'idée de devoir déménager à Dallas ?

Que ressens-tu à l'idée de mettre ton père dans une maison de retraite ?

Lorsque nous remettons en question nos émotions, nous sommes désormais en mesure d'aborder les croyances limitantes qui se cachent derrière elles.

Pour vous faire une idée, imaginez que vous êtes au restaurant, que vous attendez l'arrivée d'un·e ami·e et que vous recevez un appel vous annonçant qu'il ou elle ne pourra pas venir. Comment vous sentez-vous à ce moment-là?

Beaucoup d'entre nous pourraient réagir à cette situation par un sentiment de tristesse. Après avoir interrogé cette émotion et reconnu l'histoire des pensées de singe, nous trouvons la croyance suivante: «J'ai dû faire quelque chose de mal.»

Fort de cette croyance claire à notre disposition, nous pouvons maintenant examiner s'il s'agit là d'une vieille programmation ayant été déclenchée. La croyance selon laquelle nous avons fait quelque chose de mal est-elle une croyance récurrente qui tente de nous saboter? Si c'est le cas, nous voyons clairement ici que notre tristesse n'a en réalité aucun rapport avec le fait que l'ami en question ne puisse pas se joindre au dîner, mais qu'elle provient plutôt de cette croyance négative que nous entretenons à notre égard. Nombreuses sont les personnes estimant qu'elles ne devraient pas avoir de sentiments du tout, c'est pourquoi les remettre en question peut s'avérer difficile au début. Toutefois, lorsque vous remettez en question vos émotions, il est important de toujours garder l'attitude non critique des pensées d'observateur. Rappelez-vous que les émotions sont les détecteurs de fumée qui vous mèneront à vos croyances profondes – c'est ainsi que vous finirez par changer votre comportement et vos programmes autodestructeurs.

QUESTIONNEZ-VOUS SUR VOS RÉACTIONS PHYSIQUES

En sus de nos sentiments, l'enquête en pleine conscience questionne chaque réponse physique que suscite en nous une situation – ce que nous ignorons souvent lorsque nous sommes pris dans une réaction. Pourtant, nos réponses physiques peuvent nous donner de précieux indices sur ce qui se passe dans notre esprit, de la même manière que nos sentiments. Une fois que vous avez développé la capacité de prêter attention à vos réponses physiques, vous pouvez accéder à vos croyances par un raccourci.

Voyons quelles connaissances nous pouvons acquérir en observant les signaux d'alarme de notre corps.

Alors qu'il rend sa voiture de location après un voyage d'affaires, Ted est informé par le réceptionniste qu'il va être facturé pour une petite bosse sur le capot. En réponse, Ted élève la voix. Ses pensées de singe s'en prennent à l'employé. *Qui est ce type ? Pourquoi pense-t-il qu'il peut t'escroquer en te faisant payer ça ? Montre-lui que tu ne vas pas te laisser faire !*

Drapeau rouge/Réponse physique : voix forte

Les pensées d'observateur de Ted remarquent cet indice physique, alors elles demandent à Ted : « *Heu, tu viens d'élever la voix. À quelle émotion cela est-il lié ?* »

Maintenant qu'il est conscient de sa colère, Ted peut commencer à s'attaquer à la croyance qui alimente ce feu.

Examinons un autre exemple. Lors d'une réunion au travail, le patron de Gabriela demande si quelqu'un a de l'expérience en conception graphique pour un nouveau projet.

Bien qu'elle aime travailler dans le domaine de la conception graphique, Gabriela reste silencieuse et évite tout contact visuel avec quiconque. Ses pensées de singe commencent à l'enguirlander. *Tu vas pas sérieusement rester sans rien dire ? T'adores le design ! T'es en train de gâcher une énorme opportunité. T'es tellement pathétique.*

Drapeau rouge/Réaction physique : éviter le contact visuel

Au lieu de se punir davantage, les pensées d'observateur de Gabriela entrent en scène et considèrent son manque de contact visuel comme un drapeau rouge. Ses pensées d'observateur suivent cet indice physique pour le relier à une émotion – la peur – puis utilisent cette peur pour trouver la croyance fondamentale plus profonde en cause.

Parfois, les réponses physiques sont automatiques, comme lorsque le médecin vous tapote le genou et que votre jambe se lève.

Or, le plus souvent, vos réponses physiques sont liées à des croyances.

Paula est chez ses parents en train de dîner. Son père évoque une élection récente et sa mère frappe la table de sa paume. Le corps de Paula sursaute en conséquence.

Son corps réagit-il simplement à un bruit fort ? Ou quelque chose de plus important se cache-t-il ici ?

Les commentaires des pensées de singe de Paula révèlent bientôt la réponse. *Ne dis plus rien à ce sujet. Elle trouvera un moyen de t'en rendre responsable. Change simplement de sujet.*

Drapeau rouge/Réaction physique : sursaut

Les pensées d'observateur de Paula détectent le sursaut et utilisent ce signal physique pour se concentrer sur une émotion – la peur. Maintenant, elle peut commencer à découvrir la croyance fondamentale qui est déclenchée à ce moment-là : la croyance qu'elle fait quelque chose de mal.

Pouvez-vous penser à vos propres réponses physiques par défaut qui se produisent lorsque vous êtes déclenché·e ? Devenez-vous silencieux·euse ? Vous éloignez-vous ? Est-ce que vous riez nerveusement ? Vous rongez-vous les ongles ? Est-ce que vos joues rougissent ? L'une de ces réactions s'est-elle manifestée lors de votre dernière dispute ? Et une fois la dispute terminée ?

La prochaine fois que vous serez contrarié, tâchez de garder à l'esprit vos signaux d'alarme physiques et interrogez-les. En procédant ainsi, vous aurez un accès direct aux émotions qui se cachent derrière, ainsi qu'aux croyances fondamentales qui ont créé ces émotions en premier lieu.

QUESTIONNEZ-VOUS SUR VOS CROYANCES EXTERNES

Un peu plus tôt, nous avons examiné les nombreux types de croyances que nous pouvons avoir : des croyances sur nous-mêmes, ou sur une personne en particulier, ou sur ce qui est bien ou mal, ou sur le monde en général. La plupart de nos croyances sont externes – à propos d'autres personnes et de circonstances – et lorsque nous nous concentrons sur celles-ci, nous nous retrouvons coincés à répéter les mêmes schémas encore et encore. Grâce à l'enquête en pleine conscience, nous remettons en question nos croyances externes afin de parvenir à nos croyances fondamentales et, en fin de compte, de reprendre le contrôle de nos vies. Voyons comment le questionnement des croyances externes peut nous conduire à une croyance fondamentale.

Après avoir adopté la perspective des pensées d'observateur, Paula est plus authentique et plus vulnérable que jamais avec son mari. Néanmoins, elle se sent frustrée lorsqu'elle lui ouvre son cœur et qu'elle reçoit en retour des réponses courtes, d'une seule phrase.

Paula est convaincue que son mari devrait faire preuve de plus d'ouverture envers elle.

Il s'agit d'une croyance externe qu'elle entretient à propos d'une personne extérieure à elle-même.

En utilisant la méthode de l'enquête en pleine conscience, elle remet en question cette croyance : « Pourquoi est-ce que je crois que James devrait être plus ouvert ? »

Grâce à ce questionnement, Paula réalise qu'elle suppose que son mari la rejette s'il ne s'ouvre pas. Après s'être interrogée sur la raison pour laquelle ce rejet perçu a pour effet de la déclencher, elle parvient finalement à la croyance centrale : « Je ne suis pas importante ».

Nous commençons par remettre en question les croyances externes, car elles sont plus faciles à identifier que nos croyances fondamentales profondément ancrées. La plupart d'entre nous ne réalisent pas la profondeur de notre réservoir de croyances jusqu'à ce que nous commencions à l'examiner.

Pensez à quelque chose que vous voulez changer chez quelqu'un d'autre, comme Paula qui voulait que son mari s'ouvre davantage. Quelle est la croyance que vous entretenez à votre sujet qui vous incite à vous concentrer sur l'autre personne ?

Lorsque nous utilisons l'enquête en pleine conscience, nous reprenons le contrôle. Lorsque nous ne basons plus notre importance sur le comportement des autres ou sur des circonstances extérieures, nous pouvons profiter pleinement de ceux qui nous entourent et nous connecter avec eux. À l'extérieur, rien n'a changé, mais le changement interne est énorme.

QUESTIONNEZ-VOUS SUR VOS MÉCANISMES D'ADAPTATION

Nous avons tous développé différents mécanismes d'adaptation pour faire face aux problèmes. Nous pensons que ces stratégies nous sont bénéfiques d'une manière ou d'une autre – et peut-être ont-elles été utiles à un moment donné – mais maintenant elles ne font que saboter notre comportement. Il est étonnant de constater à quel point nous nous trimbalons souvent dans la vie avec des mécanismes d'adaptation qui causent autant de dégâts que de réussites.

Vous vous souvenez de la fois où Paula a déjeuné avec quatre amis au restaurant chinois ? Susan était irritée par l'incompétence du serveur, Greg était nerveux en pensant au refus d'une promotion et Lucy avait le cœur brisé après une récente rupture. Ils vivaient tous des expériences très différentes à partir de la même situation, pour diverses raisons.

Pourtant, une variable a fortement influencé chacune de leurs réponses : la façon dont ils ont appris à gérer le stress. Examinons les mécanismes d'adaptation utilisés par les amis de Paula et voyons ce qui se passe lorsque nous les remettons en question.

Susan, une femme analytique qui est en charge des investissements dans une grande entreprise, reçoit un appel de sa société de gestion financière. En raison d'un pépin informatique, ils n'ont pas pu effectuer la transaction boursière compliquée qu'elle avait ordonnée. Elle est furieuse et passe les quinze minutes suivantes à décharger sa colère au téléphone sur une personne dont elle ne se souvient même pas du nom. Lorsque Susan n'obtient pas ce qu'elle veut, elle se met en colère. Après avoir grandi avec une mère autoritaire qui lui laissait peu de place dans sa propre vie, Susan considère cette stratégie comme positive, car elle a au moins son mot à dire dans la situation.

Greg est très réservé et conservateur, surtout en ce qui concerne l'argent. Il ne discute jamais de ses finances là où quelqu'un pourrait l'entendre et en apprendre trop sur sa situation. En grandissant, Greg a souvent vu ses parents se disputer au sujet de l'argent. Son père était guidé par l'anxiété qui découlait de son poste à haute pression, et il mettait cette anxiété en scène avec sa femme. Aujourd'hui, Greg n'est pas différent de son père. Il pense que son inquiétude et sa peur le maintiennent concentré et conscient de sa propre situation financière.

Lucy, une femme très soucieuse de son image, est déprimée. Elle déteste sa vie. Elle reste à la maison soir après soir, piégée dans un cycle de honte destructeur, écoutant les pensées de singe lui dire quelle dégonflée elle est.

Elle déteste sa mère dominatrice, mais se sent obligée de sourire et de prétendre que tout va bien. Chaque nuit, lorsque le malaise devient trop intense, Lucy trouve un soulagement en prenant quelques somnifères.

Les pensées de singe croient que ces stratégies fonctionnent très bien et que les problèmes auxquels elles sont confrontées sont causés par le monde qui les entoure. Les pensées d'observateur, quant à elles, veulent remettre en question ces mécanismes d'adaptation pour voir dans quelle mesure ils donnent le résultat escompté. Elles n'accordent pas beaucoup d'importance à ce que les autres font ou ne font pas. Elles mettent l'accent sur ce que *vous* faites et ce que *vous* ressentez.

Cela vaut la peine d'être répété : les pensées d'observateur veulent questionner les stratégies pour voir dans quelle mesure elles permettent d'obtenir le résultat souhaité. Il s'agit d'une information extrêmement précieuse. Soyez honnête avec vous-même, et vous aurez fait la moitié du parcours.

Si je devais m'asseoir avec chacune de ces trois personnes, je porterais l'attention sur leur mécanisme d'adaptation et remettrais en question son efficacité dans leur vie.

Je demanderais à Susan : « Est-il vrai que la meilleure façon de prendre soin de toi est d'être en colère ? Honnêtement, que se passe-t-il lorsque tu es en colère ? »

Susan répondrait : « Parfois, j'obtiens ce que je veux, et je savoure cette victoire. Mais dernièrement, je me sens honteuse après coup, ce qui me donne envie de m'en prendre encore davantage à la prochaine personne qui me contrarie. Lorsque cela ne fonctionne pas, je deviens vraiment furax – excusez-moi, fâchée – et je me sens frustrée pendant un certain temps. »

Je demanderais à Greg : « Est-il vrai que la meilleure façon de prendre soin de toi est d'avoir peur de l'argent ? Honnêtement, que se passe-t-il lorsque tu fais cela ? »

Greg répondrait : « Je m'occupe bien de mes finances, mais il y a des conséquences émotionnelles qui me dérangent. Je me sens souvent malheureux et tendu, et on m'a dit que j'étais froid avec les gens. Je m'inquiète beaucoup. Tout le monde semble s'amuser sauf moi. Et maintenant, ma femme prétend que je l'étouffe.»

Je demanderais à Lucy : «Est-il vrai que la meilleure façon de soigner ta dépression est d'abuser des drogues ? Honnêtement, que se passe-t-il lorsque tu fais cela ?»

Lucy répondrait : «Je ressens un répit temporaire lorsque je m'endors.

Mais chaque semaine, je dois continuer à augmenter ma dose pour m'endormir.

Et maintenant, j'ai commencé à descendre les escaliers telle une somnambule, et ça me fait peur. Je le cache même à ma mère parce que je sais qu'elle me ferait arrêter de les prendre. Puis, le matin, je suis toujours déprimée par ma vie. La plupart des matins, je n'ai même pas envie de sortir du lit.»

En remettant en question le résultat d'un mécanisme d'adaptation établi, vous commencez à analyser le bénéfice – ou le préjudice – que cette stratégie procure.

Ces mécanismes sont toujours liés à une croyance fondamentale.

Pour Susan, la croyance qu'elle a d'elle-même veut qu'elle soit faible si elle n'obtient pas ce qu'elle veut. En réagissant par la colère, Susan essaie de masquer cette croyance.

Si elle veut équilibrer sa colère, elle doit s'attaquer à cette croyance fondamentale et voir que sa force en tant que personne ne dépend pas du fait d'obtenir ce qu'elle veut.

Pour Greg, la croyance qu'il entretient est que s'il n'est pas anxieux, il est irresponsable. L'inquiétude et le souci sont les stratégies qu'il a développées pour garder sa vie en ordre. Lorsqu'il remettra en question cette croyance, il commencera à voir comment il peut rester calme, tout en gardant le contrôle de ses finances.

Pour Lucy, elle croit qu'elle n'est jamais assez bien. La stratégie qu'elle a mise en place pour s'empêcher de ressentir cette croyance consiste à anesthésier ses pensées avec des drogues. Si elle s'attaque à cette croyance fondamentale et apprend à s'accepter, elle se sentira moins obligée de continuer à se droguer.

Pensez à quelque chose que vous faites de manière répétitive et qui ne fonctionne pas et qui vous frustre, comme le fait que Greg soit toujours anxieux au sujet de l'argent ou que Susan utilise la colère pour arriver à ses fins. Ensuite, pensez à quelques exemples de ce qui se passe lorsque vous utilisez votre stratégie.

Quel sentiment vous reste-t-il ? Comment les personnes qui vous entourent réagissent-elles ? Obtenez-vous le résultat escompté ? Quelle est l'efficacité de votre stratégie ? Quelle est la croyance cachée qui maintient en vie votre stratégie inefficace ?

Il est utile de noter les réponses à ces questions, car souvent nous balayons d'un revers de main nos mécanismes d'adaptation – les coucher sur le papier nous aide à prendre conscience de ce schéma.

Lorsque nous remettons en question nos stratégies et que nous nous attaquons aux croyances cachées qui les alimentent, nous nous donnons les moyens de nous débarrasser des mécanismes d'adaptation nuisibles que nous avons développés au fil des ans. À partir de là, nous pouvons commencer à développer de nouvelles stratégies bénéfiques pour nous aider à mener une vie saine et authentique.

Chapitre 26

LE PROCESSUS D'ENQUÊTE EN PLEINE CONSCIENCE

Maintenant que nous avons appris à connaître chaque phase de la méthode de l'enquête en pleine conscience, voyons comment le processus se déroule lorsque nous combinons toutes les pièces ensemble.

Je vais vous guider à travers le processus d'enquête en pleine conscience, en prenant pour exemple une séance avec Paula, afin que vous puissiez comprendre pourquoi nous posons les questions que nous posons. Dans ce dialogue, j'agirai en tant qu'observateur de Paula et je montrerai les étapes que je franchis pour rester concentré et utiliser les différents outils de l'enquête en pleine conscience. Après avoir été témoin des questions spécifiques posées et du raisonnement qui sous-tend ces questions, vous pourrez commencer à appliquer cette méthode d'enquête à votre propre vie.

Bien que Paula commence à utiliser plus souvent ses pensées d'observateur, ses pensées de singe sont si fortes qu'elle se laisse encore embarquer dans leur histoire. Elle a réussi à arrêter de prendre ses pilules anxiolytiques, mais l'anxiété causée par les pensées de singe l'inquiète et elle craint de reprendre sa consommation.

Paula arrive à notre séance, l'air renfrogné. Elle s'exclame :

J'ai beau tout essayer, James sait *toujours* où il faut appuyer !

Je ne me laisse pas embarquer dans l'histoire des pensées de singe ; je suis simplement curieux de l'événement.

— Que s'est-il passé ? Je lui demande.

— Eh bien, hier, je suis allée faire du shopping et j'ai trouvé ce *magnifique* tapis persan avec ces tons marron – il est tout simplement magnifique ! J'avais tellement hâte qu'ils le livrent et de voir ce que ça donne dans la salle familiale. Et une fois livré, James est rentré du travail et a commencé à me crier dessus pour ne pas lui en avoir parlé avant de l'acheter et m'a dit qu'il ne l'aimait pas et que je devais le rendre ! C'était tellement inconsidéré de sa part ! commence d'emblée Paula.

J'ai désormais une meilleure idée de la situation, alors je me concentre sur la réponse de Paula.

— Imaginez que tu es de retour au moment où tu t'es disputée avec James, Paula. Quelle a été ta première réaction lorsque James t'a crié dessus ?

— Au début, j'ai essayé de l'ignorer, répond Paula.

— Comment as-tu fait ?

— Eh bien… je ne le regardais pas pendant qu'il s'en prenait à moi, explique-t-elle avec un soupir.

Je reconnais une réaction physique et l'interroge pour découvrir son émotion.

— Pourquoi ne voulais-tu pas le regarder ? je lui demande pour clarifier.

— Je ne pouvais pas le regarder. Je ne pouvais pas lui parler. Ça ne sert à rien d'essayer de le raisonner quand il est comme ça. Alors je suis partie en claquant la porte, ironise Paula, en regardant la pluie par la fenêtre.

Je questionne sa stratégie pour voir si elle fonctionne bien.

— Comment ça se fait ?

— J'étais juste tellement en colère. Je n'ai pas su quoi faire d'autre, se défend-elle.

Ah, maintenant nous avons une émotion claire. Je la remets en question et reste concentré sur la réaction de Paula, plutôt que de croire à l'histoire des pensées de singe.

— Quelle est la raison pour laquelle tu étais si en colère contre lui ?

— J'étais en colère parce que James est un tel maniaque du contrôle ! annonce-t-elle.

Je reconnais une croyance externe sur quelqu'un d'autre qui détourne l'attention des propres croyances internes de Paula. Je remets en question ce jugement en commençant par clarifier, au lieu d'approuver rapidement.

— Un maniaque du contrôle. Qu'entends-tu exactement par-là ?

— Tout doit être exactement comme il le souhaite. J'ai l'impression que la moitié du temps, il ne veut même pas entendre ce que j'ai à dire, insiste Paula.

Je remets en question cette émotion plutôt que d'adhérer à l'histoire, en cherchant la croyance qui en est la cause.

— J'entends que tu n'aimes pas son comportement. Mais revenons un instant à la situation initiale. Qu'est-ce qui te contrarie dans le fait qu'il veuille rendre le tapis ?

— Parce que je n'aime pas qu'il me dise ce que je dois faire ! argumente Paula.

— Oh, oui, cela peut être difficile à entendre pour n'importe qui. Mais allons un peu plus loin maintenant. Pourquoi n'apprécies-tu pas quand James te dit ce que tu dois faire ?

— Je me sens rabaissée quand il agit ainsi C'est comme s'il me disait que j'ai fait quelque chose de mal, admet Paula d'une voix rauque.

— Et si tu penses que tu as fait quelque chose de mal, qu'est-ce que cela dit de toi ?

— Que je suis une mauvaise épouse, dit-elle en fermant les yeux tristement.

Je vois que nous touchons à une croyance fondamentale, alors j'oriente mes questions dans cette direction.

— Reste avec cette émotion, Paula. Tu tires des conclusions hâtives qui peuvent se révéler vraies ou fausses. Écoute attentivement : s'il te dit de rendre le tapis, pourquoi crois-tu que cela signifie que tu es une mauvaise épouse ?

— Oh, ça semble si stupide, concède-t-elle rapidement.

Je cherche à en savoir plus.

— Comment ça ?

— En quoi est-ce stupide ? Je veux dire, que je pense être une mauvaise épouse parce qu'il n'aime pas un *tapis*, c'est insensé, persiste-t-elle.

Je vois que Paula affine sa croyance fondamentale, alors je lui demande de vérifier.

— Écoute, Paula, d'un côté, nous avons ses remarques sur le tapis. De l'autre, nous avons la supposition que tu n'es pas une bonne épouse. Il semble que tu établisses un lien entre ces deux choses. Pourquoi crois-tu que puisqu'il te dit de rapporter le tapis au magasin, tu es une mauvaise épouse ?

Paula situe la source de sa valeur à l'extérieur d'elle-même, là où elle n'a aucun pouvoir. Et je cherche donc la croyance interne dont le changement est en son pouvoir.

— Plus tu le dis, plus ça semble ridicule, admet Paula sur le ton de la dérision.

Je fais de la place pour une exploration plus approfondie.

— En quoi est-ce ridicule ? À quoi penses-tu en ce moment ?

— Eh bien, je pense à ce que tu m'as appris… le tapis ne peut pas vraiment être la raison pour laquelle je me sens si contrariée. Ce n'est qu'un tapis après tout ! D'une certaine façon, j'ai dû croire que j'étais une mauvaise épouse avant même que James ne dise quoi que ce soit à propos du tapis… Paula réfléchit, se perdant dans ses pensées.

L'une des principales causes de la souffrance réside dans la croyance fondamentale que nous faisons bien ou mal, et je remets donc en question ce jugement de soi.

— Quelle perspicacité, Paula. Mettons de côté l'opinion de James sur le tapis pour un moment et revenons à toi. Comment décides-*tu* si tu fais bien ou mal ?

Paula rit.

— C'est une bonne question.

Je répète doucement la question jusqu'à ce qu'il y ait une réponse claire.

— Quelle est ta réponse ?

— Ouah ! Je n'arrive pas à y croire ! Je suppose que j'ai toujours laissé les autres décider. Si les gens n'aiment pas ce que je fais, je pense que je fais quelque chose de mal… tout cela remonte à ce sentiment de ne pas être à ma place, comme je l'ai ressenti avec Robin et ces filles au lycée. Si elles pensaient que je faisais quelque chose de mal, je pensais que je faisais quelque chose de mal, dit Paula en relâchant un souffle de frustration.

Maintenant, Paula fait vraiment la lumière sur ses croyances fondamentales.

Elle voit clair dans ces histoires. Elle se concentre maintenant au bon endroit. J'éclaire la lumière de la conscience ici pour y voir plus clair.

— Dans cette situation bien précise, avec le tapis, pourquoi as-tu décidé que tu faisais quelque chose de mal ?

— Honnêtement, chaque fois que James me crie dessus, j'ai l'impression de mal faire, dit-elle en soupirant.

Il s'agit d'une conviction claire, énoncée avec assurance. Je suis curieux de la mettre à l'épreuve.

— Tu penses que le fait que ton mari te crie dessus signifie que tu as fait quelque chose de mal. Pourquoi crois-tu cela ?

258 ACCRO AUX PENSÉES DE SINGE

— Je ne peux pas supporter ça ! Mon mari dirait probablement que je suis géniale si je fais ce qu'il veut… Hum. Cela signifie que je ne me sens bien que lorsqu'il est content de moi, observe Paula, les sourcils froncés.

Je l'encourage à examiner la même croyance sous différents angles, pour la vérifier. Est-elle solide ? Est-elle vraie ? Est-elle utile ?

— Examinons cela de plus près : pourquoi crois-tu que si ton mari est heureux avec toi, cela signifie que tu es une bonne épouse ? poursuis-je.

— C'est tellement frustrant !

— Il serait peut-être plus facile de se représenter les choses ainsi, Paula : si tu me demandes une pomme et que je ne te la donne pas, cela signifie-t-il que je fais quelque chose de bien ou de mal ? Ou que je suis une bonne ou une mauvaise personne si je ne te donne pas la pomme ? j'ajoute en guise d'illustration.

— Eh bien, non, c'est stupide, affirme Paula avec plus d'assurance, en se redressant.

Paula se rend compte que « bien » et « mal » ne s'appliquent pas vraiment ici.

Elle remet en question ses propres croyances à présent.

Elle soupire.

— Peux-tu croire que j'ai vécu la majeure partie de ma vie en pensant ainsi ? En cherchant l'approbation de mon mari ? Si *il* m'aime bien, *je* m'aime bien. Beurk !

C'est le moment de la réalisation. L'ancienne croyance se fissure et s'effrite.

— C'est cette croyance qui crée ta souffrance, Paula – « S'il m'aime bien, je m'aime bien ». Qu'est-ce que ça te fait de voir ça ?

Paula me lance un regard direct.

— C'est difficile à digérer.

Je cherche à obtenir plus de précisions.

— Comment ça ?

— Parce que je cherche son approbation depuis tant d'années… dit Paula en se mordant une fois de plus la lèvre avec anxiété.

Paula réalise depuis combien de temps elle souffre de cette croyance fondamentale. Je la ramène dans le présent.

— Cela prendra le temps que cela prendra, Paula. Restons concentrés sur le présent pour l'instant. On en revient toujours à la même question : pourquoi crois-tu que tu fais quelque chose de mal si ton mari est en colère parce que tu as acheté ce tapis ?

— C'est tout simplement absurde. Si mon mari est heureux ou malheureux, il a ses propres raisons, ce n'est pas à cause de moi, affirme Paula avec assurance.

Lorsque l'ancienne croyance est libérée, souvent une nouvelle croyance plus raffinée s'insère spontanément pour prendre sa place. J'aide Paula à explorer comment cette nouvelle pensée affecte ses émotions.

— Qu'est-ce que ça te fait de constater cela ?

— Je me sens soulagée, souligne Paula en prenant une profonde inspiration.

— Maintenant, Paula, ferme les yeux. Imagine à nouveau la scène avec James, où il est vraiment en colère contre toi, et il dit, « Ramène ce tapis au magasin ! » Comment te sens-tu à présent ?

Elle garde les yeux fermés pendant plusieurs instants.

— Quand j'imagine James être en colère contre moi, j'ai *toujours* l'impression de faire quelque chose de mal d'une certaine manière, admet-elle avec un mouvement confus de la tête.

Je continue à remettre en question les hypothèses sur le bien et le mal.

— En quoi le fait que James soit en colère à propos du tapis fait de toi une mauvaise personne ?

Paula prend un air affligé.

— C'est la *façon* dont il me le dit. C'est tellement accusateur.

Une autre relecture de cette vieille croyance ; je la questionne à nouveau.

— Et tu le crois ? Comment se fait-il ?

— Argh, j'ai l'impression de tourner en rond ! Je suppose que je suis assez sensible à ce qu'il pense de moi, admet Paula avec de grands yeux.

Nous nous rapprochons ; je reste concentré sur ce qui se passe à l'intérieur de Paula.

— Il semble que tu aies l'habitude de te définir en fonction de l'opinion que ton mari et tes amis ont de toi, Paula. Pourquoi est-ce ta façon de décider si tu fais bien ou mal ?

— Je pense que j'ai toujours fait ça, me répond-elle rapidement.

— Que veux-tu dire ?

— Eh bien, même quand j'étais petite, je cherchais l'approbation de ma mère dans tout ce que je faisais. Et bien souvent, elle n'approuvait pas ce que je voulais faire… Comme je me souviens d'un été, il y avait cette colonie de vacances scientifique où je voulais me rendre, et ma mère ne voulait même pas en entendre parler. Je me souviens qu'elle a physiquement déchiré l'autorisation que j'avais obtenue de l'école. Elle m'a inscrit à cette colo de danse à la place, même si je ne voulais vraiment pas y aller. Après ça, à chaque fois que je voulais faire un autre truc scientifique, je me sentais tellement gênée que je ressentais ce terrible nœud dans l'estomac, et je ne voulais même pas en parler à ma mère. Je pensais vraiment qu'il y avait quelque chose de mal à ce qu'une fille aime les sciences.

Paula prend une profonde inspiration et ajoute :

— Je n'y ai pas pensé depuis longtemps.

— Étant donné que cela t'est arrivé avec ta mère en grandissant, comment se fait-il qu'aujourd'hui, lorsque ton mari te demande de reprendre le tapis, tu as l'impression d'avoir fait quelque chose de mal ?

Elle ferme les yeux et marque une pause.

— Tu sais, quand tu me demandes ça, je ressens le même nœud dans l'estomac.

Je remarque et questionne ce sentiment récurrent.

— Pourquoi penses-tu que c'est le cas ?

— Je pense que c'est parce que ce sentiment de vouloir que les autres aiment ce que je fais est tellement ancré en moi. Presque chaque jour, je sens ce nœud dans mon estomac, mais je n'y ai jamais vraiment pensé. Quand c'est le cas… je me sens comme une enfant. Comme si je cherchais toujours l'approbation de maman. Mais James n'est pas ma mère. Robin n'est pas ma mère. Je n'ai besoin de l'approbation de personne d'autre, si ce n'est la mienne, répond fermement Paula.

— Comment te sens-tu en prenant conscience de cela ?

— Je me sens en colère, reconnaît tranquillement Paula en serrant la mâchoire.

— Comment se fait-il ?

— Je suis en colère parce que je me suis accrochée à cela pendant si longtemps ! Pas étonnant que j'aie l'impression d'avoir besoin de pilules anxiolytiques pour me détendre ! Pourquoi je ne peux pas m'aimer ? Pourquoi je ne peux pas décider qui je suis ? s'écrie Paula.

Je reste calme et patient pendant que Paula traverse ses émotions.

— Quelle est ta réponse ?

— Tu sais quoi, je peux ! J'aime mon mari, mais je ne peux pas le laisser me définir. J'ai le droit de le faire moi-même ! déclare triomphalement Paula.

Une percée ! Paula abandonne ses vieilles croyances et en crée de nouvelles qui lui donnent du pouvoir.

— Qu'est-ce que ça fait d'en prendre conscience ? lui fais-je remarquer.

— Bien. Non, super bien ! Je suis quelqu'un de bien. Je suis. Quelqu'un. De bien ! Je n'arrive pas à croire que j'ai gardé ça pendant si longtemps ! Je suis une femme attentionnée et aimante. J'ai peut-être quelques excentricités, mais je suis quelqu'un de bien, répète Paula avec force.

Je cherche à voir quelles émotions sont créées par chaque croyance.

— Comment te sens-tu en disant cela ?

— Super bien ! lance Paula dans un sourire radieux. Je peux le faire. Je peux décider qui je suis !

Paula ressent un profond sentiment de soulagement. Sa vie va s'adapter à cette nouvelle croyance. Elle ne sera plus déclenchée de la même manière lorsque son mari est malheureux. La relation est déjà en train de changer, parce qu'elle est en train de se changer elle-même.

Après avoir assisté au processus étape par étape du questionnement de l'enquête en pleine conscience, voyez-vous comment la concentration aiguë des pensées d'observateur sur les croyances fondamentales de Paula lui a permis d'identifier et de démanteler une croyance autodestructrice ? Lorsque nous écoutons la sagesse et les conseils des pensées d'observateur, nous ne nous laissons pas embarquer dans l'histoire des pensées de singe.

Perfectionner l'art de savoir quelles questions poser dans le cadre de l'enquête en pleine conscience requiert de la pratique. Je vous invite donc à lire ce dialogue plusieurs fois pour saisir toutes les nuances que les pensées d'observateur ont relevées pendant la séance de Paula. Une fois notre attention orientée dans la bonne direction, nous pouvons continuer à nous éloigner de nos anciens programmes. Nous pourrons alors ressentir l'immense soulagement et la joie que procure la reprise en main de notre identité.

Partie 6

DEVENEZ LE MAÎTRE DE VOS PENSÉES DE SINGE

Chapitre 27

NE VOUS LAISSEZ PLUS DIRIGER PAR LES PENSÉES DE SINGE

Une fois que nous avons appris les principaux outils permettant de s'éloigner des histoires des pensées de singe, il existe d'autres moyens d'appliquer spécifiquement ces compétences dans le contexte de notre vie quotidienne. Nous pouvons apprendre à rechercher la gratitude dans des situations qui nous semblaient auparavant désespérées. Nous pouvons passer à l'acceptation de ce qui est, quelles que soient les circonstances. Nous pouvons apprendre en quoi se concentrer sur les faits concernant notre vie constitue une méthode efficace pour combattre les histoires de nos pensées de singe. Il existe tellement d'occasions d'intégrer ces idées dans nos vies, et, dans les chapitres suivants, j'ai inclus plusieurs des façons spécifiques dont nous pouvons appliquer ces méthodes à nos rituels quotidiens. Ces outils supplémentaires seront illustrés par mes séances avec Kevin et Elizabeth.

LA TRANSFORMATION DE KEVIN ET D'ELIZABETH

Kevin et Elizabeth ont tous deux grandement intégré le point de vue des pensées d'observateur dans leurs vies. Dans l'ensemble, la vie de Kevin et d'Elizabeth a pris un tournant radical depuis qu'ils ont commencé à travailler avec moi, et ils sont tous deux sobres depuis plusieurs mois maintenant.

Kevin a commencé à étudier assidûment et a récemment été accepté à l'école de médecine. Il continue de travailler à l'hôpital en tant qu'infirmier, et sa profonde compassion est bien connue dans tout le service. Son mariage est plus heureux et plus sain que jamais, et Jamie et Kevin attendent leur premier enfant. Kevin a même réussi à atteindre un niveau d'acceptation de soi qui lui a permis de se pardonner pour l'action qui l'a fait plonger dans cette mauvaise passe : renverser Max.

Elizabeth s'est reconnectée avec ses enfants d'une manière plus profonde qu'elle ne l'aurait cru possible. Sa relation avec Bruce est empreinte d'authenticité et de confiance. Grâce au soutien de Bruce et de ses enfants, Elizabeth s'est mise à travailler à plein temps au magazine, ayant redécouvert sa passion pour l'écriture.

Ils sont tous deux devenus incroyablement conscients de leur propre programmation et ont réussi à modifier leurs croyances fondamentales les plus néfastes. Ils gèrent efficacement les histoires des pensées de singe, et leurs nouvelles réactions par défaut proviennent du point de vue des pensées d'observateur. En passant à l'étape suivante et en appliquant ces compétences à leur vie quotidienne, Elizabeth et Kevin démontreront les niveaux de changement encore plus profonds que les pensées d'observateur peuvent induire.

Chapitre 28

LAISSEZ VOTRE LUMIÈRE BRILLER

Kevin et moi commençons notre séance en nous promenant dans le parc. Alors que le soleil nous réchauffe, je lui demande :
— Kevin, où en es-tu dans ta capacité à ne plus alimenter ta honte ?
Kevin hausse les épaules.

— Nettement mieux, mais j'ai l'impression que je me laisse encore avoir parfois.

— Il y a une vieille histoire hawaïenne que j'aimerais partager avec toi et qui, je pense, pourrait t'aider à comprendre à quel point cette honte est vraiment nuisible.

— Ça a l'air intéressant. Vas-y, approuve Kevin avec un sourire enthousiaste.

— Imagine que chaque personne naisse avec un bol de lumière parfait. Cette lumière représente leur amour-propre et leur identité. Si cet enfant grandissait dans un monde où il ne ressentait jamais de honte, ce bol resterait plein de lumière. Malheureusement, dans la société actuelle, les enfants reçoivent souvent des milliers de critiques.

— Oui, comme mon père qui m'a appris que je ne devais pas pleurer, ajoute Kevin.

— Exactement. Donc, chaque fois que cet enfant ressent de la honte, il met une pierre dans son bol. L'espace est limité, donc pour chaque pierre qu'il dépose, il perd de la lumière. Au moment où ce petit garçon devient adulte, son bol s'est rempli de pierres – au point qu'il reste très peu de lumière.

— Quelle sombre image à imaginer, dit Kevin. Sans mauvais jeu de mots, je vous le promets, plaisante-t-il.

— C'est une belle histoire, mais je veux vraiment te la faire visualiser. J'ai donc apporté un bol pour toi, je lui explique en sortant de mon sac à dos un magnifique grand bol en bois de Koa.

— Si cela ne te dérange pas, peux-tu m'aider à rassembler quelques pierres ? Ensuite, il suffit de les disperser le long de cette partie du chemin, lui dis-je, en faisant un geste devant moi.

Une fois que nous avons trouvé et étalé les pierres, je reprends :

— À présent, alors que nous marchons le long de ce chemin, je veux que tu puises dans ton bol de lumière. Un moyen facile d'y parvenir consiste à me parler de ta plus grande passion. Explique simplement ce que tu aimes faire et comment tu le fais.

— Donc j'aime aider les gens à guérir… tu veux que je t'explique comment je m'y prends, n'est-ce pas ? Clarifie Kevin.

— Oui. Et ensuite, lorsque tu auras parlé de ta passion pendant un moment, je vais t'interrompre avec un commentaire qui pourrait heurter. Je vais puiser dans ce que tu m'as dit pendant le temps qu'on a travaillé ensemble, et je vais être assez impitoyable – comme les pensées de singe. Qu'en dis-tu ?

— Oui, répond Kevin avec un hochement de tête énergique.

— OK, je voulais juste m'en assurer. Lorsque tu m'entends, tâche de rester concentré sur ce que tu dis et continue à parler. Par contre, chaque fois que tu entres en résonance avec quelque chose que je dis, arrête-toi, ramasse une pierre et place-la dans ton bol, lui dis-je.

— C'est parti.

— Commence dès que tu es prêt.

— OK. Eh bien, j'aime vraiment rencontrer de nouveaux patients et être capable de communiquer avec eux pour calmer leurs nerfs. Dans les hôpitaux, tout le monde est à cran, alors je m'efforce d'être aussi compréhensif que possible, explique Kevin, sa voix s'animant au fur et à mesure qu'il parle.

Je l'interromps :

— Toi ? Compréhensif ? Oh. Tu ne peux même pas dévoiler tes émotions – comment peux-tu être compréhensif envers ces gens ?

Kevin ralentit en cours de route.

— Ouah… ça m'a un peu surpris. Je dirais que ça m'a blessé, dit-il en me regardant.

— Prends une pierre, je te prie, lui dis-je en faisant un signe vers le sol.

Observant le choix des pierres devant lui, Kevin choisit une pierre de taille moyenne et la dépose dans le bol.

— Continue, s'il te plaît,

— Hum, j'ai oublié où j'en étais. Eh bien, j'aime beaucoup travailler avec d'anciens patients aussi. Parce qu'alors j'ai déjà un certain rapport avec eux, la voix de Kevin retrouve sa légèreté. Et ils connaissent mon style – par exemple, je ne veux pas seulement entendre parler de leurs symptômes. Je veux comprendre comment leur régime alimentaire pourrait être en cause, ou leur environnement ou…

Je l'interromps :

— Comment sais-tu de quoi tu parles, Kevin ? Tu n'es pas encore docteur – pourquoi tu agis comme tel ?

— Heu, je pense qu'ils apprécient cela parce que beaucoup de médecins et d'infirmières sont tellement stressés pour atteindre leur quota qu'ils ne prennent pas le temps de vraiment apprendre à connaître leurs patients, mais je comprends à quel point il est important d'établir cette confiance… explique-t-il, son discours ralentissant considérablement.

— *Toi* ? Établir la confiance ? Oh *vraiment*, Kevin ! Personne n'a confiance en toi ! Qui ferait confiance à un ivrogne ? lui dis-je pour le provoquer.

— Celle-là a fait mouche, marmonne-t-il. Kevin s'arrête le long du chemin et ramasse silencieusement la pierre la plus proche et la place dans le bol.

Il prend une profonde inspiration, fermant les yeux un instant. Puis il poursuit :

— J'aime également beaucoup assurer le suivi des patients et m'assurer qu'ils ont reçu les soins dont ils avaient besoin, dit-il tranquillement, son rythme étant beaucoup plus lent qu'au début. Et parfois, je découvre qu'un test n'a pas été demandé ou vérifié, et je suis en mesure d'y remédier de mon côté. J'essaie vraiment de faire en sorte que chaque personne se sente prise en charge…

— Si seulement tu pouvais faire ça pour tes proches ! Jamie ne se sent pas vraiment prise en charge. Tu es toujours en train de travailler ou d'étudier, tu la laisses subir le stress de la grossesse toute seule !

Fermant les yeux une fois de plus, Kevin s'arrête. Il prend un moment, puis se baisse et jette une pierre dans le bol.

— Comment te sens-tu, Kevin ? Je lui demande calmement.

— Horrible, répond-il dans le vide.

— C'est ce que nous nous faisons subir chaque jour. Nous ramassons les pierres de la honte le long du chemin de nos vies. Et as-tu remarqué combien il était plus difficile de parler de son amour et de sa passion lorsqu'on se fait sans cesse démolir ?

— Clairement, approuve Kevin tranquillement.

— La bonne nouvelle, c'est que ces pierres ne sont pas permanentes. Nous avons la capacité de les retirer de notre bol, lui fais-je remarquer.

— Comment exactement ? demande Kevin en fronçant les sourcils.

— Eh bien, prenons les moments où tu as ramassé les pierres. Quelle était la première déjà ?

— Heu, quand tu as dit que je n'étais pas compréhensif.

— Alors, qu'est-ce qui est le plus vrai en ce moment – que tu n'es pas une personne compréhensive ? Ou que tu essaies aujourd'hui de partager tes émotions autant que possible ?

— J'essaie de les montrer, dit-il en haussant les épaules.

— Une fois qu'on peut voir ça, Kevin, on prend conscience que cette pierre ne contient aucune vérité et on peut la retirer de son bol.

— Avec plaisir, grogne-t-il, en la jetant sur le chemin.

— La suivante ?

— La suivante était que personne ne pouvait faire confiance à un ivrogne, dit-il en expirant profondément.

— Est-il plus vrai que tu es un ivrogne ? Ou que tu n'as pas bu depuis longtemps et que tu as travaillé dur pour surmonter ton alcoolisme ?

— Que je n'ai pas bu et que je travaille dur, répète-t-il, un peu plus calme.

— Jette une autre pierre alors. Il acquiesce et jette la deuxième pierre d'un geste du poignet.

— La dernière ?

— Que Jamie ne se sent pas soutenue parce que je ne suis jamais là, marmonne Kevin.

— Est-il plus vrai que tu n'es jamais là et que tu ne te soucies pas de ta famille ? Ou que tu travailles dur et que tu aimes profondément ta famille ?

— Que je travaille dur et que je les aime. Kevin ramasse la dernière pierre, la regarde longuement, puis la lance derrière lui.

— Vois-tu à quel point éliminer cette honte de sa vie est thérapeutique ?

— Oui, en effet, répond Kevin avec force.

— Vois-tu qu'il t'incombe de mettre des pierres dans ton bol, et qu'en même temps, il t'incombe de les retirer ?

Il hoche la tête en signe d'acquiescement.

— C'est le processus de la vie, Kevin. Si l'on parvient à reconnaître que là est le véritable parcours, on peut voir que nous ne sommes pas censés être parfaits. C'est normal de laisser tomber quelques pierres dans son bol parfois. La vérité, c'est que lorsqu'on prend conscience de l'obscurité de la pierre, on s'autorise à prendre conscience de la lumière. Ensuite, quand on la retire, notre lumière brille encore davantage.

— La honte fait partie de ma vie depuis si longtemps, et je peux voir à quel point il sera utile d'imaginer ce petit bol à l'intérieur de moi se remplissant chaque fois que je culpabilise pour quelque chose. Mais lorsque je m'en rends compte, je sais désormais que j'ai le pouvoir de jeter cette pierre, répond Kevin avec confiance.

～

Prenez un bol et rassemblez quelques pierres que vous placerez autour de vous. Pensez à une critique que vous entretenez à votre égard, par exemple : «Quel procrastinateur tu es». Pour chaque critique, mettez une pierre dans votre bol. Pour garder une trace, écrivez ce qu'était ce jugement.

Après avoir fait cela plusieurs fois, prenez dans votre main une pierre qui représente une de vos critiques. Demandez-vous : «Comment est-ce que j'essaie de prendre soin de moi en agissant de la sorte ? Puis-je m'aimer suffisamment pour retirer la pierre de mon bol ?»

Par exemple, «Qu'est-ce qui est le plus vrai : que j'agis mal parce que je procrastine ? Ou que je suis parfois débordé·e, et que c'est normal.»

Une fois que vous avez déterminé ce qui est le plus vrai, retirez la pierre de votre bol.

Chapitre 29

SOYEZ PRÉSENT

L'automne a apporté un petit vent de fraîcheur, et Elizabeth se frotte les mains l'une contre l'autre pour les réchauffer tandis qu'elle scrute la rue. Rapidement, elle me repère et se précipite vers moi pour me saluer avant de commencer notre séance.

— Il fait un peu plus froid que prévu aujourd'hui, lui dis-je en riant alors que nous marchons dans les rues froides de la ville.

Elizabeth siffle en signe d'approbation.

— Pourquoi ne pas parler de rester dans le moment présent aujourd'hui, je lui suggère. Utilisons l'un de tes principaux déclencheurs pour illustrer cela. Qu'est-ce qui te préoccupe dernièrement ?

— Eh bien, on vient de me confier l'écriture d'une histoire assez importante, et je souffre plus que d'habitude du syndrome de la page blanche – je continue à douter de moi.

— Pourquoi est-ce que tu continues à douter de toi ?

— Je ne sais pas… J'ai toujours un peu peur que mon écriture ne soit pas à la hauteur des histoires des autres pages. Ou que faire si cette histoire n'est pas ce que le rédacteur en chef attendait, et qu'il se fâche contre moi ? Ça s'est réellement produit, il y a longtemps, dans un journal où je travaillais. Elle soupire. L'enjeu est de taille avec celle-ci, dit-elle avec un regard lointain.

— Elizabeth, as-tu remarqué combien de fois tu te tournes vers l'avenir ou te concentres sur ton passé quand tu fais ce genre d'affirmation ? lui fais-je remarquer.

Elizabeth reste silencieuse pendant un moment, suivant le rythme de mes pas tandis qu'elle réfléchit à la question. Alors que nous marchons, nous nous approchons d'une femme qui a du mal à porter ses six sacs de courses.

— Vous avez besoin d'aide, Madame ? demande Elizabeth poliment, se précipitant à ses côtés.

— Oh, ce serait merveilleux ! s'exclame-t-elle.

Elizabeth et moi aidons tous les deux cette femme à décharger sa voiture et à porter les sacs jusqu'à sa porte d'entrée.

— Merci beaucoup, s'exclame la femme en serrant le bras d'Elizabeth.

— Aucun problème, répond chaleureusement Elizabeth avec un large sourire. Nous faisons nos adieux à notre nouvelle amie et continuons sur le trottoir.

— Qu'est-ce que tu remarques dans ce que tu ressens en cet instant, après avoir aidé cette femme avec ses courses ?

Elizabeth se redresse le dos et répond joyeusement :

— Je me sens formidable !

— Qu'est-ce qui est différent entre ce que tu ressens maintenant et ce que tu ressentais en parlant de l'article que tu dois écrire ? je lui demande avec curiosité.

— Eh bien, penser à l'article m'a fait me sentir stressée… et aider cette femme m'a fait me sentir vraiment bien, répond-elle en haussant les épaules.

— Pourtant, avant, lorsque tu pensais à ton histoire, tu étais anxieuse. Le fait que tu dois encore écrire cet article a-t-il disparu lorsque tu aidais cette femme ?

Elizabeth glousse et répond :

— Bien sûr que non. Mais je ne pensais pas à l'article quand je l'aidais avec les sacs.

Je frappe bruyamment des mains.

— Exactement! Tu te concentrais sur le moment présent. Imagine si, au lieu de passer autant de temps à t'inquiéter de l'avenir ou à t'en vouloir pour une erreur passée, tu restais simplement dans le présent. Es-tu prête à explorer davantage cette idée, Elizabeth?

Elle me sourit en retour, en haussant les sourcils.

— Bien sûr que je suis partante. De quoi s'agit-il?

— Pendant la prochaine heure, toi et moi allons échanger nos points de vue et simplement nommer les choses qui traversent notre champ de vision. Si je devais commencer, je dirais «un pigeon avec deux taches sur le ventre», je lui explique en désignant l'oiseau qui grignote des déchets. Plus on est précis, mieux c'est.

— OK... tu as bien dit une *heure* de ça? clarifie Elizabeth d'un air dubitatif, se penchant en arrière alors qu'elle considère la tâche qui l'attend.

— Essaie, et ensuite on verra ce que tu en penses. C'est donc ton tour.

— OK, voyons voir... j'aperçois... une bouche d'incendie cassée! s'exclame Elizabeth avec enthousiasme.

— Appelons donc cela l'expérience «j'espionne», je lui réponds avec un petit rire. Mais place vraiment ton attention sur les objets eux-mêmes, plutôt que sur l'acte de choisir ce que tu vas dire. Mon prochain est un nichoir en forme de boîte aux lettres. Maintenant à toi.

Elizabeth regarde autour d'elle, plus sérieusement cette fois.

— Un dalmatien avec un col-bleu.

Je réponds :

— Un bonnet violet en laine.

— Un sac en plastique volant dans le vent.

— Une mauvaise herbe qui pousse dans la fissure du trottoir.

Nous faisons cela pendant encore vingt minutes. Je me tourne soudain vers Elizabeth et lui demande :

— Comment te sens-tu en ce moment?

Surprise par cette question, Elizabeth bégaie un moment avant de répondre :

— Je… je ne sais pas. Je me sens plutôt bien je suppose.

— Combien de temps penses-tu qu'il se soit écoulé ?

— Oh, je dirais dix minutes environ, estime-t-elle.

— Vingt-deux, en fait, je réponds en faisant un léger signe de tête vers ma montre.

— Je n'y crois pas ! Ouah, c'est vraiment facile de perdre la notion du temps quand on fait ça, remarque-t-elle, ses yeux scrutant toujours la rue à la recherche d'un autre objet à nommer.

— On continue ?

— Un parapluie avec des tulipes dessus ! répond énergiquement Elizabeth.

Nous continuons ainsi jusqu'à la fin de l'heure.

— Très bien, le temps est écoulé, je lui annonce en frappant dans mes mains.

— Non ! Déjà ? C'est vraiment épatant, remarque-t-elle en secouant la tête d'un air incrédule.

— Elizabeth, quels sont, selon toi, les avantages de rester dans le présent ?

En sautant par-dessus une flaque d'eau, elle répond :

— Je dirais que pendant toute cette heure, je n'ai pas eu le temps de penser à mon histoire ! s'exclame Elizabeth, en me regardant avec étonnement. Mais maintenant, je sens déjà revenir l'anxiété. Si je pouvais faire ça plus souvent – ne pas me focaliser sur l'anxiété, je veux dire – je serais tellement plus productive ! Comme lorsque j'écris, au lieu de passer la moitié de mon temps à paniquer et à me demander si je vais bien retranscrire l'histoire, je pourrais simplement me concentrer sur ce qui est devant moi et commencer à taper. J'ai l'impression que j'arriverais à écrire beaucoup mieux de cette façon, reconnaît-elle.

Avant que je ne puisse répondre, Elizabeth poursuit rapidement :

— Bon sang! Je n'arrête pas de penser à d'autres moments où cela serait tellement utile. Comme lorsque je suis avec Bruce, je pourrais concentrer cent pour cent de mon attention sur lui, et ne pas penser aux factures, aux enfants, au travail ou à quoi que ce soit d'autre. Et en plus, il ne me reprocherait plus de ne pas l'écouter!

Elle accélère son rythme, égayée par cette découverte et ajoute :

— C'est génial.

Je réponds en souriant :

— Je me souviens que lorsque mes enfants étaient petits, je faisais ça avec eux pendant les longs trajets en voiture. C'était incroyable de voir à quel point on s'amusait tous à profiter de notre environnement.

— Eh bien, je vais surement essayer ça avec Josh et Tiffany, déclare Elizabeth, en me rendant mon sourire.

Réglez un minuteur sur quinze minutes et allez faire une promenade. Concentrez-vous pour nommer silencieusement ce que vous observez autour de vous. Un oiseau qui vole. L'odeur du café torréfié. Un camion qui recule.

Si un ami veut se joindre à vous, c'est encore mieux!

Lorsque l'alarme se déclenche au bout de quinze minutes, demandez-vous : «Lorsque je suis pleinement présent·e, est-il possible d'être stressé·e en même temps?»

Chapitre 30

AYEZ UNE IMAGE PLUS JUSTE DE VOUS-MÊME

Kevin et moi faisons notre séance pendant que nous nous promenons dans un jardin botanique. Kevin se penche en arrière avec un large sourire, absorbant les rayons du soleil.

— Tu as l'air d'être de très bonne humeur aujourd'hui, Kevin, dis-je avec enthousiasme alors que nous nous enfonçons dans la végétation.

— Je le suis, J.F.! J'ai hâte d'entendre ce que tu as à m'enseigner aujourd'hui, me répond Kevin avec dynamisme.

— Je suis ravi de l'entendre, Kevin. Alors, commençons. Pour cette séance, on va apprendre comment les pensées d'observateur utilisent des informations factuelles pour se libérer de l'histoire des pensées de singe.

— Qu'est-ce que tu veux dire? demande Kevin.

— Eh bien, la première étape consiste à faire le choix conscient de gérer sa vie à partir du point de vue des pensées d'observateur. Par exemple, disons que l'un de tes plus grands rêves est d'aller à Bora Bora. Mais au lieu de te concentrer sur ce rêve, tu laisses tous les autres aspects de la vie occuper ton attention. Tu utilises tes vacances pour rendre visite à ta tante, et tu déposes tes primes sur ton fonds de retraite. Tu ne songes jamais à acheter un billet, ni même à dire à qui que ce soit que tu veux aller à Bora Bora. À ton avis, quelles sont les chances que tu finisses par y aller ?

Kevin hausse les épaules.

— Je pense que je n'irai jamais.

— Exactement. Si tu ne te concentres pas sur la réalisation de ton objectif, tu n'iras jamais. Il en va de même avec le choix des pensées d'observateur. Si on veut vivre selon le point de vue des pensées d'observateur, on doit faire le choix conscient de porter son attention sur cette perspective. Lorsqu'on se réveille, on doit penser : « Aujourd'hui, je vais observer mes pensées. Je vais rester un observateur autant que possible tout au long de ma journée. »

Kevin reçoit mes paroles en acquiesçant.

— Je peux comprendre cela. Mais n'est-ce pas plus facile à dire qu'à faire ? Je suis tellement occupé entre l'école, le travail et Jamie… il y a tellement de pensées qui se bousculent constamment dans ma tête. J'ai le sentiment d'avoir *l'intention* d'écouter les pensées d'observateur, mais je me laisse parfois emporter par les pensées de singe, admet-il honnêtement.

Il s'arrête au cours de notre promenade pour regarder le grand buisson d'hibiscus à côté de nous.

— Ce n'est pas toujours facile à faire, Kevin. Écouter systématiquement la voix des pensées d'observateur plutôt que celle des pensées de singe demande de l'entraînement. Lorsqu'on choisit d'écouter à partir de sa perspective d'observation, notre journée est remplie de toutes ces petites prises de conscience où l'on observe les pensées négatives à partir de nos pensées de singe. Ensuite, nous utilisons les pensées d'observateur pour *inverser* ces pensées négatives, je lui explique.

Kevin penche la tête sur le côté.

— Inverser les pensées négatives ? Comment ?

Je regarde Kevin avec un sourire.

— Peux-tu me donner une pensée négative que tu as eue aujourd'hui ?

Kevin réfléchit un moment en levant les yeux vers les branches de l'arbre, le visage à l'ombre du soleil pendant un instant.

— Eh bien, une chose qui me trotte dans la tête, c'est que je ne suis pas intelligent. Je continue à entendre cette voix critique qui me dit que je ne vais pas réussir mes examens dans quelques mois, admet ouvertement Kevin, sans vergogne.

— Dirais-tu que les pensées de singe renforcent l'histoire selon laquelle tu n'es pas intelligent, et que c'est ce qui crée ton anxiété ?

— Oui, je suis plutôt d'accord avec ça.

— Lorsqu'on choisit d'écouter les pensées d'observateur, on s'autorise à voir les faits et les observations de notre vie et à les utiliser pour guider notre expérience sans écouter les mélodrames inutiles montés en épingle par les pensées de singe. Alors laisse-moi te demander ceci : quelles sont les choses que ton intelligence t'*aurait* permis de faire jusqu'à présent ?

Kevin rit chaleureusement.

— C'est une nouvelle idée ! Heu, la première qui me vient à l'esprit est que j'ai été assez intelligent pour arrêter de boire, dit-il en souriant fièrement.

— Qu'est-ce que cela a impliqué ?

— Eh bien, j'ai d'abord dû admettre que j'avais un problème, ce qui était un grand pas en soi. Ensuite, j'ai dû avoir le courage de vraiment m'ouvrir à toi, puis à Jamie, à mes amis et à ma famille. Et puis j'ai dû appréhender l'idée que mes croyances me poussaient à boire, note-t-il.

— Tu devrais être très fier de toi Kevin. Autre chose que ton intelligence t'aurait permis de faire jusqu'à présent ?

— Être admis dans une école de médecine est assez difficile, et je devais donc être assez intelligent pour y arriver, dit Kevin, une rougeur apparaissant sur ses joues à mesure que son humilité se sent menacée.

— Raconte-moi un peu en quoi ton intelligence t'aurait-elle permis d'être accepté en école de médecine, je lui demande.

— Heu… J'ai dû passer des semaines et des semaines à étudier pour le MCAT. Puis j'ai dû mettre de l'ordre dans ma candidature et m'assurer qu'elle était unique et bien rédigée. Et j'ai dû passer un bon entretien, explique-t-il.

— Et combien de personnes peuvent dire qu'elles ont fait tout cela et ont été acceptées en école de médecine au final ? Je l'encourage. Peux-tu nommer une autre chose que ton intelligence t'aurait permis d'accomplir, Kevin ?

— Oh bon sang, dit-il en se frottant le cou. Je viens d'être élu « employé du mois » au travail, ce qui m'a donné confiance en moi, dit-il en haussant les épaules.

— Alors, qu'est-ce que tu as dû faire pour prétendre à cette récompense ?

— Eh bien, j'essaie d'être aussi proactif que possible et de planifier à l'avance. Et en même temps, je me soucie vraiment de nos patients. Par exemple, j'essaie toujours d'avoir des livres à colorier dans mon bureau pour les parents qui viennent avec leurs enfants. J'aime me concentrer sur les petites choses, tu sais ? Parce que c'est ce qui peut faire la plus grande différence au final, me dit Kevin avec plus d'assurance.

— Voilà ! Maintenant, après avoir énuméré ces faits à ton sujet, est-il vrai que tu n'es pas intelligent ?

Kevin se tient un peu plus droit.

— En fait, non. Ce n'est pas le cas. Je ne ressens pas autant l'attraction négative des pensées de singe. J'ai même l'impression de fanfaronner un peu, elles *sont* toutes vraies, rapporte Kevin avec entrain.

— Reconnaître ses réussites ne fait pas de soi quelqu'un d'arrogant, Kevin. Il s'agit d'un élément crucial pour choisir les pensées d'observateur et voir le monde pour ce qu'il est.

— C'est tellement intéressant de voir à quel point il est difficile d'avoir une vision plus juste de qui je suis vraiment.

— C'est quelque chose qu'on ne nous a pas appris à faire, lui fais-je remarquer. Mais les pensées d'observateur peuvent nous aider à avoir une image plus précise de nous-même – il ne s'agit pas d'embellir qui on est ou de nous discréditer. Les pensées d'observateur utilisent les éléments de notre vie pour nous permettre de nous voir en toute franchise. Lorsqu'on est capable de prendre du recul et de voir comment nos pensées de singe répètent l'histoire selon laquelle nous ne sommes pas intelligents, nous sommes en mesure de réfuter cette histoire via des preuves factuelles. Il est dès lors plus facile de se libérer des jugements que les pensées de singe ont créés.

Kevin ajoute :

— Et ce que j'aime, c'est que procéder ainsi ne revient pas non plus à répéter simplement une affirmation positive. Je ne dis pas «Je suis intelligent» juste pour le plaisir de le dire. J'ai maintenant la *preuve* que je suis intelligent. Et ça ouvre les yeux d'en prendre conscience.

Examinons la situation de Kevin. Premièrement, il pensait qu'il n'était pas assez intelligent pour réussir ses examens. Deuxièmement, il a dressé une liste de plusieurs choses qu'il avait eu l'intelligence suffisante de faire. Troisièmement, après avoir examiné ces preuves, il a remis en question la croyance selon laquelle il n'est pas assez intelligent pour réussir ses examens.

Trouvez une croyance que vous entretenez constamment à votre sujet, comme «je suis un raté parce que je ne peux pas m'arrêter de boire.» Dressez la liste de cinq situations durant lesquelles vous avez su vous abstenir de boire.

Demandez-vous : «Pourquoi est-ce que je me concentre sur la première affirmation "Je suis un·e raté·e parce que je ne peux pas m'empêcher de boire" au lieu de reconnaître les cinq fois où j'ai été capable de m'abstenir de le faire ?»

C'est le début d'une image plus juste de vous-même.

Chapitre 31

CULTIVEZ LA CONSCIENCE

Elizabeth demande que nous fassions notre prochaine séance en faisant du vélo pour qu'elle puisse se défouler un peu dans sa journée. Au détour d'un virage, nous passons sur une zone de gravier. Au lieu de ralentir, Elizabeth maintient la rapidité de son rythme. Lorsque son pneu rencontre la première petite pierre, son vélo vacille rapidement d'un côté à l'autre.

— Ils devraient vraiment mettre un panneau pour ça ! grogne Elizabeth alors qu'elle manque de tomber de son vélo.

Je lui indique du doigt sa droite, où se trouve un panneau jaune vif « Gravillon ».

— Oh, je suppose qu'ils ont fait ce qu'il faut, admet-elle avec un sourire en coin.

— C'est une bonne leçon pour notre séance d'aujourd'hui – générer de la conscience.

Ce n'est pas difficile à faire. La prochaine fois que tu verras une zone de gravier, tu ralentiras probablement avant de rouler dessus, n'est-ce pas ?

Elizabeth acquiesce, baissant instinctivement les yeux vers le sol.

— Eh bien, lorsqu'on manque de tomber, nos pensées de singe cherchent à rejeter la faute sur quelque chose. Et lorsqu'on procède ainsi, nous ne sommes plus conscients, je lui explique. Les pensées d'observateur cherchent à prendre conscience de ce qui vient de se produire. Elles ne veulent pas juger cela – elles cherchent à apprendre de cela.

— Alors comment cela s'applique-t-il à autre chose que glisser sur du gravier ? s'enquiert Elizabeth, en ajustant son casque.

Je me gare sur un petit coin d'herbe. Elizabeth suit mon signal et s'installe à côté de moi, en gardant un pied en équilibre sur la pédale.

— Peux-tu penser à un moment récent où tu étais consciente de ta réaction face à une situation stressante ?

— Eh bien, il y a quelques semaines, mon patron m'a dit que j'étais la grande favorite pour être promue. Puis je suis arrivée au travail le lundi et ils ont annoncé qu'ils confiaient finalement le poste à une autre !

Elizabeth prend une profonde inspiration et ajoute :

— Mais j'ai pu enquêter en pleine conscience autour de ça et j'ai fini par vraiment l'accepter.

— J'ai l'impression que lorsque tu as accompli ce processus, tu étais plus consciente que tu ne le penses. Que dirais-tu de m'expliquer ce qui s'est passé dans ta tête lorsque tu as compris que tu n'obtiendrais pas cette promotion, et je pourrai ensuite t'aider à mettre en évidence les différents types de conscience que tu as traversés, je lui propose.

Elizabeth pose son autre pied sur le sol.

— OK. Au début, juste après qu'ils ont eu annoncé la nouvelle, je suis sortie un peu furieuse. Je n'ai pas fait de scène ou quoi que ce soit, mais j'ai clairement fait en sorte d'attirer l'attention de mon patron. Je savais que j'étais vraiment énervée, alors j'ai décidé de prendre ma pause. Je me suis assise sur un banc dans la cour et j'ai commencé à utiliser ma respiration consciente pour identifier les pensées et les sentiments qui surgissaient.

— Qu'as-tu remarqué ?

— Le premier sentiment qui m'est passé par la tête était de la colère. J'avais l'impression que mon patron m'avait trompée, note Elizabeth.

— Alors qu'est-ce que tu en as fait ?

— Je n'ai pas du tout essayé de la combattre. J'ai accueilli cette colère. J'ai commencé à la questionner, car je savais que la colère allait me conduire à une croyance plus profonde, explique Elizabeth.

— Tu étais donc *consciente* que tu devais questionner cette colère. Qu'est-ce que tu t'es demandé ?

— Je me suis demandé pourquoi je me sentais si trahie de ne pas avoir obtenu cette promotion. J'ai alors remarqué que ma première impression était que mon patron m'avait menti. J'ai immédiatement réalisé que mon patron était à l'extérieur de ma peau, et j'ai donc continué à me demander pourquoi je me sentais si trahie. Puis j'ai réalisé que si j'avais obtenu la promotion, j'aurais eu plus de liberté pour choisir les sujets de mes articles, ce que j'attendais avec impatience. Mais le fait de pouvoir choisir les articles reste extérieur à moi, et j'ai donc continué.

Je lui fais remarquer :

— Tu étais *consciente* que les choses extérieures ne peuvent jamais être la cause de nos émotions. Et maintenant, Elizabeth ?

Elle se gratte sous sa mentonnière.

— En grattant un peu plus, j'ai remarqué que ma colère se transformait en une peur assez forte. Alors je me suis autorisée à ressentir cette peur pendant un moment.

— Tu étais suffisamment *consciente* pour permettre aux différentes émotions de te traverser. Que s'est-il passé ensuite ?

— Ensuite, je me suis demandé pourquoi j'avais si peur. Ma première réponse a été que j'avais dû faire quelque chose de mal, puis mes pensées se sont emballées pendant quelques instants. J'ai commencé à me demander ce que j'avais bien pu faire, et comment j'avais pu ne pas m'en rendre compte avant. Elizabeth inspire profondément.

Elle ajoute :

— Puis j'ai laissé tomber cette idée et recommencé à interroger mes pensées.

— Tu étais donc suffisamment *consciente* pour observer tes pensées, remarquer quand tu t'y accrochais, et les laisser filer pour pouvoir revenir au questionnement. Qu'as-tu fait ensuite ?

— Eh bien, ça ne fait aucun doute que je regardais maintenant à l'intérieur de moi, alors j'ai continué sur cette voie. Je me suis demandé ce que cela pouvait dire de moi, si j'avais fait quelque chose de mal pour ne pas obtenir cette promotion. Assez rapidement, j'ai entendu la voix de mon père dans ma tête me critiquer – me dire que je ne suis pas assez bien. Cette croyance ne manque jamais de surgir dans ce genre de situations, ajoute Elizabeth, en riant légèrement et en secouant la tête.

— Tu étais *consciente* de suivre ces sentiments jusqu'à ta croyance fondamentale. Et ensuite ?

— Après avoir vu cela, j'ai remarqué à quel point j'étais attaché à la croyance que j'avais fait quelque chose de mal, et que c'était la raison pour laquelle je n'avais pas décroché cette promotion. Quelques secondes plus tard, j'ai remarqué comment j'utilisais le fait de ne pas avoir obtenu le poste comme la raison pour laquelle je pense être une ratée. J'ai reconnu assez rapidement que je devais d'abord examiner la croyance que j'avais fait quelque chose de mal avant de me laisser embarquer plus loin dans cette histoire, explique-t-elle.

— Tu étais *consciente* qu'une croyance créait la base d'une autre. Ensuite ?

— Ensuite, je me suis demandé s'il était même vrai que j'avais fait quelque chose de mal. J'ai repensé aux semaines précédentes et je n'ai rien trouvé qui aurait pu justifier que je n'obtienne pas cette promotion. J'ai donc rapidement rejeté l'idée que j'avais fait quelque chose ayant conduit à cela, dit Elizabeth en chassant un moustique.

— Tu étais *consciente* que tu devais remettre en question l'exactitude de tes croyances. Qu'est-ce que tu as fait ensuite ?

— Une fois que j'ai vu que je n'avais rien fait pour compromettre cette promotion, j'ai su que la réponse se trouvait ailleurs – quelque chose qui n'avait peut-être même pas de rapport avec moi. Peut-être que Shirley s'était surpassée dans son rôle, et qu'elle méritait le poste encore plus que moi. Qui sait. J'ai dû accepter de ne pas obtenir cette promotion, et que je ne pouvais pas changer cette décision.

— Tu étais donc *consciente* que tu n'avais probablement aucun contrôle sur cette décision, et tu l'as acceptée. Que s'est-il passé ensuite ?

— J'entendais encore la voix de mon père qui me critiquait pour ne pas avoir obtenu ce poste – elle ne voulait tout bonnement pas me lâcher. J'ai donc commencé à me demander ce que cela disait de moi si je n'obtenais pas cette promotion. Étais-je vraiment une ratée pour autant ? Bien sûr que non ! Shirley est une personne extrêmement travailleuse, et elle est arrivée là plusieurs années avant moi. Ce n'est pas parce que je ne suis pas au niveau de Shirley que je suis pour autant une ratée. J'ai donc décidé de déplacer mon énergie de sorte à me sentir vraiment enthousiaste pour elle – elle le méritait vraiment. Je la respecte tellement, et je sais que je peux apprendre beaucoup à son contact, poursuit Elizabeth.

— Tu as pris *conscience* de l'impact que cela avait sur toi et tu as utilisé les faits relatifs à la réussite de Shirley pour te concentrer sur le bonheur de ta collègue. Que s'est-il passé ensuite ?

— Après avoir compris tout cela, j'ai pu envisager en quoi la croyance que « je suis une ratée » ne s'appliquait pas du tout à cette situation. Le fait que Shirley obtienne la promotion à ma place ne me définit pas, fait remarquer Elizabeth en hochant vivement la tête.

— Tu étais donc *consciente* que les décisions des autres ne déterminent pas ton amour-propre. Et ensuite ?

— Puis j'ai repensé à la façon dont j'avais réagi à la nouvelle – en m'en allant. Je pouvais sentir la honte commencer à monter en moi pour avoir réagi d'une manière aussi immature. Mais je l'ai stoppée. J'ai claqué la porte, et alors ? C'était une nouvelle extrêmement surprenante pour moi, et j'ai réagi comme il le fallait à ce moment-là. Je n'ai pas besoin de me le repasser en boucle dans ma tête. C'est arrivé – c'est fait, affirme Elizabeth avec fermeté.

— Tu étais *consciente* de la double honte qui s'accumulait, et tu l'as tenue à distance. Et ensuite ?

— Je me suis arrangée pour aller parler à mon patron plus tard dans la journée afin de discuter des raisons l'ayant conduit à choisir Shirley plutôt que moi. J'ai dû m'efforcer de mettre l'accent sur les leçons à tirer de cette situation et orienter mon attention vers la reconnaissance que j'avais pour tout ce qu'il avait fait pour m'aider depuis que je travaille pour ce magazine.

— Tu étais *consciente* de choisir la gratitude plutôt que le ressentiment. Et ensuite ?

— Ensuite, quand je suis allée parler à mon patron, j'étais parfaitement calme. J'étais vraiment fière de moi car j'ai pu garder la tête froide ! Avant, j'aurais été anxieuse et j'aurais probablement évité mon patron à tout prix, explique Elizabeth, regardant les arbres en se remémorant cette histoire.

Elle reprend :

— Donc, lorsque je suis entrée dans son bureau, je lui ai dit que je respectais totalement sa décision et que j'aimerais savoir comment je pouvais continuer à contribuer à l'équipe. Il m'a remerciée d'être venue lui en parler et m'a expliqué que la plus grande ancienneté de Shirley dans l'entreprise avait été un facteur important dans sa décision. J'ai convenu qu'elle serait parfaite pour le rôle et que j'avais hâte d'en apprendre plus à ses côtés. Puis il m'a fait savoir que si je continuais comme ça, beaucoup d'autres opportunités se présenteraient à moi.

— Peux-tu voir à quel point tu étais consciente de la façon dont tu te sentais tout au long du processus ? Tu as honoré tes émotions. Tu leur as permis d'exister. Et ensuite, tu as pu utiliser ces émotions pour remonter jusqu'à tes croyances, et identifier facilement si quelque chose était centré sur l'extérieur ou l'intérieur. Et tu te rends compte avec quelle rapidité tu as fait disparaître la croyance que tu es une ratée ? C'est incroyable ! lui dis-je en applaudissant.

— Le fait que tu énumères les différentes choses que j'ai faitesfaite m'a vraiment ouvert les yeux sur le nombre d'outils que j'utilisais, même dans ce court dialogue. Quand je procède aussi rapidement, je ne prends pas le temps d'apprécier tout ce que j'ai appris, ou à quel point j'ai évolué. Ça me vient si naturellement maintenant que je le fais sans y réfléchir, reconnaît-elle.

— Lorsque tu affines à ce point ta conscience comme tu l'as fait, Elizabeth, le changement se produit facilement. Et cette compétence ne fera que croître si tu continues à la pratiquer. Tu es clairement sur la bonne voie, je lui assure.

— Et si on retournait sur *ce* chemin ? demande Elizabeth, en indiquant la piste cyclable d'un geste de la tête.

Nous poursuivons notre promenade à vélo, en nous rappelant d'être attentifs aux petites choses qui améliorent notre expérience en cours de route.

Rappelez-vous un moment où vous vouliez vraiment quelque chose, et où cela ne s'est pas produit – par exemple, Elizabeth voulait vraiment cette promotion.

En repensant à cet événement, observez le degré de conscience que vous pouvez acquérir en vous posant les questions suivantes : Qu'avez-vous ressenti ? Comment avez-vous réagi ? Avez-vous eu honte de ne pas l'avoir obtenu/accompli ? Qu'avez-vous pensé que cette non-obtention disait de vous ? Cette croyance est-elle vraie ?

Remarquez à quel point il est facile de créer un changement lorsque vous observez simplement la vérité.

Chapitre 32

RAYONNEZ DE GRATITUDE

Notre prochaine séance avec Kevin a lieu dans mon bureau. Après les civilités d'usage, je lui demande :

— Quelle place occupe la gratitude dans ta vie ?

— Eh bien, je remercie beaucoup Jamie pour tout ce qu'elle fait, mais je n'y pense pas plus que ça, répond-il.

— Une autre manière dont les pensées d'observateur prennent le contrôle de nos pensées de singe consiste à utiliser la gratitude comme un outil. Les pensées d'observateur observent une pensée négative que les pensées de singe ont créée, puis pensent à quelque chose de *gratifiant* à propos de cette pensée, je lui explique.

Kevin fronce les sourcils en essayant de comprendre.

— Je ne suis pas sûr de bien saisir.

— Pour que tu comprennes vraiment cette idée d'utiliser la gratitude, et que tu comprennes le pouvoir que celle-ci peut exercer, je veux te montrer l'impact qu'accueillir la gratitude en conscience peut générer. Qu'en dis-tu ?

Il acquiesce rapidement.

— OK, Kevin, quelles sont les deux choses que Jamie n'aime pas que tu fasses ?

— Heu… commence Kevin. Eh bien, elle déteste quand je jette ma veste sur une chaise au lieu de l'accrocher dans le placard à manteaux. Et une deuxième… oh ! Elle se fâche quand je laisse trainer mon sac repas sur le comptoir après le travail. Parfois, il m'arrive même de laisser de la vaisselle sale dedans… ça peut devenir un peu dégoûtant, confesse-t-il.

— Parfait. Et quels sont les deux compliments que tu souhaiterais que ta femme te fasse ? Disons quelque chose que tu fais à la maison ou avec elle qu'elle ne reconnaît pas tout le temps ?

— C'est un peu plus difficile à cerner, répond Kevin en se frottant la nuque. J'aimerais qu'elle reconnaisse tous les travaux de jardinage que je fais. Il est pour ainsi dire convenu que je fais tout dehors, donc on n'en parle pas beaucoup, sauf si elle me demande de faire quelque chose. Et pour l'autre… j'aimerais bien l'entendre me remercier pour toutes les petites choses pour lesquelles je me suis donné du mal afin de l'aider avec la grossesse. Comme par exemple, les longs détours pour rentrer à la maison afin de pouvoir lui prendre un sandwich aux boulettes de viande dans la brasserie qu'elle adore. Des petits trucs comme ça, dit-il, rompant le contact visuel avec moi alors que ses joues prennent une teinte plus foncée.

— OK, Kevin, je vais commencer par répéter les critiques que Jamie formule à ton endroit. Pendant que tu écoutes, imagine qu'elles sortent vraiment de la bouche de Jamie. OK ?

— Vas-y, dit-il avec un geste de la main.

— Kevin, *encore* une fois tu n'as pas accroché ton manteau ? Combien de fois t'ai-je demandé de le faire ? Et tu n'as pas rangé ton sac repas ! Il y a encore une boîte sale dedans. C'est dégoûtant, Kevin ! Je l'accuse sévèrement.

Les yeux de Kevin commencent à se figer, et une grimace se dessine sur son visage. Il utilise sa respiration consciente, mais je sens malgré tout qu'il a du mal à maintenir un rythme respiratoire régulier.

Je m'arrête et lui demande :

— Comment te sens-tu, Kevin ?

— Un peu en colère, admet-il sèchement.

— Très bien. À présent, reste en mouvement pendant trente secondes et libère toute cette anxiété, lui dis-je en guise d'instruction.

— Volontiers, répond Kevin en se levant d'un bond et en se secouant.

— Merveilleux. Maintenant, je vais te répéter ses compliments. Imagine que toutes ces paroles viennent de Jamie, d'accord ?

Secouant une dernière fois ses bras, Kevin hoche la tête et s'assoit.

— Merci beaucoup d'avoir tondu la pelouse et taillé les haies. Je ne le dis pas souvent, mais j'apprécie vraiment tout le travail que tu fais pour que notre maison soit belle. Et merci de tous tes efforts pour me satisfaire. C'est tellement attentionné de ta part de te rappeler comme j'aime ces sandwichs aux boulettes de viande ; et tu fais tout pour que je me sente bien pendant ma grossesse. Je t'apprécie énormément, Kevin.

Assis, les yeux fermés, Kevin profite pleinement de l'effet que ces mots lui procurent.

— Comment te sens-tu maintenant ? Je lui demande gentiment.

Il ouvre ses yeux brillants et me regarde.

— Je me sens vraiment bien.

— Donc, à mesure qu'on avance, garde en tête que c'est *cette* réponse que tu suscites en toi lorsque tu te concentres sur la gratitude. À présent, mettons en pratique l'idée consistant à privilégier la gratitude. Peux-tu me faire part d'une situation difficile à laquelle tu as dû faire face récemment ?

Kevin marque une pause pendant un moment.

— Heu… eh bien, Jamie et moi nous disputons depuis des années à propos du fait qu'elle laisse des tasses de thé à moitié vide partout dans la maison. Elle n'aime pas le thé froid, alors elle l'oublie une fois qu'elle a arrêté de le boire. Elle sait à quel point ça me dérange, mais elle continue de le faire. Et dernièrement, elle boit deux fois plus de thé parce qu'elle a trouvé une nouvelle variété qui est supposée être bonne pour le bébé. La semaine dernière, elle a laissé trainer une tasse pendant si longtemps que quand je l'ai trouvée, elle avait attiré un tas de mouches à fruits ! Alors J. F., comment suis-je censé trouver de la gratitude dans tout ça ? demande-t-il avec un sourire malicieux, prenant manifestement plaisir à me donner ce qu'il pense être un contre-exemple parfait.

— Pourquoi ta femme boit-elle ce thé ?

— *Pourquoi* boit-elle du thé ? Je ne sais pas. Pour se détendre je suppose ?

— Tu n'as pas envie que ta femme soit détendue ? Je lui rétorque.

— Eh bien, oui, évidemment j'en ai envie.

— Alors peux-tu être reconnaissant quant au fait que ta femme a créé ce rituel du thé pour se détendre ?

— Bien sûr, je peux comprendre qu'elle veuille déstresser. Mais elle pourrait faire plus attention à ce sujet, conteste-t-il.

— Kevin, depuis combien de temps te concentres-tu sur le fait que Jamie laisse traîner ses tasses de thé ?

— Depuis que nous avons emménagé ensemble. Donc, six ans.

— Et est-ce que cela a déjà changé ?

Kevin secoue la tête d'un air déçu.

— Peux-tu voir dans quelle mesure les pensées de singe se concentrent sur l'idée que tu dois contrôler l'endroit où se trouvent les tasses ?

— Oui, tu as raison. Et c'est encore pire que ça… c'est comme si je me devais de contrôler le comportement de Jamie. Un air embarrassé apparaît soudainement sur le visage de Kevin à cette pensée.

Je hoche la tête.

— Exactement. Les pensées de singe estiment que tu dois contrôler le comportement de Jamie. Pourtant, lorsque tu essaies de le faire, rien ne change, et vous vous énervez tous les deux. Tu dois porter ton attention sur *l'attitude* avec laquelle tu abordes le problème. Que se passerait-il si, au lieu de cela, tu choisissais d'être heureux que ta femme boit du thé pour se détendre ? Et même de la féliciter en ce sens ? Je lui suggère.

— Je pense que nos deux vies seraient beaucoup plus heureuses, répond-il en gloussant. Ça m'étonne de voir à quel point j'essaie de contrôler des choses sur lesquelles je n'ai aucun contrôle, dit Kevin en secouant la tête. Je dois donc me concentrer sur mes propres sentiments et me focaliser sur la gratitude. Je pense que je peux le faire.

— Et en même temps, cela ne signifie pas que tu doives renoncer complètement à tout discernement. Tu peux toujours avoir envie de ranger les tasses. Tu dois juste te rappeler de toujours adopter une perspective fondée sur la gratitude, je lui explique.

— Cela semble beaucoup plus faisable. Je n'ai vraiment pas envie de me concentrer uniquement sur la gratitude si c'est pour me retrouver avec des tasses qui traînent partout dans la maison.

Il lève les yeux au plafond, l'envisageant dans son esprit.

— Bon sang, rien que de penser aux tasses qui traînent partout, ça m'énerve encore un peu ! admet-il.

— Ça va demander un peu d'entraînement pour y parvenir.

— Essayons encore une chose pour vraiment consolider cette idée, je lui suggère. Je veux que tu me dises chaque chose dont tu es reconnaissant vis-à-vis du fait que Jamie boit du thé. N'aie pas peur d'en faire trop !

— Euh, OK… Kevin se racle la gorge. Eh bien, j'aime comme elle se soucie de la grossesse et de notre bébé, et qu'elle prenne le temps de se détendre et de se maintenir en bonne santé. Je veux dire, tous les jours, les gens la harcèlent pour lui tripoter le ventre ou lui demander combien de poids elle a pris ou si elle a des vergetures – si les gens me faisaient ça toute la journée, j'aurais sans doute beaucoup plus de mal qu'elle à le gérer avec sang-froid. Et, tu sais, certaines femmes sont tellement stressées lorsqu'elles sont enceintes qu'elles peuvent même finir par se rendre malades ! Mais elle a su rester forte pendant tout ce temps, et si boire du thé peut l'aider à le rester, tant mieux pour elle.

— Maintenant, prends une grande inspiration, Kevin.

Kevin inspire bruyamment.

— Que remarques-tu ? Comment te sens-tu ?

— Ouah. Je ressens beaucoup plus de reconnaissance envers d'elle. C'est donc ce que je rate lorsque je me concentre sur les tasses, hein ? Cette connexion ?

— C'est ça, Kevin. Tu vois, la gratitude est ancrée dans les vérités sur notre vie. Lorsqu'on devient proche des pensées d'observateur, non seulement on se sent plus connecté avec ceux qui nous entourent, mais on peut également percevoir tout ce pour quoi on a des raisons d'être reconnaissant.

Pensez à quelqu'un avec qui vous avez tendance à vous disputer dans votre vie et sur quel sujet portent ces disputes. Par exemple, il peut s'agir de votre partenaire qui vous répète sans cesse de laver la voiture.

Au lieu de penser : « J'ai travaillé dur toute la semaine. Je suis épuisé·e. Pourquoi dois-je en faire plus ? », demandez-vous : « En quoi cette demande pourrait susciter ma reconnaissance ? »

Énumérez ces gratitudes. « Je suis reconnaissant·e d'avoir un·e partenaire qui aime entretenir ce que nous possédons et faire en sorte que les choses restent belles. Je suis reconnaissant·e d'avoir un·e partenaire qui ne se plie pas à mes sautes d'humeur. Je suis reconnaissant·e pour ma voiture. Je l'adore, et j'adore l'idée de la garder en bon état. »

Répétez à présent ce processus en pensant à la personne que vous aviez en tête.

Chapitre 33

ACCUEILLEZ CE QUI EST

Nous avions convenu de faire une séance en plein air, mais Elizabeth m'appelle et me demande tout compte fait de la rencontrer à mon bureau. Lorsqu'elle se présente, je comprends pourquoi. Tenant un mouchoir dans une main, Elizabeth lève l'autre pour refuser mon accolade.

— J'ai attrapé un microbe, gémit-elle, le nez visiblement bien bouché.

— Oui, je vois ça, je plaisante en ricanant.

Elizabeth essaie d'inspirer mais finit plutôt par avoir une quinte de toux.

— Argh, je déteste être malade. Par exemple, là, je suis jalouse que tu puisses respirer par les narines, se lamente Elizabeth en se tamponnant le nez avec un mouchoir.

— Que dirais-tu de réfléchir à la raison pour laquelle on passe tant de temps à nous débattre contre ce qui est, Elizabeth ? C'est le cas de presque tout le monde, mais on en est rarement conscients. Comme en ce moment, pourquoi es-tu malheureuse d'être malade ?

— Eh bien, être malade, ça craint. Personne ne *veut* être malade, rétorque Elizabeth en reniflant.

— Que se passe-t-il lorsque tu es frustrée d'être malade ?

— Je ne sais pas. Je suppose que ça ne m'aide pas à me sentir mieux.

— Je me demande si tu te rends compte que cela peut en fait contribuer à te sentir encore *pire*. Pour te le prouver, j'aimerais que tu commences à te plaindre auprès de moi de toutes les raisons pour lesquelles tu ne veux pas être malade.

— Simplement énumérer toutes les raisons pour lesquelles je déteste être malade, hein ? OK, accepte Elizabeth.

— D'abord, je dois emporter des mouchoirs partout avec moi parce que mon nez est toujours bouché et coule en même temps. Ensuite, quand j'essaie d'aller me coucher, je ne peux jamais avoir une bonne nuit de sommeil parce que je me réveille avec l'impression de ne pas pouvoir respirer. Sans parler de cette sinusite qui me martèle le crâne… énumère-t-elle, ses mots ne parvenant pas à rattraper ses pensées.

— Qu'est-ce que tu remarques en ce moment, Elizabeth ?

Elle réfléchit un moment.

— Honnêtement, je sens que je m'énerve un peu. Et puis plus je m'écoute, plus je me dis : « Regarde toutes ces choses terribles que tu affrontes ! Tu as bien mérité le droit de te plaindre un peu ! »

— Donc tu as l'impression d'avoir mérité le droit de te plaindre… est-ce que se plaindre change quelque chose ? Est-ce que cela te permet de te déboucher le nez ? Ou fait disparaître ta sinusite ? lui fais-je remarquer.

— Non… approuve Elizabeth en soupirant.

— Et quand tu te plains de ces choses, comment cela affecte-t-il ceux qui t'entourent ?

— Ça les ennuie probablement un peu, avoue-t-elle.

— Lorsque tu choisis d'accueillir ce qui est, Elizabeth, tout le monde est gagnant. Les pensées de singe n'aiment pas accueillir ce qui est, car elles préfèrent se disputer avec ce qui se passe. Elles nous font penser « Je n'aime pas ça. Je ne veux pas de ça. Il faut que ça change tout de suite ». Je suppose que tu peux commencer à voir où ce genre de pensée nous mène.

— Dans un bar, j'imagine, soupire Elizabeth en toussant dans son coude.

— Peux-tu sentir à quel point tu *veux* rester fâchée d'être malade ? Pourquoi penses-tu que c'est le cas ?

— Je ne sais pas. Parce que je sens que je ne *devrais* pas être malade ? répond Elizabeth, sa voix se faisant plus aigüe.

— Hum. C'est une idée intéressante, n'est-ce pas ? Que quelque chose ne *devrait* pas être comme elle est ? Et si on y pensait d'une autre manière ? Imagine un père trop zélé au match de football de son enfant. Il hurle sur l'arbitre – rouge de colère, à propos d'une décision qu'il a prise. Pourquoi penses-tu qu'il agit ainsi ?

— Je suis sûre qu'il pense que s'il crie suffisamment, il obtiendra de l'arbitre qu'il inverse sa décision, répond Elizabeth en haussant les épaules.

— Exactement. Et combien de fois penses-tu que cela se produit réellement ?

— Oh, presque jamais, répond Elizabeth. Peut-être une fois sur cinquante ?

— Hum hum. La raison pour laquelle cet homme continue à crier sur l'arbitre match après match, c'est parce que ses pensées de singe l'ont convaincu que s'il s'énerve, il a un certain contrôle sur cette situation, je lui explique.

— Ouais. Parce qu'une fois sur cinquante, sa contestation affecte réellement le point de vue de l'arbitre, répond Elizabeth.

— C'est vrai. Il est très rare que ses cris changent la décision. Mais le plus drôle, c'est que les pensées de singe ignorent le résultat de leurs narrations. Elles ne voient pas si l'arbitre change sa décision ou non – elles sont trop concentrées sur leur propre histoire pour voir le résultat.

— Hein. Donc les pensées de singe ne perçoivent pas la réalité que leur histoire engendre… c'est un peu comme la façon dont les pensées de singe nous poussent à changer en utilisant la honte, pas vrai ? Comme la façon dont j'avais l'habitude de me dire que si je me détestais suffisamment parce que je buvais, ça me ferait arrêter. Alors qu'en fin de compte je me sentais en fait encore plus mal et que je buvais encore plus, illustre Elizabeth, en reniflant.

— C'est exactement ça! D'un autre côté, les pensées d'observateur remarquent combien de fois on n'arrive pas à nos fins en nous énervant. Elles notent comment quarante-neuf fois sur cinquante, l'arbitre ne change pas sa décision. Et, plus important encore, elles observent les répercussions qui découlent du fait de crier sur l'arbitre – comment son fils devient gêné par son père bruyant, comment sa femme se met en colère contre son mari pour avoir fait une scène, et surtout, comment il finit par se sentir frustré contre lui-même, je lui explique.

— Donc, lorsque je m'énerve parce que, disons, je suis coincée dans les embouteillages, c'est parce que les pensées de singe pensent que si je m'énerve, il y a bel et bien une chance que je puisse faire en sorte de *cesser* d'être coincée dans les bouchons? demande Elizabeth.

— Oui. Comme elles ne sont jamais témoin des résultats de leurs actions, les pensées de singe ne savent pas à quel point tout cela semble ridicule. Elles appliquent le concept «se fâcher va arranger ça» à tout ce qu'elles n'aiment pas, même lorsque c'est complètement hors de notre contrôle.

— Hein. C'est vraiment délirant, lâche-t-elle avant d'être prise d'une nouvelle quinte de toux.

— C'est drôle de constater à quel point il est facile de reconnaître le ridicule d'une situation une fois que l'on a pris du recul, n'est-ce pas? Mais je suppose que tu fais ça tous les jours dans ta vie, et que tu n'en es même pas consciente.

— Je crains que tu aies raison… admet Elizabeth, en se grattant le nez.

— Pourquoi ne pas le vérifier? Repense à la dernière fois où tu as eu un pneu crevé. Quelle a été ta réaction?

Elizabeth hausse les épaules.

— J'étais vraiment frustrée. J'ai fini par être en retard à mon rendez-vous.

— Alors, est-ce que ta frustration t'a empêchée d'être en retard à ton rendez-vous ?

— Non, reconnaît-elle.

— Et ta frustration a-t-elle rendu ton attente plus agréable ?

— Pas du tout. J'étais juste anxieuse pendant tout le temps où j'ai changé le pneu, confie Elizabeth en haussant les épaules.

— OK, as-tu en tête un autre exemple récent où tu n'étais pas satisfaite d'une situation ?

— Heu… eh bien, j'ai demandé à une stagiaire d'organiser une interview avec une source, et le lendemain, j'ai découvert qu'elle ne l'avait pas fait.

— Quelle a été ta réaction ?

— J'étais assez ennuyée au début. *Mais* je me suis bien rattrapée sur ce coup-là ! annonce fièrement Elizabeth. J'ai pris en considération la colère que je ressentais et j'ai pris quelques inspirations profondes avant de répondre. Je me suis souvenue que nous commettons tous des erreurs et je ne lui en ai pas voulu. Puis j'ai simplement envoyé le mail moi-même, ajoute Elizabeth avec un large sourire tout en se tamponnant le nez.

— Ça par exemple ! Tu comprends donc que ton agacement n'a rien changé dans le fait que l'interview n'ait pas été organisée ? lui fais-je remarquer.

— Ouaip, clairement.

— Et est-ce que le fait de renoncer à ton agacement a rendu la situation plus agréable ?

— Oh oui. Ça nous a évité des maux de tête à toutes les deux, reconnaît-elle.

— Tu vois où je veux en venir, Elizabeth. Tu ne pouvais pas contrôler le fait d'avoir un pneu crevé ou le fait que la stagiaire n'avait pas organisé l'entretien.

— Parfois, j'aimerais que ce soit le cas ! Mais tu as raison, reconnaît Elizabeth.

— Revenons donc au fait que tu es malade. Pourquoi penses-tu que tu luttes contre ça?

— Eh bien, en me basant sur ce qu'on vient de dire, je suppose que mes pensées de singe pensent que si je suis frustrée d'avoir un rhume, il y a des chances que je puisse changer le fait que je suis malade, répond Elizabeth.

— Et ta frustration change-t-elle le fait que tu as un rhume?

— Pas du tout, répond Elizabeth en secouant fortement la tête. Je repense simplement à quand j'énumérais toutes les raisons pour lesquelles ça craint d'être malade. Et je me sens *encore* embarquée dans cette histoire selon laquelle je *devrais* être en colère à ce sujet! C'est si facile de se laisser entraîner là-dedans qu'il est difficile de prendre conscience de l'absurdité consistant à essayer de stopper un rhume par sa colère, conclut Elizabeth en toussant.

— Pourquoi ne pas commencer à nous éloigner de cette voix alors? Je souhaite que tu énumères les choses que tu as dites plus tôt – les choses qui craignent dans le fait d'être malade. Mais désormais, dis «Je me réjouis» avant chacune d'entre elles. Et vois comment tu te sens après ça, je lui suggère.

— OK... Je me réjouis de devoir emporter avec moi des mouchoirs en papier tout le temps. Je me réjouis de ne pas pouvoir dormir la nuit. Je me réjouis – c'était quoi l'autre déjà? Oh oui, je me réjouis de cette sinusite, récite Elizabeth.

— Comment te sens-tu?

— Heu. D'un côté, je me sens beaucoup plus légère. Mais j'entends toujours cette voix qui me dit : «Non! Pourquoi accepterais-tu une sinusite? C'est ridicule!»

Elizabeth se tourne vers moi et ajoute :

— Mais je comprends ce que tu veux dire. Je me sens encore malade, mais je n'ai pas besoin de m'énerver pour ça. Si je peux m'en tenir à ça, ce rhume me rendra beaucoup moins misérable.

Notez trois situations au cours desquelles vous avez été faché·e parce que vous vouliez que les choses se passent différemment. Pour chaque situation, écrivez : « Cela n'aurait pas dû se produire parce que… (complétez). Continuez à trouver des raisons et à les écrire. »

Puis demandez-vous : Est-ce que je contrôle la situation ? Le fait de lutter contre les circonstances change-t-il la situation ? Qu'est-ce que je ressens lorsque je me dispute ? Est-ce que cela améliore ma vie, ou celle de quelqu'un d'autre ?

Maintenant, écrivez : « J'accueille (complétez) ».

Sentez-vous que votre perspective commence à changer ?

Chapitre 34

ACCEPTEZ VOS ERREURS

L'odeur du pain fraîchement cuit me parvient alors que je franchis la porte d'entrée de Kevin. Nous avions convenu de faire cette séance chez lui, et Jamie a fait cuire un pain brioché pour nous avant de partir au travail.

Dès que nous sommes installés, je perçois que quelque chose ne va pas. Il s'assoit dans un fauteuil en face de moi, et ses épaules s'affaissent dans le dossier.

— Qu'est-ce qui te tracasse, Kevin ?

Il soupire et secoue la tête.

— Jamie et moi avons eu une grosse dispute il y a quelques minutes.

— À quel sujet ?

— Eh bien, sa mère a proposé de venir habiter avec nous pendant les deux premiers mois après la naissance du bébé. Attention, j'ai bien dit *mois*, pas semaines. C'est à peine si je peux supporter sa mère pendant un week-end, alors imaginez vivre avec elle pendant des mois durant ! Je l'ai donc dit à Jamie… Comme vous pouvez l'imaginer, ça ne s'est pas bien passé. Ça a rapidement dégénéré jusqu'à ce qu'elle dise que je me fiche de ses besoins, soupire-t-il en se frottant les tempes.

— Alors pourquoi te sens-tu contrarié en ce moment ?

— C'est juste que j'ai honte d'avoir réagi de cette façon… je pensais être un peu au-dessus ça.

— Kevin, on dirait que tu vis une double honte en ce moment – comme ce jour-là au cinéma après avoir viré cet infirmier. Tu te souviens ? Tu es en train de penser que tu ne devrais pas avoir le droit de mal réagir après tout ce que tu as appris, lui fais-je remarquer.

Hochant la tête, Kevin répond :

— Oui, tu as tout à fait raison. Je me suis laissé emporter si vite.

Il prend une profonde inspiration, en claquant des dents.

— C'est juste que c'est tellement difficile d'accepter quelque chose que je sais être de ma faute ! poursuit-il.

— L'acceptation de soi est un aspect essentiel pour s'éloigner des pensées de singe. Disons que tu parviennes maintenant à te débarrasser complètement de la honte que tu ressens à propos de ta dispute avec Jamie. Que tu acceptes pleinement le fait que tu t'es exprimé d'une manière pas très agréable. Comment crois-tu que tu te sentirais ?

En faisant craquer sa nuque, Kevin répond :

— Ça a l'air génial. Et je sens que je progresse dans ce sens. Mais avec Jamie, ça semble plus difficile en revanche. J'ai l'impression que je *devrais* être capable de me débarrasser de la honte, mais, honnêtement, j'ai toujours l'impression de me dérober.

Je hoche lentement la tête.

— Je vois. Et auparavant, Kevin, lorsque tu t'accrochais à cette honte, tu finissais par t'en vouloir, exact ? Tu te critiquais et tu avais honte de te disputer avec Jamie jusqu'à ce que, eh bien… tu te souviens de ce qui se passait ?

Kevin soupire profondément.

— Je finissais au bar.

— Rien d'autre ? J'ajoute doucement.

Se raclant la gorge, Kevin baisse le regard.

— Je me demandais si j'étais un bon mari, un bon ami, une bonne personne… et puis tout s'assombrissait, se souvient-il tranquillement.

— Se souvenir de ce qui se passe lorsqu'on n'honore pas ses erreurs est probablement le moyen le plus puissant de se souvenir pourquoi il *faut* accepter lorsqu'on se plante, lui dis-je d'un ton affirmatif.

— C'est juste les pensées de singe qui essaient d'utiliser la honte pour me motiver à changer de nouveau, admet-il. Peu importe ce que j'apprends, il m'est toujours difficile de ne pas me laisser embarquer dans leur histoire par moment.

— Et si tu disposais d'un autre moyen pour t'aider à te pardonner après avoir mal réagi contre Jamie ?

— Ce serait génial. Lequel ?

— On y arrive. D'abord, peux-tu me dire pourquoi tu t'es énervé contre Jamie à propos de la venue de sa mère ?

Kevin soupire.

— Sa mère et moi ne nous entendons pas très bien, et je ne tiens vraiment pas à ce qu'elle reste avec nous aussi longtemps.

Je précise :

— OK, cette raison concernait la mère de Jamie. Mais quel est *ton* désir qui selon toi était menacé ?

Kevin réfléchit à cela pendant un moment.

— Je veux dire, j'avais vraiment hâte de passer du temps avec Jamie et le bébé… juste notre petite famille.

— Y a-t-il quelque chose de mal à vouloir ça, Kevin ?

— Non… répond-il, ses yeux rencontrant les miens.

— Et si la prochaine fois que tu te disputes avec Jamie, plutôt que de t'en vouloir de t'être disputé avec elle, tu examinais la raison profonde à l'origine de votre dispute – le désir que tu avais et qui semblait menacé ? lui fais-je remarquer.

— Oh, donc, dans ce cas, mon désir menacé était que je voulais passer du temps seul avec Jamie et le bébé ? clarifie Kevin.

— Exactement. Il n'y a rien de mal à vouloir passer du temps seul avec sa famille.

— Ouais, je peux l'envisager, convient-il, en redressant l'oreiller bleu layette derrière son dos.

— Maintenant, tu peux voir que le fait de te mettre en colère était motivé par une bonne intention – tu te battais pour avoir du temps seul avec Jamie et le bébé ! Vouloir défendre cela ne fait pas de toi une mauvaise personne. Une fois que tu peux le concevoir, il est beaucoup plus facile pour toi de te pardonner pour ce que tu as dit, tout en reconnaissant que se disputer avec ta femme n'est pas le moyen de réaliser ce désir, je lui explique en guise d'illustration.

— Donc, si je peux voir que mes intentions sont bonnes, même si je me mets en colère, dans ce cas je pourrai m'accepter davantage la prochaine fois qu'il m'arrivera de m'emporter ? demande Kevin.

— C'est ça. Te disputer avec Jamie ne fait pas de toi une mauvaise personne – tu avais une bonne raison derrière tout cela.

— Mais ça fonctionne vraiment pour toutes les disputes ? Parfois, j'ai juste l'impression d'être de mauvaise humeur et de me disputer avec elle sans raison. C'est là que je me sens le plus mal, répond Kevin en faisant glisser ses chaussettes à pois sur le sol sous sa chaise.

— Eh bien, peux-tu me donner un exemple d'un de ces moments où tu penses que tu t'emportes simplement parce que tu es de mauvaise humeur ?

Kevin penche sa tête en arrière.

— Heu... voyons voir...

Il redresse sa tête pour me faire face.

— OK, donc la semaine dernière, je me suis fait couper les cheveux chez ce nouveau coiffeur. Je voulais qu'il les coupe un peu plus court que d'habitude, et c'est donc ce qu'il a fait. Puis je suis rentré à la maison, et Jamie m'a demandé : « Holà, pourquoi a-t-il coupé si court ? » Et j'ai répondu : « Je le lui ai demandé. Ce sont mes cheveux ! » J'ai fini par m'excuser une seconde plus tard d'avoir été si brusque, mais quel était ici le désir que je défendais, J. F.? Quelle était ma bonne intention ? demande Kevin.

— Eh bien, pourquoi ne pas essayer de deviner, je lui rétorque.

Kevin soupire et se gratte la tête.

— Euh… eh bien, j'ai évidemment supposé que Jamie n'aimait pas mes cheveux. Et je veux que ma femme me trouve séduisant… donc, je suppose que mon désir était qu'elle apprécie mon apparence, et c'est ce que j'essayais de défendre ?

— Ça me semble correct, Kevin.

— Hum. Je suppose que tu as raison, concède-t-il.

— Quand il s'agit d'accepter ses erreurs, il y a deux choses à garder en tête, Je lui explique. Premièrement, rappelle-toi ce qui se passe lorsque tu n'acceptes pas tes erreurs. Deuxièmement, efforce-toi de détecter le désir sous-jacent que tu essaies de protéger ; comme le désir de partager des moments intimes avec ta famille. Lorsque tu combines ces deux idées, tu peux apprendre à t'accepter suite à un de tes accès de colère.

Kevin réagit :

— Je devrais donc identifier quels sont les désirs profonds qui se cachent derrière mes disputes… C'est une idée tellement intéressante. J'ai vraiment hâte d'essayer ça.

— Oui, il s'agit d'un concept très différent de celui auquel la plupart d'entre nous sont habitués. Mais n'oublie pas que tout ceci est encore un processus d'apprentissage. En matière de comportements, on s'autorise rarement cette phase d'apprentissage parce qu'on est tellement occupés à juger nos erreurs comme un défaut de caractère. Lorsqu'on reste dans ce mode de pensée fondé sur la honte, nous ne sommes pas en mesure de prendre du recul et de visualiser avec précision notre croissance, j'ajoute.

— Oui, je vois ce que tu veux dire. Je suis là, obsédé par cette petite querelle entre Jamie et moi. Mais il y a encore quelques années, je ne me serais même pas attardé une seconde sur ma réaction à notre dispute. Je me serais énervé, je serais allé dans un bar, et j'aurais bu jusqu'à tomber à la renverse. Je reviens de loin, réalise Kevin en relevant un peu la tête.

Pensez à un moment où vous étiez en colère contre quelqu'un et où vous avez regretté plus tard la façon dont vous avez réagi. Notez toutes les façons dont vous vous êtes fait honte. Puis notez ce que ce jugement vous a amené à faire – pour Kevin, cela le conduisait dans un bar. Ensuite, pensez à ce que vous essayiez de protéger en vous disputant, comme Kevin qui veut que Jamie le trouve séduisant.

Prenez un moment pour reconnaître que votre intention était bonne.

Fort de cette nouvelle compréhension selon laquelle la honte ne fonctionne pas et que votre intention était bonne, pouvez-vous, en cet instant, vous pardonner vous-même pour vos actions ?

Chapitre 35

INTÉGREZ LA RESPIRATION CONSCIENTE DANS VOTRE JOURNÉE

Lors de notre prochaine rencontre, Elizabeth me raconte fièrement sa routine en matière de respiration consciente.

— Je respire tous les jours. Dès le réveil et avant d'aller me coucher – pendant vingt minutes à chaque fois, annonce-t-elle avec un sourire.

— C'est merveilleux que tu maîtrises cette pratique. À présent, je souhaite t'enseigner le niveau suivant de la respiration consciente. Imagine que ta respiration ne soit pas quelque chose sur laquelle tu te concentres seulement deux fois par jour – et si tu étais capable d'incarner pleinement le concept de la respiration consciente tout au long de ta journée? Plus tu iras vers ta respiration, moins tu éprouveras d'anxiété et de réactions négatives. Alors, Elizabeth, à quand remonte la dernière fois où tu as réagi à quelque chose d'une manière involontaire?

Elle réfléchit à cette question pendant un instant, puis me dit rapidement :

— Oh, j'en ai une. Une très mauvaise. La semaine dernière, j'étais au magasin après une très longue journée. J'étais épuisée – j'avais probablement l'air d'un zombie. Mais Josh ne se sentait pas bien et voulait une glace, alors je me suis arrêtée sur le chemin du retour. Quand je suis arrivée à la caisse, la caissière m'a regardée de la tête aux pieds et m'a dit : « Ouah. On dirait vraiment que vous avez besoin d'un verre. »

Elizabeth ferme les yeux et secoue rapidement la tête.

— Bon sang, ça m'a rendue furieuse. Pour qui se prend-elle pour me dire ça ? Elle ne sait pas ce que j'ai traversé… Elizabeth se lance dans une diatribe. Puis elle s'arrête et prend quelques inspirations profondes. Elle me regarde à nouveau avec un sourire penaud et ajoute :

— Tu vois ? Je me laisse embarquer par la voix des pensées de singe, encore maintenant.

Je lui retourne son sourire et lui fais signe de continuer lorsqu'elle est prête. Elle reprend :

— Sa remarque m'a totalement prise au dépourvu. Au lieu de la laisser dire, je lui ai répondu : « Vous pensez vraiment que c'est normal de dire ça à un client ? Vos commentaires, vous pouvez vous les garder ! » Et aussitôt, elle est devenue écarlate ! Elle a commencé à bredouiller des excuses, mais j'étais tellement en colère que je n'ai rien entendu. En rentrant chez moi, j'ai commencé à réaliser à quel point j'avais été horrible. Je veux dire, elle n'avait probablement que dix-neuf ou vingt ans. Elle ne pensait pas à mal. Je me suis vraiment emportée contre elle. Je suis sûre que ça lui a gâché toute sa soirée, dit Elizabeth en prenant une profonde inspiration. J'ai commencé à avoir honte de mon comportement et à me poser des questions ; et j'ai réalisé à quel point ma peur de l'alcool avait été déclenchée.

Je calme ma respiration de sorte qu'elle se synchronise avec celle d'Elizabeth, laissant un moment de silence s'installer entre nous. Puis je lui fais remarquer doucement :

— Tu devrais vous féliciter d'avoir été capable de reconnaître votre honte aussi rapidement et de parler de cette expérience.

Elizabeth acquiesce légèrement, les yeux rivés sur ses chaussures.

— Alors, pourquoi penses-tu avoir réagi de la sorte à la remarque de cette caissière ?

Elizabeth me regarde à nouveau.

— Je ne pense pas avoir réfléchi à ma réaction. C'était juste une réaction instinctive à ce qu'elle a dit.

— Penses-tu que tu aurais pu respirer un peu avant de répondre ? Je lui demande, curieux.

— Honnêtement… Je ne sais pas. C'est arrivé si vite. Je n'ai même pas été consciente de ce que j'avais fait jusqu'à ce que je rentre chez moi en voiture, explique-t-elle.

— C'est exactement ce qui arrive à beaucoup d'entre nous, Elizabeth. Lorsqu'on est déclenché à propos d'une croyance fondamentale si profondément ancrée, on suit la première émotion que nous ressentons. Il semble tellement plus difficile d'apporter une réponse consciente et calme lorsque le sujet est très personnel.

— C'est tout à fait vrai. Quand elle a évoqué la boisson, j'ai basculé dans un état d'esprit totalement différent.

Je hoche la tête en signe de consentement.

— La façon de surmonter ces réactions irréfléchies consiste à pratiquer encore davantage sa respiration consciente tout au long de sa journée. Disons, par exemple, que tu aurais commencé à pratiquer la respiration consciente en parcourant les rayons du magasin. Aucune raison particulière ne t'aurait poussée à commencer à respirer, si ce n'est le fait que tu voulais t'entraîner à être attentive à ta respiration. Tu respires donc pendant que tu prends le panier, choisis le parfum de la glace – tu vois ce que je veux dire. Si tu avais procédé ainsi, au moment d'arriver devant la caissière, lorsqu'elle t'a dit ces choses, comment penses-tu que tu aurais réagi ?

Elizabeth réfléchit à cette question.

— Peut-être que j'aurais été moins sévère ; c'est difficile à dire. Je n'ai jamais fait ça avant.

— Eh bien, que t'arrive-t-il le matin et le soir après ta séance de respiration ?

— Je me sens beaucoup plus calme, répond rapidement Elizabeth.

— Exactement. Donc, si tu avais respiré dans le magasin avant d'être déclenchée, comment penses-tu que tu aurais réagi ?

— Ma réaction aurait probablement été plus pondérée, confirme Elizabeth, ses yeux s'adoucissant.

— La respiration consciente est la porte d'entrée pour accéder à nos pensées d'observateur, Elizabeth. Bien qu'il soit incroyablement bénéfique de respirer consciemment deux fois par jour, comme tu le fais en ce moment, on franchit un autre niveau lorsqu'on pratique ça tout au long de sa journée. Plus on le fait souvent, plus on est à même d'accéder à sa respiration lorsqu'on est déclenché, je lui explique.

Je poursuis :

— J'aimerais recréer ce moment avec la caissière, Elizabeth. Je veux que tu ressentes à nouveau pleinement la colère que tu as ressentie en entendant ses mots. Mais cette fois, je veux que tu déclenches ta respiration avant de répondre. Qu'en dis-tu ?

Elle me répond sûre d'elle :

— Allons-y.

Je m'assieds à côté d'elle, en prenant moi-même une profonde inspiration. Puis je lui lance avec conviction :

— Ouah, on dirait vraiment que vous avez besoin d'un verre. Vous avez mauvaise mine – vous avez clairement besoin d'un verre. Vous devriez vraiment boire un coup.

Je marque une pause.

— Que ressens-tu ?

Elizabeth ne répond pas et entre dans sa respiration consciente pour décortiquer ce sentiment. Elle respire pendant plusieurs instants, prenant le temps d'entrer dans son corps et de prêter attention à ce qui se présente à elle.

— Eh bien, je remarque d'abord ma colère. En dessous, je peux sentir ma peur de replonger surgir. Mais encore en dessous…

Elle s'interrompt, fermant les yeux.

— Je peux entendre mes pensées me dire que je ne vais pas réussir à rester sobre parce que je ne suis pas assez forte.

Elle affiche un demi-sourire puis ajoute :

— Toujours aussi sympa ces pensées de singe.

— Tu vois comment tu as pu accéder à toutes ces informations en respirant ?

— Ouais, je peux clairement le voir.

— Et plus tu pratiqueras ta respiration consciente, plus tu pourras éliminer ces accès de colère de ta vie.

Elizabeth ouvre les yeux et étire ses bras. Elle respire à nouveau profondément et me dit :

— Je vois ce que tu veux dire, J. F., vraiment. Mais n'est-ce pas un peu gênant de pratiquer la respiration consciente tout le temps ? J'ai l'impression que je n'ai juste pas le temps de la mettre en pratique, admet ouvertement Elizabeth en se retournant vers moi.

— C'est quelque chose que tu dois t'engager à faire. Mais laisse-moi te poser une question : combien de temps as-tu passé à t'en vouloir pour ta réaction à cette caissière ?

Elizabeth rit doucement toute seule.

— C'est une excellente question. J'ai dû y penser au moins vingt fois depuis.

— Alors, qu'est-ce qui est le plus laborieux en définitive ? S'autocritiquer pour avoir mal réagi ? Ou s'entraîner à accéder à sa respiration ?

Elizabeth hoche la tête en signe de compréhension.

— J'ai compris. Je dirais qu'il est temps pour moi de commencer à pratiquer cette respiration plus souvent alors !

Souvenez-vous d'un moment où vous avez réagi de manière excessive, comme Elisabeth l'a fait vis-à-vis de la caissière.

Fermez les yeux et revivez la scène dans votre tête. Commencez à respirer. Rappelez-vous les expressions de votre visage, ce qui a été dit, ce que portait la personne, autant de détails que possible. Continuez à respirer pendant que vous racontez cette situation.

Pouvez-vous voir la véritable cause de votre réaction ? Quelle croyance était présente ?

Demandez-vous, alors même que vous respirez en cet instant, si vous auriez réagi de manière excessive dans cette situation si vous aviez pris le temps de respirer ?

Partie 7

PARTAGER LA SAGESSE DES PENSÉES D'OBSERVATEUR

Chapitre 36

PROPAGER L'AMOUR

Parmi les nombreux aspects de votre vie qui changent lorsque vous commencez à écouter les pensées d'observateur, l'un des plus profonds est à quel point votre compassion pour les autres tend à augmenter. Dans la mesure où vous comprenez désormais que leur comportement ne vous affecte pas, vous êtes capable de percevoir les gens autour de vous de manière plus objective. Par ailleurs, vous pourrez voir comment leurs propres pensées de singe influencent leurs vies. Une fois que vous saurez reconnaître ce phénomène, vous ressentirez peut-être le désir de partager la connaissance des pensées d'observateur et d'aider les gens à s'attaquer à leurs propres blessures intérieures. En entamant ce genre de conversations honnêtes, vous pourrez commencer à établir des liens encore plus profonds avec les personnes qui font partie de votre vie.

VIVRE EN DONNANT L'EXEMPLE

Après avoir travaillé intensivement avec moi, Elizabeth et Kevin ont tous deux appris à vivre différemment. Même après avoir surmonté leurs dépendances, ils ont continué à appliquer les pensées d'observateur à tout obstacle qui se présentait à eux. Ils sont aujourd'hui suffisamment compétents pour utiliser les techniques qu'ils ont apprises afin d'aider les personnes de leur entourage à dominer leurs propres pensées de singe. Dans les chapitres suivants, vous verrez comment Elizabeth et Kevin sont capables d'aider des personnes de tous horizons. En adoptant et en suivant les conseils des pensées d'observateur, il est facile de commencer à vivre une vie pleine de liens, de soutien et d'amour.

Chapitre 37

SURMONTER LES TRAUMATISMES DU PASSÉ

— Je ne me sens pas trop bien, Kev.

Kevin peut sentir la tension dans la voix de sa petite sœur Britney à l'autre bout du fil.

— Qu'est-ce qui ne va pas ? demande-t-il.

— Alors voilà, ce soir je suis sortie avec quelques amis, et le frère de Megan, Travis, est venu avec nous.

— C'est le gars avec qui tu sors, non ? clarifie Kevin.

— Eh bien, on sort ensemble, mais pas *officiellement*, tu vois ? rectifie rapidement Britney.

Kevin prend une profonde inspiration. Britney a presque dix ans de moins que lui, et il oublie parfois à quel point la différence d'âge peut être importante.

— OK, donc vous « sortez ensemble ». Que s'est-il passé ce soir qui t'a tant contrariée ?

— Eh bien, on était en train de danser et puis il s'est penché et m'a embrassée ! Et après environ deux secondes, je me suis retirée et je suis partie en *courant*, Kevin. Comme une sorte de folle ! Tu vois le genre ? Je n'ai jamais fait un truc pareil avant que tout ça n'arrive…

Le dernier semestre de sa dernière année d'université, Britney était en stage dans une entreprise de marketing. Un soir d'automne, après une longue journée de travail, Britney et quelques-uns de ces collègues sont allés dans un bar pour regarder un match. Après avoir bu trois ou quatre cocktails, son équipe a marqué. Britney a jeté ses bras en l'air, applaudissant bruyamment et renversant au passage un peu de son verre sur le sol.

Keith, le manager beaucoup plus âgé de Britney, a attrapé une serviette et s'est agenouillé pour nettoyer la flaque par terre. En se relevant, il a subtilement conduit sa main à l'arrière de la jambe de Britney et lui a touché le derrière. Britney est restée figée, incertaine de ce qu'elle devait faire. Elle a décidé de ne rien dire et a saisi la première occasion pour partir.

Après cela, les choses n'ont fait qu'empirer. Britney a commencé à trouver des notes anonymes et inappropriées sur son bureau au travail. Elle n'a rien dit à personne, espérant que c'était l'un de ses collègues qui lui faisait une blague. Finalement, un soir, Keith lui a demandé de rester tard pour examiner un projet avec lui. Lorsqu'elle est entrée dans son bureau, il l'a coincée et l'a maintenue au sol par la force. Le lendemain, Britney a remis sa démission et n'a plus jamais revu personne du bureau.

— Britney, tout va bien. Prends juste quelques inspirations profondes avec moi, l'invite Kevin.

Il peut entendre sa sœur respirer rapidement à l'autre bout du téléphone.

— Comment vas-tu maintenant ? demande-t-il.

— Un peu mieux… Bon sang, je n'arrive pas à croire que j'ai fait ça ! Travis est un gars vraiment sympa, Kevin – tu l'apprécierais sûrement. Mais je suis là, à me cacher dans la salle de bains parce que je ne sais pas comment gérer un foutu baiser ! Je devrais sans doute me résigner au fait que je ne serai plus jamais capable d'avoir une relation intime.

— Hé, c'est bon, Brit. T'as traversé beaucoup d'épreuves. C'est parfaitement normal de réagir de cette façon, la rassure Kevin.

— Mais je ne *veux* pas réagir de cette façon ! Je me fiche de savoir si c'est normal ou pas, je ne veux tout simplement plus de ça. Peut-être que si je prenais un verre pour me détendre, ça m'aiderait…

— Britney. Rien ne t'oblige à replonger là-dedans. Tu t'en es si bien sortie – se remettre à boire maintenant, reviendrait à conforter l'emprise que ton ancien manager a sur toi. Est-ce que c'est ce que tu veux ?

— Non, réplique-t-elle fermement.

Elle prend une profonde inspiration.

— Merci pour ça.

— Bien sûr. De quoi as-tu peur, sœurette ? Tu vois une thérapeute depuis un certain temps maintenant – t'a-t-elle aidée à aborder ce sujet ?

Britney soupire.

— Oui… elle et moi avons travaillé sur beaucoup de choses. Je n'ai plus l'impression que c'est ma faute, *enfin*. Mais j'ai l'impression d'être une marchandise endommagée, Kev. Comme si aucun mec bien ne voulait de moi.

Kevin peut entendre la voix de Britney se briser, suivie d'un reniflement.

— Hé, tu n'es pas une marchandise endommagée, Brit. Regarde tout le chemin que tu as parcouru depuis.

Inspirant bruyamment, Britney se calme.

— Ouais, c'est vrai. C'est juste que je ne sais plus quoi faire à présent. Comment retourner vers lui et lui faire comprendre ?

— Et si tu avais une conversation ouverte avec lui ? Tu pourrais lui dire que tu as vécu une mauvaise expérience et voir comment il réagit, suggère Kevin.

— Oh, je ne veux pas commencer à lui parler de ce genre de choses ! Ça va l'effrayer, lui assure-t-elle, résignée.

— Je ne veux pas dire que tu dois entrer dans les détails, Brit. Mais si tu te livres, et qu'ensuite il se ferme ou te rejette, est-ce vraiment le genre de gars avec qui tu veux être ? Ne préférerais-tu pas être avec quelqu'un qui sait ce que tu as traversé et qui souhaite te soutenir pour surmonter cette épreuve ? lui demande Kevin.

— Ce genre de gars existe-t-il vraiment ? ironise Britney.

— Eh bien, je veux dire, t'es en train de parler à un gars en ce moment même prêt à soutenir une femme à surmonter ça…

— Je sais, je sais. C'est pour ça que je te parle, Kev, pour me rappeler que tous les mecs ne sont pas des ordures, lance Britney avec un petit rire, en reniflant à nouveau.

— Argh, je suis en train de ruiner tout mon maquillage ! Je dois arranger ça avant de ressortir.

Elle s'éclaircit la gorge.

— Merci d'avoir décroché ton téléphone, Kev. J'avais vraiment besoin de ça.

— Je suis toujours là pour toi, sœurette.

— Je sais – tu l'as toujours été, à travers tout ça. Passe le bonjour à Jamie pour moi, répond Britney.

— Je n'y manquerai pas. Je t'aime, dit Kevin.

— Je t'aime aussi.

Se pomponnant dans le miroir pendant quelques instants, Britney sort à nouveau dans la pièce principale pour trouver Travis. Elle l'aperçoit debout, seul, près d'une table.

— Salut, dit-elle d'un air penaud en repoussant une mèche de cheveux derrière son oreille.

— Hum, salut, répond-il mal à l'aise.

— Je, euh… balbutie Britney.

Inspirant profondément, elle marque une pause avant de reprendre.

— Désolée d'avoir flippé tout à l'heure. Je, euh…, il m'est arrivé des trucs. Alors, il m'arrive d'avoir du mal à m'ouvrir.

Britney est terrifiée à l'idée de lever les yeux et de voir comment sa confession a été reçue. Mais elle sait qu'elle doit le faire. Les yeux de Travis sont plissés sur les bords, un doux sourire sur la bouche.

— Tu veux qu'on sorte d'ici ? Je connais un resto pas loin – on pourrait prendre un café et simplement parler, si tu veux ?

Elle lui rend son sourire.

— J'aimerais bien une gaufre aussi, dit-elle en riant.

Travis se caresse le menton, exagérant clairement son processus de pensée.

— Des gaufres, des gaufres… je pense que je pourrais arranger ça, dit-il en dévoilant un sourire éclatant.

Tous deux quittent le club bruyant pour l'intimité d'un dîner au crépuscule. Une fois leur commande passée, Britney se livre à Travis au sujet de son expérience avec son ancien manager.

— J'ai juste, heu, du mal à faire confiance aux mecs depuis, conclut-elle en tripotant un paquet de sucre.

— Ouah… c'est du sérieux, répond Travis, les yeux écarquillés. Je… euh… je suis désolé. Que tu aies vécu ça, je veux dire…, balbutie-t-il.

— Ouais, eh bien, je vais beaucoup mieux qu'il y a quelques mois, dit-elle avec un petit rire mal à l'aise.

Se penchant en avant sur la table, il demande tranquillement :

— As-tu… as-tu déjà parlé de ça avec quelqu'un ?

— Oui. Je vois une thérapeute. Elle m'a beaucoup aidée, répond Britney, déchirant accidentellement le paquet de sucre et répandant son contenu sur toute la table. Oh, bon sang, désolée, marmonne-t-elle, attrapant une serviette de table pour contenir le désordre avec des mains tremblantes.

— Pas de soucis, répond Travis.

Après l'avoir aidée à se nettoyer, il se penche en arrière et prend une profonde inspiration.

— Hey, merci de m'avoir dit ça, Brit. Et tu sais, nous ne sommes pas tous comme lui, ajoute-t-il en lui adressant un petit sourire rassurant.

— Je sais, dit-elle tranquillement.

Le sourire de Travis s'estompe et il soupire, faisant inconsciemment claquer ses articulations.

— En fait, l'une de mes meilleures amies a vécu… une expérience similaire à l'université.

— Ah oui ? demande Britney, surprise par ce commentaire.

— Oui. Je crois que je suis le seul à qui elle en ait parlé. Elle avait tellement peur de ce gars qu'elle ne voulait pas le signaler, tu sais ? Alors je peux imaginer à quel point c'était effrayant pour toi.

Britney acquiesce avec reconnaissance.

— Ouais, ça l'a vraiment été. Je crois que c'est pour ça que j'ai flippé quand tu m'as embrassée. Je ne veux pas que tu penses que je ne voulais pas t'embrasser, c'est juste… difficile.

— Tu sais, je t'ai embrassée parce que je t'aime vraiment bien, Brit, confie Travis en levant les yeux pour rencontrer les siens. Mais je me souviens à quel point mon amie était fermée après ce qui lui est arrivé, alors je ne veux pas que tu penses que je te mets la pression. Parce que ce n'est pas le cas. On peut prendre autant de temps que tu le souhaites, la rassure-t-il.

— Merci, Travis. Tu n'as pas idée de ce que ça représente pour moi de t'entendre dire ça, confie chaleureusement Britney.

Tous deux finissent par parler pendant des heures, dévoilant les expériences difficiles que chacun d'eux a traversées dans sa vie. Au moment de quitter le restaurant, ils se sentent plus liés que jamais.

Lorsque Britney rentre chez elle, elle ne peut s'empêcher de sourire. Cette soirée s'est tellement mieux passée qu'elle ne pouvait l'espérer ! Alors qu'elle se glisse dans son lit, la photo sur sa table de nuit attire son attention. C'est une photo d'elle sur les épaules de Kevin au Grand Canyon. Son sourire s'élargit encore davantage en pensant à la chance qu'elle a d'avoir un frère aimant comme Kevin qui la soutient quoi qu'elle traverse dans sa vie. Elle note mentalement de lui passer un coup de fil demain pour lui faire part du joyeux dénouement de la soirée.

Chapitre 38

QUESTIONNER SES PROPRES ATTENTES

Alors qu'il entend son fils, Scott, garer sa voiture, Ravi évacue sa frustration sur la casserole qu'il est en train de récurer. Dès que la porte s'ouvre, Ravi commence à proférer ses accusations.

— Vraiment, Scott ? T'as échoué en histoire du monde ? T'adores l'histoire ! s'écrie Ravi, faisant gicler de l'eau sur le sol en désignant la lettre de notification.

— Non, je n'adore pas ça, répond Scott en s'appuyant sur le comptoir de la cuisine et en regardant son téléphone.

— Pose ça pendant que je te parle, s'emporte Ravi, arrachant le téléphone des mains de son fils et le claquant sur la table derrière lui.

— Hé ! Tu vas le mouiller !

Ravi ignore le commentaire de son fils.

— Qu'est-ce qui t'arrive ? D'abord l'anglais, maintenant l'histoire ? Tu le fais exprès ? l'interroge Ravi, en levant ses bras en l'air.

— Je veux dire, quelle importance ça peut avoir de toute façon ? Ce n'est pas comme si ces notes allaient me servir à quoi que ce soit après l'école. C'est juste une perte de temps pour moi, lance Scott d'un air renfrogné.

— Il te faut de bonnes notes pour aller à la fac ! Pour trouver un emploi ! Si tu n'as pas de bons résultats, personne ne va t'embaucher.

Alors que vas-tu faire ? Vivre ici pour toujours ? Sûrement pas ! vocifère Ravi.

— Bon sang, oublie-moi un peu ! s'écrie Scott, se jetant derrière son père pour récupérer son téléphone. Il sort rapidement de la cuisine et monte les escaliers jusqu'à sa chambre.

— Je n'en ai pas encore fini avec toi, jeune homme ! lui crie Ravi. Il soupire et se glisse dans l'une des chaises de la cuisine, se sentant vaincu. Ses pensées de singe se lancent directement dans une chasse au coupable.

Scott est en train de gâcher sa vie ! Il va finir comme son ami Colton, un bon à rien, sur une voie de garage, à fumer de l'herbe toute la journée. Il est désespérant.

Le lendemain, Ravi repense encore à cette dispute alors qu'il dépose sa fille, Sophia, à son cours de karaté. Il décide de rester et de la regarder après avoir aperçu Elizabeth sur l'une des chaises, en train de regarder Tiffany. Elizabeth fait signe à son ami de s'asseoir à côté d'elle.

— Comment vas-tu, Ravi ? demande Elizabeth avec enthousiasme. Il secoue la tête.

— Euh, pas très bien. J'ai eu une dure journée.

— Que s'est-il passé ? demande Elizabeth.

— Scott est… eh bien, il me pousse vraiment à bout. Je ne comprends pas comment il peut être si ingrat parfois ! Et maintenant, il échoue *volontairement* dans certaines matières, et il n'ira alors probablement jamais à la fac, déplore-t-il en se prenant la tête entre les mains. Un bon verre de bourbon ne serait pas de trop en ce moment.

— Hé, Ravi, nous avons déjà traversé des situations bien plus difficiles que celle-ci. Tu t'en sors très bien ! Et n'oublie pas, tu peux m'appeler à tout moment si tu ressens l'envie de boire, d'accord ? offre Elizabeth de bon cœur.

Ravi soupire.

— Je sais, je sais. Tu as été un don du ciel pour m'aider avec tout ça. Je ne vais pas boire, mais je ne sais plus comment m'y prendre avec lui. Qu'est-ce que je pourrais faire d'autre !

— Pourquoi tiens-tu tellement à ce qu'il aille à l'université d'ailleurs ?

Ravi sursaute légèrement, surpris que quelqu'un puisse ne serait-ce que poser une telle question.

— Parce que je veux qu'il réussisse dans la vie.

— OK – mais doit-il nécessairement aller à l'université pour bien réussir dans la vie ? réitère Elizabeth.

— Eh bien, quelle est l'alternative ? S'il veut faire quelque chose de sa vie, il doit recevoir un enseignement solide.

— Et n'y a-t-il pas d'autres moyens pour lui de se former à part l'université ?

Ravi secoue la tête avec incrédulité.

— Elizabeth, tu vois bien comment le monde fonctionne ! L'université est une nécessité. Ça a été si important pour ma carrière, et ça le sera aussi pour celle de Scott !

Elizabeth prend une profonde inspiration, et Ravi l'imite inconsciemment.

Elle répond :

— Eh bien, rappelle-toi de l'époque où tu avais l'âge de Scott – est-ce que tes parents te poussaient autant que tu le pousses en ce moment ?

Ravi détourne le regard, se frottant inconfortablement la nuque.

— Euh, Elizabeth, je ne pense pas te l'avoir dit, mais, euh, mes parents sont décédés dans un accident de voiture quand j'avais neuf ans. Après leur disparition, j'ai emménagé chez la sœur de ma mère. Je pense que tante Natalie s'est donné beaucoup de mal pour m'élever d'une manière dont mes parents auraient été fiers. Elle m'a donc envoyé dans une de ces écoles privées où je devais porter un uniforme et apprendre l'hymne de l'école et tout ça. Elle était toujours sur mon dos pour que j'étudie et fasse mes devoirs à temps. C'est grâce à elle que j'étais un si bon élève, et cela m'a permis d'entrer dans une grande école – je lui en serai toujours reconnaissant.

Elizabeth effleure le genou de Ravi.

— Oh, Ravi, je suis vraiment désolée. Je n'en avais aucune idée. Tu sais que tu peux toujours partager ce genre de choses avec moi, n'est-ce pas ?

— Oui, je sais. Toi et moi avons traversé beaucoup de choses, reconnaît-il. C'est juste que je n'en parle pas tant que ça. C'est arrivé il y a longtemps.

— Eh bien, Natalie semble être une femme formidable, dit gentiment Elizabeth.

— Elle l'est. Mes enfants la considèrent comme leur grand-mère, répond Ravi, un doux sourire illuminant son visage.

— Penses-tu que le fait d'avoir grandi avec elle pourrait expliquer en partie pourquoi tu es si dur avec Scott pour ce qui est d'aller à la fac ? suggère Elizabeth.

Ravi se redresse et la regarde.

— Je veux dire, ça serait logique, n'est-ce pas ? Elle était convaincue que je devais y aller pour faire quelque chose de ma vie. Je n'ai jamais remis ça en question – ne pas y aller n'était même pas envisageable tu sais ? Mais je me souviens avoir été assez stressé quant au choix de l'université.

Elizabeth ajoute :

— Et si c'était ce que Scott ressentait en ce moment ? Non pas stressé à propos de l'université où il va aller, mais stressé à l'idée d'aller à l'université tout court. Penses-tu qu'il ressent une quelconque pression de ta part ?

— Probablement un peu, mais c'est normal, affirme Ravi. Si je ne le poussais pas un peu, j'ai l'impression qu'il abandonnerait complètement et finirait sur une voie de garage. C'est un enfant si intelligent – c'est juste qu'il ne s'applique pas assez.

Elizabeth suggère :

— Et si ce dont il avait besoin en ce moment, c'est d'un peu de temps pour décider lui-même de ce qu'il veut faire ? Son choix pourrait te surprendre.

— Je ne sais pas… répond Ravi de façon incertaine.

— Tu sais, moi aussi je suis un peu passée par là le semestre dernier avec Tiffany. Elle a été sélectionnée pour être candidate à la National Honor Society (NHS). Elle n'est qu'en première, et ce n'était donc pas une mince affaire. Nous avons répété son entretien sans relâche, et je l'ai aidée à perfectionner son CV. Quand j'y repense, je mettais une tonne de pression sur les épaules de cette pauvre enfant. Et quand le jour est venu où ils ont annoncé les personnes intronisées, le nom de Tiffany ne figurait pas sur la liste.

Elizabeth marque une pause et inspire profondément.

— Et quand elle est rentrée à la maison pour m'annoncer la nouvelle, elle était tellement déprimée. Mais j'ai compris que ce n'était pas parce qu'elle n'avait pas été acceptée ; elle avait peur de me décevoir ! Quand j'ai compris cela, je l'ai serrée dans mes bras et lui ai rappelé qu'elle avait tenté sa chance et qu'elle pourrait toujours postuler l'année prochaine. J'ai pu voir le changement en elle, comme si un poids avait été retiré de ses épaules. J'ai alors commencé à réfléchir à la raison pour laquelle je l'avais tant poussée à s'inscrire au NHS, et j'ai réalisé que j'avais l'impression que si elle n'était pas admise, j'avais échoué d'une certaine manière – j'aurais dû m'entraîner avec elle plus souvent ou faire quelque chose pour l'aider à y parvenir. J'avais en quelque sorte décidé que son admission dans ce groupe déterminerait à quel point je suis une bonne mère ! Cela semble ridicule, mais j'avais vraiment l'impression que si elle n'était pas admise, j'avais fait quelque chose de mal.

Ravi enregistre l'anecdote d'Elizabeth et reste silencieux un moment avant de répondre :

— Je n'y ai jamais pensé de cette façon. Donc si Scott échoue, je pense que *je* suis la cause de son échec… hein. Je veux dire, maintenant que j'y pense, j'ai ce sentiment de culpabilité au plus profond de moi quand je pense à l'avenir de Scott.

— Ouais, et ça va juste faire boule de neige avec le temps. Et le plus drôle, c'est que ce n'est pas vrai du tout ! Bien sûr, nous influençons la façon dont nos enfants grandissent. Mais en même temps, ils nous interprètent chacun d'une manière que nous ne pouvons pas contrôler. Je veux dire, regarde Sophie. Elle pense le plus grand bien de toi ! Ce n'est pas parce que Scott ne veut pas aller à l'université que tu as fait quelque chose de « mal » en tant que parent, assure Elizabeth.

— Merci de me le dire, Elizabeth, reconnaît doucement Ravi.

— Alors, et si, au lieu de crier sur Scott, tu t'ouvrais un peu à lui comme tu l'as fait avec moi ? C'est un enfant intelligent, et tu l'as bien élevé. Peut-être que s'il comprenait la pression que tu as subie lorsque tu es entré à l'université, il ne se braquerait pas autant.

— Oui, tu as raison… Je pense qu'il est temps que j'essaie autre chose.

Ce soir-là, lorsque Scott rentre de son travail au bowling, Ravi l'invite calmement à le rejoindre dans le salon.

— Quoi ? lance sèchement Scott, prêt à en découdre.

— Scott, je veux que tu saches que je suis désolé d'avoir été aussi insistant pour que tu ailles à la fac, déclare sincèrement Ravi.

Choqué par les paroles de son père, Scott s'assied dans un fauteuil en face de lui.

— En grandissant avec tante Natalie, elle me poussait toujours tellement à réussir à l'école. Je le comprends maintenant, mais je me souviens comme j'étais stressé à l'époque. J'ai l'impression que je te fais subir la même chose en ce moment. Je ne veux pas que tu te sentes comme ça. Je veux que tu puisses profiter de ta dernière année, dit Ravi en souriant faiblement.

Scott n'en démord pas si facilement.

— Eh bien, en ce moment, j'ai l'impression que tu me mets une tonne de pression, papa. Tu ne parles que de l'université ; quand tu ne me cries dessus pour que je fasse mieux à l'école. Tu crois que ça m'aide à *vouloir* faire mieux ? Tu veux juste… tu te sens obligé de contrôler tous les aspects de ma vie. J'ai l'impression que je n'ai même plus mon mot à dire dans ce que je fais ! Et ça craint vraiment.

— Je suis désolé, Scott. Je n'avais vraiment pas réalisé que je faisais ça, dit calmement Ravi, en regardant ses mains.

Scott se penche en arrière sur sa chaise, profitant de l'occasion pour affirmer son opinion.

— Et ce n'est pas tant que je ne veux pas aller à la fac, papa. Je suis juste effrayé à l'idée de choisir une matière principale, et que tu ne sois pas satisfait de mon choix ; au point que tu veuilles que j'en change. Et ensuite tu voudras vérifier mes notes constamment et t'assurer que je travaille bien… J'ai l'impression que tu vas tout faire pour gâcher le côté fun de la fac en contrôlant tous mes faits et gestes en permanence !

La mâchoire de Ravi se serre.

— Je… n'avais aucune idée que cela te touchait autant, Scott. Et si je commençais à te lâcher la grappe ?

— Je n'arrive même pas à te croire, soupire Scott.

— Sérieusement, Scott. Et si je te lâchais vraiment la grappe ? Si je te laissais respirer, et que je ne parlais plus autant de la fac ?

Scott jette un regard à son père, essayant de cerner ce nouvel homme.

— Si tu me faisais *vraiment* confiance, tu veux dire ? Comme maman ?

— Comme maman ? demande Ravi.

— Eh ben, ouais ! T'as jamais remarqué comment je lui confie tout ? Elle ne parle presque jamais de la fac, elle me demande comment je vais maintenant, mes amis et tout ça, murmure Scott.

— Oh… eh bien, ok. Je pourrais être plus comme maman alors, confirme Ravi.

— Ok alors, si tu le dis…

— Scott, je… Je suis désolé. Vraiment désolé. Je sais que cette dernière année a été difficile pour toi. Si j'ai été si dur envers toi ces derniers temps n'a aucun rapport avec toi – ça a un rapport avec moi. Et avec ton grand-père.

Les oreilles de Scott se dressent. Son père ne parle jamais de son père. Ravi prend une inspiration et commence :

— Tu sais, grand-père avait vraiment du succès. Il possédait cinq restaurants en ville – est-ce que je t'ai déjà parlé de ça ? Et il était sur le point d'ouvrir deux autres restaurants avant sa mort. Il avait tellement de succès, et tous ses employés l'adoraient. J'allais dans l'un de ses restaurants après l'école, et ils me prenaient dans la cuisine, me débarbouillaient, et me laissaient pétrir le pain avec mes coudes, explique Ravi, un petit sourire se dessinant sur son visage à l'évocation de ce souvenir.

— Ouah… Je ne savais pas que grand-père dirigeait des restaurants. Comment était-il ? Il était aussi chef cuisinier ? demande Scott avec de grands yeux.

— Oh, c'était le meilleur. Il faisait en sorte que chaque personne qui entrait dans le restaurant se sente comme un membre de la famille. Et il prenait également le temps d'apprendre à connaître ses habitués – en s'intéressant vraiment à leurs familles. Et il était donc toujours invité à tous les mariages, baptêmes, bar-mitsvah… j'en passe et des meilleurs ! Maman et lui partaient en vadrouille la plupart des week-ends pour un événement ou un autre. Et oh, quel chef ! Il faisait les meilleures lasagnes du monde.

Ravi se penche et murmure :

— Encore meilleures que celles de ta mère.

Ce commentaire ne manque pas de faire ricaner Scott.

— Ouah, on dirait qu'il était vraiment cool.

— Et comment ! J'aurais aimé que tu puisses le rencontrer. Il t'aurait adoré.

Ravi s'interrompt alors que sa gorge se noue. Il enlève ses lunettes pour se pincer l'arête du nez, repoussant les larmes dans ses paupières fermées.

Scott est abasourdi. Il n'a vu son père pleurer qu'une poignée de fois, et l'homme émotif qu'il a face à lui ne semble plus aussi crispé.

— Ça va, papa ? demande doucement Scott.

Son père se racle la gorge et prend une respiration tremblante. Il ouvre les yeux et essuie les quelques larmes écoulées.

— Oui, oui je vais bien. C'est juste que ça m'est difficile de penser à eux.

Scott demande doucement :

— C'est pour ça que tu ne parles jamais de lui ? J'ai l'impression que Sophie et moi ne savons rien à son sujet ; ni à celui de grand-mère.

Cette remarque déclenche une autre larme. Ravi s'éclaircit la gorge à nouveau.

— Ouais, chéri. Je ne me suis jamais vraiment fait à l'idée de leur décès, acquiesce Scott solennellement.

Ravi prend une plus grande inspiration et ajoute :

— Et c'est pour ça que je voulais t'en parler. Quand ils sont décédés, j'ai eu l'impression que je devais être à la hauteur des attentes que papa avait fixées. Je sentais que si *je* réussissais, ça l'aurait rendu fier. Alors j'ai travaillé comme un fou, et je me suis plutôt bien débrouillé. Mais, tu sais, j'ai toujours l'impression que je devrais faire mieux. Que je devrais mieux réussir ou gagner plus d'argent… et je sens que je devrais aussi être un meilleur père pour toi. Et si je ne te prépare pas à avoir un bon avenir, j'ai l'impression d'avoir fait quelque chose de mal.

Scott détourne le regard, une teinte de culpabilité s'insinuant sur son visage.

Ravi poursuit :

— Mais je ne veux pas continuer à te mettre la pression, Scott. Tu es un enfant intelligent. Ce serait vraiment dur pour moi, mais si tu choisis de ne pas aller à l'université, je serai fier de toi quoi qu'il arrive.

Scott se réjouit en regardant son père dans les yeux.

— Ah oui ? Merci, papa. C'est vraiment cool de ta part.

Il prend une profonde inspiration, baisse les yeux sur ses mains et marmonne :

— En fait, je me suis renseigné sur des choses dont je ne t'ai pas vraiment parlé…

— Ah oui ? Ravi peut sentir ses défenses revenir à la charge, se préparant au pire, mais il se reprend rapidement et fait de son mieux pour avoir l'air solidaire.

Scott se gratte le côté de la main.

— Eh bien, il y a eu un salon de l'emploi à l'école il y a quelques semaines, et il y avait ce type qui a parlé d'un programme qui avait l'air plutôt cool.

Laissant échapper un soupir de soulagement, Ravi lui demande :

— Oh ? C'était quoi ?

— C'est un programme qui ressemble un peu à une année sabbatique. Tu sais ce que c'est, non ? Comme Erasmus en Europe ?

Scott poursuit :

— L'année est divisée en trois parties : pour la première partie, je vais faire du bénévolat quelque part pendant quatre mois. Ça pourrait même être en dehors du pays. Ce qui serait génial, je pense ! Hum, et puis tu reviens et tu prends quelques cours dans différents domaines qui t'intéressent – un des cours qui avait l'air cool, par exemple, était un cours de cuisine…

— Tu as toujours aimé cuisiner, ajoute Ravi.

— Oui ! approuve Scott avec enthousiasme. Et puis après ça, on fait un stage de trois mois dans le domaine qui nous a le plus plu. Et ils t'aident pour le placement et tout, donc c'est sympa.

— Ouah, ça a l'air d'être un super programme, Scott ! lance Ravi avec un grand sourire, en le pensant vraiment.

— Pas vrai ? Donc je pensais me renseigner un peu plus là-dessus… puis, une fois que ce sera fait, qui sait ce que je ferai. Peut-être qu'alors je déciderai que je veux aller à l'université. Ou peut-être une école culinaire. Mais au moins, j'aurai une idée de ce que je veux, au lieu d'aller tout de suite à la fac parce que c'est ce qu'on attend de moi, déclare Scott, se redressant un peu sur son siège.

Ravi est impressionné.

— Tu as vraiment réfléchi à tout ça, n'est-ce pas, Scott ?

— Oui, en effet, dit Scott, plein d'assurance.

— Hé les gars, le dîner est prêt ! annonce la femme de Ravi depuis la cuisine.

Alors qu'ils se lèvent, Ravi tape affectueusement sur l'épaule de son fils.

— Eh bien, cela me semble être une excellente option. Pourquoi ne pas te renseigner davantage sur les détails, et ta mère et moi pourrons nous asseoir et l'examiner avec toi.

— Vraiment ? demande Scott avec impatience.

— Ouais ! Scott, je vais vraiment essayer de commencer à lâcher prise. Mais il va falloir s'y habituer. Alors si je donne toujours l'impression d'essayer de te contrôler, fais-le-moi savoir, demande Ravi.

— Ça me paraît bien, papa. Merci. Tu penses que tu pourrais éventuellement nous en dire plus sur grand-père pendant le dîner ? Comme ce qu'il cuisinait d'autre et plus sur son restaurant et d'autres choses ? demande Scott alors qu'ils entrent dans la salle à manger.

— Oui, je pense qu'il est temps que vous en sachiez un peu plus sur lui, répond chaleureusement Ravi.

Après avoir raconté à sa famille des histoires sur son enfance, Ravi se sent plus proche de ses parents qu'il ne l'a été depuis très, très longtemps. Pendant que ses enfants font la vaisselle, Ravi envoie un message à Elizabeth, la remerciant pour sa suggestion de nouer des liens authentiques avec Scott et en lui faisant savoir à quel point sa soirée s'est merveilleusement terminée.

Chapitre 39

CONFONDRE SATISFAIRE LES GENS AVEC LES AIMER

Kevin savoure tranquillement son déjeuner à la cafétéria de l'hôpital lorsque sa collègue, Salma, s'assied en face de lui avec un bruit sourd. Les deux se sont rencontrés par le biais du travail, mais au cours des dernières années, ils ont développé une étroite amitié.

— Tout va bien ? demande Kevin.

S'efforçant de retirer le couvercle du récipient contenant son déjeuner, Salma grogne bruyamment.

— Oh, allez quoi ! Enfin, le couvercle se détache.

Alors qu'elle ajoute de la vinaigrette à sa salade, elle lui répond :

— Argh. Non. Je viens d'avoir Andy au téléphone et tu ne vas pas croire ce qu'il m'a dit.

— Non, quoi ?

— Eh bien, je lui ai demandé s'il pouvait me passer maman. Et il m'a répondu qu'elle était occupée à leur préparer le déjeuner, et donc qu'elle ne pouvait pas me parler pour le moment. Je veux dire, tu y crois ? Comme si ma mère ne pouvait pas tenir le téléphone d'une main pendant qu'elle remue sa fichue soupe de l'autre ! râle Salma, en remuant ses feuilles de salade en signe d'agacement.

Kevin hausse les épaules.

— Eh bien, tu le connais, Salma.

— Je sais. Je sais.

Elle prend une bouchée d'une tomate.

— Je lui ai parlé, quoi, trois fois en tout depuis Noël ? Je t'ai raconté ce qu'il a fait ce jour-là, n'est-ce pas ?

— Oui, tu me l'as raconté… commence Kevin.

— Sur la façon dont il a ordonné à ma mère d'aller lui chercher une bière, comme si elle était sa domestique ou quelque chose comme ça ! Genre, il était juste assis là, à regarder son stupide match, et elle était en train de mettre la table. Et le pire c'est qu'elle était sur le point d'arrêter ce qu'*elle* était en train de faire pour aller lui en chercher une avant que j'intervienne ! s'énerve-t-elle en poignardant un autre morceau de laitue.

— Oui, je me souviens que tu m'as dit ça, relève Kevin avec légèreté.

— Et est-ce que je t'ai parlé du fait qu'il n'a *jamais*, pas une seule fois, fait une machine ? Je veux dire, si Marcus ne faisait pas de lessive, honnêtement, je le quitterais probablement.

— Peut-être qu'ils ont juste une relation à l'ancienne, propose Kevin.

— Argh, c'est probablement vrai. Mais quand même ! Elle a élevé deux femmes fortes – pourquoi le laisse-t-elle la traiter de cette façon ? rétorque Salma.

Kevin pose doucement sa fourchette et regarde son amie.

— Tu sais, Salma, ça m'embête d'avoir à te le dire, mais… as-tu déjà pensé au fait que, par certains côtés, tu ressembles pas mal à ta mère ?

— Qu'est-ce que tu veux dire ? réplique Salma.

— Eh bien, je veux dire que la semaine dernière, tu m'as dit que Marcus t'avait traîné pour aller voir ce nouveau film sur l'espace, non ?

— Ouais. Et alors ? demande-t-elle, une certaine tension dans la voix.

— Eh bien, chaque fois que tu parles d'aller au cinéma avec Marcus, tu vas toujours voir quelque chose qu'il veut voir, dit calmement Kevin.

— Ouais, parce que je veux aller voir des comédies romantiques – ça ne l'intéresse pas, se défend Salma.

— Mais les films qu'il veut voir ne t'intéressent pas non plus, si ?

Salma secoue la tête avec dédain.

— Cela s'appelle être en *couple*, Kevin. Parfois, je fais des choses avec Marcus qui ne sont pas trop mon truc. Tu fais pareil avec Jamie, aussi. C'est normal.

Kevin acquiesce :

— Oh, absolument. Faire occasionnellement quelque chose juste pour faire plaisir à ton partenaire est totalement normal. Mais quand on fait *seulement* les choses qu'il veut faire, c'est là que ça commence à devenir un problème. Comme lorsque vous êtes en retard au travail parce que Marcus veut s'arrêter prendre un café… Est-ce que tu le fais juste parce que « tu es en couple » ?

— Ce n'est pas *si* souvent que ça, non ? marmonne Salma, en baissant les yeux sur sa fourchette.

Kevin lève les sourcils.

— Eh bien, généralement quelques fois par semaine. En fait, quelques infirmières m'ont dit qu'elles n'aimaient pas travailler le matin avec toi, parce qu'elles savent qu'elles seront seules jusqu'à ce que tu te décides à te montrer.

— Ouah… Je n'avais pas réalisé que ça arrivait autant. C'est tellement embarrassant, admet-elle en resserrant sa queue-de-cheval.

Kevin pose une question légère :

— Pourquoi ne dis-tu pas à Marcus que tu ne veux pas t'arrêter pour son café quand tu es déjà en retard ?

Salma secoue immédiatement la tête.

— Oh, il ferait une crise. S'il n'a pas son café, il est *si* grincheux… Elle s'arrête pour réfléchir. Mais, en même temps, qu'il ait besoin de son café ne doit pas signifier que *je suis* en retard au travail !

Elle avale une autre bouchée puis ajoute,

— Bon sang, combien d'autres fois penses-tu que je fais ça ?

— Je ne suis pas sûr… commence Kevin avec un haussement d'épaules.

Salma intervient :

— Tous ces souvenirs me reviennent tout à coup! Toutes ces vacances! J'ai même fait ça le week-end dernier pour Pâques! Je n'arrive pas à *croire* à quel point je fais ce qu'il veut!

— Tu fais référence à quand vous êtes allés chez les parents de Marcus pour Pâques cette année, n'est-ce pas? clarifie Kevin.

— Ouais! Même si nous y sommes allés l'année dernière aussi! Et je t'ai raconté comment ma mère organise cette grande fête pour Pâques pour tous mes neveux et nièces et cousins... il savait à quel point je voulais y aller, mais il a insisté pour que nous allions chez ses parents à la place, dit-elle d'un ton sec, teinté de dégoût.

— Alors pourquoi tu ne lui as rien dit? l'interroge Kevin.

— Parce que nous aurions fini par nous prendre la tête pendant des jours, et j'aurais probablement fini par céder de toute façon pour arrêter ça... oh mon Dieu! Tu as entendu ce que je viens dire là? C'est ridicule! s'écrie Salma, regardant Kevin avec des yeux écarquillés.

— Comment te sens-tu après une telle révélation? plaisante Kevin, cherchant à dédramatiser la situation.

Salma laisse échapper un rire franc.

— Honnêtement, je suis vraiment en rogne contre moi-même pour avoir fait ça! dit-elle, le volume de sa voix retournant à un niveau normal.

— Et si tu fais ça, il est logique que ta mère fasse la même chose avec Andy, lui fait remarquer Kevin.

Prenant une profonde inspiration, Salma acquiesce lentement.

— Oui, je suis sûre que c'est de là que je le tiens. Mais c'est probablement encore plus ancré en elle, tu sais? Je suis sûre qu'elle se sentirait en dessous de tout si Andy se mettait en colère contre elle, comme si elle était la pire épouse du monde ou un truc du genre.

Salma pose sa tête sur la table, la voix étouffée par sa cascade de cheveux.

— C'est un jour sombre, Kevin. Le jour où j'ai réalisé que je suis devenue ma mère.

Kevin rit de bon cœur.

— Oh, ce n'est pas si grave, Salma ! Regarde le bon côté des choses – maintenant tu peux envisager de changer ta façon de faire.

Salma relève la tête.

— C'est vrai.

Puis elle change d'avis et soupire lourdement.

— Mais je fais ça depuis des années sans le savoir, Kevin. Je pense que ça va être assez difficile de changer. Ça explique pourquoi je me suis tant acharnée sur maman à propos d'Andy – je la vois faire la même chose que moi avec Marcus.

— Eh bien, vous le faites toutes les deux parce que vous ne voulez pas vous disputer avec vos maris. Il y a une bonne intention derrière tout ça, déclare Kevin.

— Je suppose. Et tu sais, même si j'en parlais à ma mère, je doute qu'elle change sa façon de faire. Je suis sûre qu'elle pense que c'est un geste d'amour – être au petit soin de son mari. Elle ne considérerait jamais ça comme malsain, ajoute Salma en haussant les épaules.

— Ah oui ? demande Kevin.

— Oh, elle se sentirait tellement coupable si elle arrêtait. Et… je déteste l'admettre, mais je peux d'une certaine manière le comprendre admet Salma, en prenant une gorgée d'eau. Même aujourd'hui, quand je m'imagine parler à Marcus d'aller voir ma famille pour Pâques, je me sens *si* mal. Je me rends compte que ce que je fais n'est pas bon pour moi, mais je suis vraiment nerveuse à l'idée de changer, tu comprends ?

Salma se tourne vers Kevin, espérant obtenir un peu d'empathie. Par chance, il lui accorde la sienne.

— C'est ce que je faisais tout le temps avec Jamie, la rassure-t-il. Je gardais mes désirs pour moi, mais au bout d'un moment, j'ai pris conscience du ressentiment que j'avais accumulé vis-à-vis d'elle parce qu'elle ne faisait pas ce que je voulais. Mais j'ai alors réalisé à quel point c'était ridicule. Elle ne *savait* même pas ce que je voulais faire ! Par la suite, j'ai réalisé que parfois, se faire entendre et agir selon ses désirs est ce qu'il y a de plus salutaire.

Salma ne peut s'empêcher d'essayer de battre en brèche l'idée de Kevin.

— Mais elle ne s'est pas mise en colère ?

— Eh bien, au début, si. Mais il fallait s'y attendre – pendant sept ans, j'avais toujours fait les choses à sa façon, donc il y a forcément eu un peu d'agacement dans la phase de réajustement. Mais dans toute relation solide, la personne *fera en sorte* de se réajuster. Je veux dire, tu penses honnêtement que Marcus te quitterait s'il n'obtenait plus ce qu'il voulait ?

— Il n'a pas intérêt ! rétorque Salma avec un soupir.

— Je pense que ça dépend vraiment de la façon dont tu lui en parles. Alors, imagine que vous soyez allés chez ta mère pour Pâques. Et que Marcus n'ait vraiment pas voulu s'y rendre, et que vous y soyez donc allés sans lui, suggère Kevin.

— Oh, il ne serait jamais d'accord avec ça… glisse Salma.

Kevin poursuit :

— Mais imagine qu'il le soit. Maintenant, au lieu de t'excuser comme une folle en rentrant à la maison, et si tu avais dit quelque chose du genre : « Merci beaucoup de m'avoir soutenu pour aller chez ma mère pour Pâques, Marcus. C'était merveilleux de voir les visages des enfants quand ils ont chassé les œufs de Pâques. Bébé Aubrey a même fait ses premiers pas en les cherchant ! Cela m'a vraiment touchée. »

— Ouah, Kevin. Quelle poésie… glousse Salma.

Kevin se joint à son rire.

— J'ai fait un peu de poésie slam à l'université, plaisante-t-il. Mais sérieusement, tu crois que Marcus resterait longtemps fâché contre toi si tu lui disais ça ?

Hochant la tête, Salma répond :

— Ce serait assez difficile pour lui de rester fâché, je suppose. Et même s'il était en colère, je serais probablement de si bonne humeur après avoir vu ma famille que je m'en ficherais.

Elle secoue la tête,

— Et comme tu l'as dit, si je ne fais pas ce que je veux de temps en temps, ça ne fera qu'accroître mon ressentiment envers lui, comme toi avec Jamie.

Elle sourit et ajoute :

— Merci, Kevin, de m'avoir parlé de tout ça. C'est tellement agréable de pouvoir te parler de ce genre de choses, et, tu sais, des choses que l'on voit par ici, elle fait un geste vers le mur de l'hôpital. Marcus et mes autres amis ne comprennent tout simplement pas ce qu'on vit.

Kevin acquiesce.

— Je comprends ce que tu veux dire. C'est génial de pouvoir te parler de tout ça aussi.

Un large sourire se dessine sur le visage de Salma.

— Tu sais, si quelqu'un m'avait dit il y a trois ans que, *Kevin Smith*, finirait par être la personne à qui je demanderais conseil, je lui aurais dit qu'il avait perdu la tête !

Ils éclatent de rire tous les deux. Kevin répond :

— Oui, je dirais que j'ai quelque peu changé depuis.

— Eh bien, je suis contente que ce soit le cas. Mais bientôt, je pense que tu vas vite en avoir marre de moi… tant il va me falloir plus de ces conversations pour me soutenir pendant que je traverse la phase de « réadaptation » de Marcus !

Chapitre 40

DÉPASSER SES PROPRES JUGEMENTS

Tout en détachant la boucle du réhausseur de sa fille, Rebecca essaie simultanément d'empêcher son fils de manger une carotte vieille d'une semaine qu'il a trouvée dans son siège de voiture.

— Brandon ! Pose ça ! ordonne-t-elle à voix basse.

— Beckyyyyy ! Bonjour !

Un frisson parcourt le dos de Rebecca. Elle songe honnêtement à sauter dans la voiture et à fermer la porte derrière elle – mais, en tant que membre respectable de l'association des parents d'élèves, Rebecca décide plutôt de se retourner et de faire face à la source de cette voix.

— Bonjour, Jill, répond sèchement Rebecca.

À côté de Jill se trouvent ses deux enfants impeccables de la tête aux pieds. Sa fille a même des rubans noués autour de ses parfaites anglaises.

— Tes cheveux sont superbes ce matin ! complimente Jill.

— Hum, merci. Je n'y suis pas pour grand-chose… lance Rebecca, en enroulant sa queue-de-cheval souple autour de son doigt.

Jill intervient :

— En fait, je me suis fait coiffer hier ! Es-tu déjà allée chez Taylor sur la 34ᵉ rue ? Elle est incroyable ! Regarde un peu le travail spectaculaire qu'elle m'a fait !

Elle montre sa nouvelle coiffure d'un geste de la main.

— Elle a fait un super… commence Rebecca, luttant contre l'envie de rouler des yeux.

Jill la coupe à nouveau :

— N'est-ce pas ! *J'adore* !

La fille de Rebecca tire sur le bas de son t-shirt.

— Qu'est-ce qu'il y a, chérie ? demande Rebecca gentiment, en essayant d'imiter l'attitude de la « maman parfaite » à l'image de Jill.

— Brandon a une crotte de nez à la carotte, lui dit sa fille en montrant du doigt son frère, qui a maintenant un bébé carotte qui sort de sa narine droite.

— Brandon ! Enlève ça ! ordonne Rebecca, s'avançant brusquement sur le siège pour l'atteindre.

— Bon, je dois y aller, Becky. Passe une merveilleuse journée ! s'écrie Jill en faisant un signe délicat de la main, conduisant rapidement ses enfants dans l'école.

Le sang de Rebecca se met à bouillir, et ses pensées de singe commencent à se déchaîner. *Jill est sans doute la personne la plus vaniteuse qui soit. Elle peut retourner n'importe quel sujet, et finit toujours par tout ramener à elle. Se soucie-t-elle le moins du monde de ce que les autres ont à dire ?*

Les pensées de singe de Rebecca sont toujours déchaînées lorsqu'elle arrive à son cours de yoga, où sa cousine, Elizabeth, l'attend.

— Je t'ai gardé une place ! crie Elizabeth depuis l'autre bout de la pièce, avec un grand sourire béat.

Prenant son tapis de yoga, Rebecca le jette avec un bruit sourd.

— Argh, Elizabeth, j'en ai tellement marre des gens égocentriques !

— Qu'est-ce qu'il y a ?

— C'est cette maman à l'école, Jill. Elle est *incroyablement* vaniteuse. Je ne peux pas la supporter, se lamente Rebecca.

— Qu'est-ce qu'elle fait que tu trouves si insupportable ? demande Elizabeth calmement, en s'asseyant sur son tapis.

— Elle ne me laisse jamais en placer une. Elle parle sans arrêt de sa vie incroyable et de ses enfants incroyables et bla bla bla, s'exaspère Rebecca, en s'asseyant à côté d'Elizabeth. Et elle m'appelle Becky. Je déteste quand les gens m'appellent Becky ! Où est-elle allée chercher une idée pareille ?!

— Tu lui as dit que tu n'aimais pas qu'on t'appelle comme ça ?

— Eh bien… non… bredouille Rebecca.

— Hum hum… de toute façon, beaucoup de gens aiment parler, Rebecca. Pourquoi est-ce qu'elle t'agace autant ? demande Elizabeth.

— J'ai l'impression qu'elle se fiche de ce que j'ai à dire. Ce matin, il n'était question que d'elle, de *ses* cheveux et de *son* styliste, répond Rebecca en singeant le retournement de cheveux de Jill.

— Tu sais, tu dis souvent ça – « J'ai l'impression qu'ils ne se soucient pas de ce que j'ai à dire ». Chaque fois que je t'entends dire ça, ça me rappelle toujours Grand-père. Tu disais tout le temps ça lorsqu'on était là-bas quand on était petites, se souvient Elizabeth.

— Argh, c'est vrai ? Je l'avais oublié. Il avait toujours l'habitude de me faire taire. Et tu te souviens du temps que je passais là-bas – pratiquement sept nuits par semaine. Et tous les soirs, j'aidais Grand-mère à préparer le dîner et à mettre la table. Qu'est-ce qu'elle cuisinait bien, se souvient Rebecca avec tendresse.

Elizabeth hoche la tête en signe d'approbation.

— Oh, oui. Elle me manque vraiment.

— Oui, à moi aussi.

Rebecca prend une profonde inspiration.

— Je me souviens que chaque soir, après avoir préparé le dîner, elle appelait les garçons et Grand-père pour qu'ils viennent manger. Pendant tout le repas, ils parlaient des matchs de football ou de baseball masculins. Et si par malheur j'essayais de parler de mes compétitions de pom-pom girls ou de l'un des clubs dont je faisais partie, Grand-père changeait simplement de sujet pour revenir à leurs sports. Et c'était comme ça *tous les jours*. Je suis surprise de pouvoir même essayer après tant d'années à subir ça, conclut Rebecca avec un ricanement.

— C'est même surprenant qu'on ait aussi bien tourné malgré tout, lance Elizabeth en riant. Et, tu sais, il n'y a rien de mal à se défendre. Comme en ce moment, tu te sens menacée quand Jill parle beaucoup. Il n'y a rien de mal à ça.

Elizabeth se penche plus près de sa cousine et ajoute :

— Mais il est important de se rappeler que tous ceux qui aiment parler ne sont pas tous comme Grand-père. Qui sait, peut-être que l'enfance de Jill était encore pire que la nôtre. Les raisons pour lesquelles elle a l'impression de devoir contrôler une conversation sont sans doute nombreuses.

Rebecca soupire et s'allonge sur le tapis.

— Je sais… tout le monde a une bonne raison de faire ce qu'il fait. Je dois juste me souvenir de ne pas le prendre personnellement la prochaine fois qu'elle me coupera la parole, note Rebecca.

— Ouais ! Je veux dire, c'est tellement *fatigant* de juger les gens. C'est tellement plus facile de simplement les accepter, dit Elizabeth en souriant à moitié.

— Tu as raison. Je me rends compte que je ne sais rien de Jill. Peut-être que la prochaine fois que je la verrai, je devrais essayer d'apprendre à la connaître un peu, suggère Rebecca.

— Ouah, regarde-toi – quelle maturité, Miss Rebecca ! dit Elizabeth en exagérant son sourire.

— Moi ? Regarde-*toi*, Elizabeth ! Qui est cette femme sage qui se tient en face de moi !

Le professeur de yoga arrive, demandant à tout le monde de se lever pour le début du cours. Rebecca regarde Elizabeth et lui envoie un sourire reconnaissant. Elizabeth lui répond par un clin d'œil.

Quelques jours après sa discussion avec sa cousine, Rebecca feuillette un magazine dans la salle d'attente de son dentiste lorsque Jill fait son apparition.

— Becky ! Quelle surprise de te voir ici ! s'écrie Jill de l'autre côté de la pièce.

Rebecca sent son visage commencer à s'échauffer ; et son ventre se serrer, mais elle décide de mettre ce malaise de côté.

— Jill, quel plaisir de te voir. Comment vas-tu ? demande calmement et gentiment Rebecca.

— Oh, je vais bien. J'ai eu une sacrée journée, dit Jill avec un petit rire nerveux.

Rebecca remarque la déglutition difficile de Jill après son commentaire.

— Que s'est-il passé ? demande Rebecca.

— Je… en fait, je viens juste de rentrer de l'hôpital, soupire Jill. Ma sœur fait une chimio pour un cancer du sein, alors je lui ai tenu compagnie pendant un petit moment, explique-t-elle en rentrant la tête dans les épaules.

Rebecca pose son magazine au moment où Jill s'assoit à côté d'elle.

— Oh mon Dieu. Je suis tellement désolée, dit Rebecca.

Jill commence à avoir les larmes aux yeux.

— Merci. Ça ne se présente pas très bien, et ça nous affecte tous très durement, dit-elle, la voix chevrotante.

Rebecca a l'impression qu'on vient de comprimer l'air contenu dans ses poumons. Son estomac se noue, de manière si familière.

— Jill, si tu as besoin de quoi que ce soit, n'hésite pas à me demander, propose Rebecca, en essayant de retenir ses larmes en clignant des yeux.

— Oh non, je ne veux pas te déranger, lance Jill, essuyant rapidement une larme perdue.

Rebecca prend un moment pour respirer et se reprendre.

— J'ai… en fait, ma grand-mère est morte d'un cancer du sein l'année dernière.

Rebecca s'interrompt, cherchant ses mots, ses yeux se remplissant de larmes.

Jill se tourne vers Rebecca, leurs yeux reflétant la douleur de l'autre.

Rebecca explique :

— Ma grand-mère a toujours été là pour moi. Mes parents n'étaient pas très présents dans mon enfance, alors mes frères et moi étions toujours chez nos grands-parents. Je te jure, j'étais comme l'ombre de ma grand-mère. Je la suivais partout. Je faisais tout ce qu'elle faisait. C'est elle qui m'a appris à coudre il y a si longtemps.

Rebecca marque une pause, se remémorant ce bon souvenir.

Jill lui demande tranquillement :

— Tu n'es pas styliste maintenant ?

Rebecca se mord la lèvre un instant.

— Absolument, oui. J'ai fait une école de mode, puis j'ai gravi les échelons. Mais tout a commencé avec Grand-mère Elsie. Elle m'a montré comment utiliser une machine à coudre, dans les moindres détails. Et elle était si gentille. Tout ce qu'on pouvait lui demander, elle le faisait. Je veux dire, elle était là, élevant pratiquement quatre enfants après s'être occupée des siens. Mais elle ne se plaignait jamais, et elle était rarement en colère contre nous. Elle nous aimait simplement de façon inconditionnelle.

— Elle avait l'air adorable, commente Jill avec tendresse.

— Elle l'était. Une perle rare, ajoute Rebecca en essuyant d'autres larmes.

— C'est ce que je ressens à propos de ma sœur, Liz – une perle rare. Je veux dire, j'ai toujours été la sœur trop bruyante et turbulente, et elle était la sœur douce et gentille. Tout le monde l'aimait à l'école et au travail… elle est de celles qui ne feraient jamais de mal à une mouche, tu sais ? Et maintenant, que cela puisse lui arriver à elle… c'est tellement injuste. Elle est la gentillesse incarnée. Ce n'était pas censé lui arriver à elle, se lamente Jill.

— C'est dur, Jill. C'est tellement, tellement dur, dit Rebecca en prenant sa main dans la sienne. Mais s'entourer des bonnes personnes pour vous soutenir peut faire toute la différence. Après la mort de grand-mère, je voulais m'enterrer dans un trou. Je n'arrivais pas à trouver la motivation de faire quoi que ce soit ; ça a duré des semaines. Une amie est venue chez moi un soir où je me sentais vraiment mal, et le hasard a voulu qu'elle soit là au moment exact où j'avais besoin d'elle. Je sais que nous ne nous connaissons pas très bien, mais… t'aider à traverser cette épreuve signifierait beaucoup pour moi, affirme doucement Rebecca en serrant la main de Jill.

Jill se penche et serre Rebecca très fort dans ses bras.

— Merci, murmure Jill en retour, ses yeux se remplissant de larmes à nouveau.

— Jill Prescott ! annonce la secrétaire.

— Eh bien, quel meilleur moment pour se faire dévitaliser une dent ? plaisante Jill, s'essuyant rapidement les yeux et cherchant à sauver le peu de maquillage qui lui reste. Elles rient toutes les deux et s'embrassent à nouveau.

— Va faire dévitaliser ta dent et nous pourrons parler plus tard, dit Rebecca. Regroupant ses affaires, Jill se dirige vers le couloir, jetant un regard en arrière à Rebecca et lui envoyant un dernier sourire reconnaissant.

Plus tard ce mois-ci, Elizabeth se trouve à son cours de yoga lorsque Rebecca entre en trombe et jette son tapis à terre, quelques minutes avant le début du cours.

— Où étais-tu passée ? Tu as manqué les deux derniers cours, demande Elizabeth.

— Oui, j'ai été très occupée. Tu te souviens du dernier cours, quand je t'ai parlé de Jill ? Tu avais tellement raison ! Elle est vraiment géniale. Elle est juste… en train de traverser une période difficile en ce moment.

— Oh ? demande Elizabeth d'un ton inquiet.

Rebecca soupire.

— Sa sœur a un cancer du sein. Après l'avoir appris, je lui ai dit que j'irais avec elle à une de ces réunions de groupe de soutien ; celles destinées aux proches des malades du cancer du sein. Cette première réunion a vraiment été difficile – je n'ai pas pu m'empêcher de penser à Grand-mère, et ce qu'elle avait traversé…

Ses yeux se remplissant de larmes, Elizabeth acquiesce aux paroles de sa cousine.

— Mais plus j'écoutais ces gens partager leur expérience, plus je me sentais connectée. À eux, à Jill, même à Grand-mère… j'ai donc assisté à trois réunions avec Jill jusqu'à maintenant. Et le week-end dernier, j'ai rencontré sa sœur, et nous sommes toutes allées faire du shopping pour acheter de nouveaux chapeaux à sa sœur. Je pensais que ça serait un moment plutôt sombre, mais on a fini par rire toute la journée et passer un bon moment ! Sa sœur est vraiment incroyable.

— C'est merveilleux, Rebecca. Ça me fait chaud au cœur d'entendre comment tu as su transformer ton ennemie jurée en amie, s'exclame Elizabeth tout sourire, en tamponnant les larmes s'étant écoulées.

— Sérieusement, merci. Si tu n'avais pas été là, je me serais privée d'une merveilleuse amitié, reconnaît sincèrement Rebecca en saisissant légèrement le bras d'Elizabeth.

Touchée par l'authenticité de Rebecca, Elizabeth hoche légèrement la tête.

— Je t'en prie.

Elle ajoute :

— Et j'espère que Jill sait la chance qu'elle a d'avoir trouvé une amie aussi merveilleuse que toi.

Chapitre 41

SURMONTER DE GRAVES ENNUIS DE SANTÉ

Heather est assise devant le bureau de Kevin, tortillant nerveusement son bracelet d'hôpital. Elle s'y rend pour des contrôles réguliers avec son obstétricien, et aujourd'hui était une journée un peu plus stressante que les autres.

Très vite, Kevin traverse le couloir et aperçoit Heather.

— Hé! Comment s'est passée ta journée? Il se penche et lui fait un câlin de côté alors qu'elle reste assise.

— Eh. J'ai connu mieux, répond-elle, abattue.

Il n'y a pas longtemps, Kevin faisait sa tournée quand il a reconnu un patient comme étant la femme d'un de ses partenaires de golf. Ils ne s'étaient rencontrés qu'une ou deux fois, mais elle avait l'air vraiment bouleversée, alors il s'est approché et a discuté avec elle.

Depuis, tous deux se rencontrent à chaque fois qu'elle vient à l'hôpital pour une nouvelle série de tests ou d'interventions. Heather s'est ouverte à Kevin sur bon nombre de ses expériences douloureuses, et il est devenu pour elle un important soutien émotionnel.

— J'en ai tellement marre de tout ça. Maintenant, ils parlent de me donner encore *plus* d'analgésiques! Ça a commencé par l'oxycodone, après l'hystérectomie. Puis ça ne fonctionnait pas, alors ils l'ont augmenté.

Je n'aimais pas ça, alors j'ai essayé de réduire la quantité que je prenais. Mais alors la douleur est devenue tout bonnement insupportable. Alors, ils l'ont encore augmenté. Tout ce que je veux, c'est me débarrasser de toute cette merde, mais j'ai toujours cette douleur profonde. Elle semble ne jamais vouloir disparaître. Je ne sais pas quoi faire, lui explique solennellement Heather.

— Désolé d'entendre ça, Heather. Les opioïdes sont un sujet délicat. C'est bien que tu gardes un œil sur la quantité que tu prends, lui assure doucement Kevin.

— Oui, je sais. Mais j'ai l'impression que je vais devoir les prendre pour le reste de ma vie ! Depuis l'opération, ce n'est que problème après problème. Et chaque jour, j'ai cette chose hideuse sous les yeux.

Elle fait un geste pour désigner son ventre.

— Cette cicatrice guérit de la manière la plus inesthétique qui soit, précise-t-elle, en riant sarcastiquement.

— Je suis sûr qu'une fois qu'elle sera plus avancée, elle commencera à s'estomper, la rassure Kevin.

— Oh ! Peut-être. Nous verrons. Tu sais, je n'ai même pas laissé Tony voir mon ventre depuis l'opération. Pathétique, hein ? ironise-t-elle.

— Je ne trouve pas ça pathétique du tout, Heather. Cette opération n'avait rien d'anodin. Ne te reproche pas d'avoir besoin de temps pour l'intégrer, affirme Kevin.

— Je suppose. C'est juste que j'en ai tellement marre. J'en ai marre de la douleur. J'en ai marre des médicaments. Et j'en ai marre de moi-même – et voilà maintenant que je me plains devant toi sur tout ça. J'en ai tellement marre d'être une victime, mais c'est juste que j'ai l'impression que c'est sans issue, susurre Heather, luttant contre ses larmes.

— Heather, as-tu déjà réfléchi au fait que ton état d'esprit contribue à ta douleur ? demande doucement Kevin.

— Comme l'esprit sur la matière ? demande Heather.

— Quelque chose de ce genre. J'aimerais te montrer ce que je veux dire, si ça t'intéresse.

— Bien sûr, je suis prête à essayer tout ce qui peut m'aider.

— Donne-moi une seconde, déclare Kevin, avant de s'élancer vers la porte.

Il revient bientôt avec quatre ballons provenant du poste d'infirmière.

— Nous les gardons pour quand les gens ont des anniversaires par ici. Cela te dérangerait-il d'en gonfler un ?

Elle acquiesce et, bientôt, les ballons sont tous pleins.

Kevin lui explique :

— C'est quelque chose que j'ai appris d'un de mes mentors. Le but de ce jeu consiste à lancer les ballons dans les airs et à faire tout ce qu'on peut pour les empêcher de toucher le sol. Laisse-toi vraiment aller quand tu fais ça, Heather – c'est très amusant !

— Je vais essayer, mais je ne pense pas que je serai très douée, répond-elle en se soulevant lentement des accoudoirs de la chaise.

Au début, Heather se tient voûtée pendant que Kevin lance les ballons en l'air. Elle bouge légèrement pour toucher un ballon proche.

— Allez, Heather ! Ne laisse pas tomber celui-là ! crie Kevin, en frappant lui-même un ballon.

Heather se met à ricaner et frappe le ballon. Puis elle se déplace un peu plus pour en frapper un autre. Bientôt, tous les deux rient à gorge déployée et font tout ce qu'ils peuvent pour maintenir les ballons en l'air. Cinq minutes plus tard, sans prévenir, Kevin saisit un ballon et lui demande :

— Qu'est-il arrivé à ta douleur ?

Heather s'arrête net. Lentement, elle se recule sur une chaise, l'air perplexe.

Kevin demande à nouveau :

— Qu'est-il arrivé à ta douleur ?

— Je ne suis pas sûre, répond Heather en posant une paume sur son bas-ventre. Il semble qu'elle ait disparu pendant un moment.

— Comment l'expliques-tu ? demande Kevin avec un sourcil levé.

— Parce que… parce que je n'y pensais pas ? suggère Heather, incertaine.

— Comprends-tu le pouvoir qu'a ton esprit sur ta douleur ?

Un regard stupéfait s'étale toujours sur le visage d'Heather.

— Je suppose que oui…

— Nous ne réalisons pas vraiment à quel point notre esprit – notre anxiété – peut affecter notre santé. Je veux dire, penses-y de cette façon. À quoi penses-tu le plus : à ta douleur ? Ou à l'idée que tu pourrais vivre avec cette douleur pour le reste de ta vie ? l'interroge Kevin.

— Je… je ne sais pas. Les deux, je suppose ? répond-elle avec incertitude.

— Eh bien, regardons ce qui vient de se passer avec les ballons. En cet instant, as-tu envisagé que tu pourrais avoir à vivre avec cette douleur pour le reste de ta vie ? As-tu ressenti une quelconque anxiété ? demande Kevin.

— Non…

— Et ta douleur, comment te sentais-tu quand on jouait avec les ballons ? la relance Kevin.

— J'étais tellement concentrée sur le jeu que je ne l'ai même pas sentie, admet Heather.

— Ce que j'essaie de te montrer, c'est que ton esprit a beaucoup de pouvoir pour atténuer ou aggraver ta douleur. À l'instant, tu as a mis ton anxiété de côté quand on jouait. Ce qui signifie que l'anxiété n'est pas toujours présente, Heather – elle peut passer. Et quand l'anxiété suit son cours, ta douleur peut s'atténuer. Tu l'as ressenti ? demande Kevin.

— Oui, je l'ai ressenti, confirme Heather.

Il continue :

— Maintenant, pense au moment où tu as essayé d'arrêter de prendre tes pilules. Était-ce la douleur qui était insupportable ? Ou était-ce *l'anxiété* à propos de la douleur qui la rendait insupportable ?

— Je… je ressentais beaucoup d'anxiété. Peut-être que ça y contribuait, dit-elle.

— Tu te souviens que tu as mentionné qu'ils ont dû augmenter tes médicaments récemment? lui fait remarquer Kevin.

— Oui.

— À quel niveau d'anxiété te trouvais-tu avant qu'ils n'acceptent d'augmenter ton dosage?

— Euh… C'était juste au moment de la remise des diplômes de ma fille au lycée. Je me préparais pour la fête depuis des semaines. Mon Dieu, j'étais si anxieuse! Je n'y ai même pas pensé à ce moment-là, reconnaît Heather.

— Alors, comprends-tu en quoi cette anxiété aurait pu jouer un rôle dans l'intensité de la douleur que tu ressentais? demande Kevin.

— Oui, il se peut qu'elle y ait en effet grandement contribué.

Heather marque une pause.

— Alors comment suis-je censée faire ça? Tu sais, commencer réellement à atténuer ma douleur? demande Heather, une lueur d'espoir naissant dans sa voix.

— Tu pourrais examiner l'anxiété que tu ressens face à ta douleur avec un thérapeute. Puis, une fois que tu seras consciente du moment où ton anxiété est déclenchée, tu pourras commencer à contrôler ta réaction à celle-ci. Par exemple, pour beaucoup de personnes souffrant de douleurs chroniques, il arrive qu'elles commencent à ressentir les picotements de la douleur avant qu'elle ne se déclenche complètement. Tu vois ce que je veux dire? demande Kevin.

Heather hoche fermement la tête.

— Lorsque la plupart des gens ressentent ces premiers stades, ils se crispent. Ils se *préparent* à l'inconfort. Cela peut en fait rendre la situation bien pire. Non seulement on devient dès lors plus anxieux à propos de l'arrivée de la douleur, mais nos muscles sont physiquement plus tendus ; ce qui peut conduire à une douleur plus extrême, souligne Kevin.

— Je devrais donc me détendre quand je sens la douleur arriver? Ça va être très difficile à faire, conclut Heather, les yeux écarquillés par cette idée.

— Cela demande de la pratique, Heather, confirme-t-il. Ce n'est pas forcément une promenade de santé. Pour t'y préparer, tu pourrais commencer par faire quelque chose qui te détend. As-tu déjà pratiqué une activité durant laquelle tu t'es sentie complètement à l'aise ?

— Je me rappelle *adorer* me rendre à un cours de danse en ville, mais depuis l'opération, je n'ai pas pu y aller parce que ce genre de mouvement me fait tellement mal. Penses-tu que je pourrais faire ça ? demande-t-elle avec enthousiasme.

— Un jour, tu pourrais en être capable ! Tu te souviens de ce que tu as ressenti avec les ballons ? On peut faire beaucoup plus lorsqu'on ne se sent pas anxieux vis-à-vis de la douleur. Mais avançons par petit pas. Y a-t-il une activité moins intense que tu pourrais faire en attendant de te rendre au cours de danse ?

— En fait, j'ai un voisin qui organise des cours de qi gong dans le parc tous les matins et il m'a expliqué à quel point ça peut se révéler bénéfique. J'y suis allée une fois ; c'était génial, mais j'ai été occupée par d'autres choses. Peut-être que je pourrais réessayer, suggère Heather. Merci de m'avoir montré ça, Kevin. Tu es l'une des seules personnes que je connais qui ne se laisse pas prendre par mon numéro de Calimero. Ça fait du bien de voir qu'en gérant cette anxiété, je pourrais en fait avoir plus de contrôle sur ma douleur que je ne le pensais. Je veux dire, qui sait ? Peut-être que je pourrais même parvenir à un stade où la douleur est assez gérable au point d'arrêter complètement ces pilules, suggère Heather, laissant échapper un rire teinté d'incrédulité à cette idée.

— Eh bien, disons que je m'entraîne beaucoup pour éviter de me laisser embarquer dans des histoires, Heather. Et je suis sûr qu'une fois que tu auras commencé à faire un travail là-dessus, tu découvriras que tu es plus forte que tu ne l'imaginais.

Chapitre 42

SE SENTIR BIEN DANS SA PEAU

Portant une tarte dans une main, Michelle scrute le parc. Il doit y avoir près de cinquante parents à cette réunion. À gauche, les petits jouent à chat perché. Les tantes sont toutes en train de tripoter la table à manger, s'assurant que chaque plat ait la cuillère qui convient. Enfin, au milieu de cette marée humaine, Michelle repère Elizabeth.

— Lizzie ! s'exclame Michelle, en marchant derrière elle.

Elizabeth se retourne, tenant une assiette chargée de chips et de salsa.

— Michelle ! Je suis si heureuse que tu aies pu venir !

Michelle continue de scruter les visages.

— Nathan est-il déjà là ? Je ne l'ai pas vu depuis quelques semaines et je dois lui réclamer la pension alimentaire.

De sa main libre, Michelle joue nonchalamment avec la partie jupe de sa robe, en espérant qu'Elizabeth lui fasse un commentaire favorable.

Observant les alentours, Elizabeth ne saisit pas l'allusion de Michelle. Elle secoue la tête.

— Je suis sûre qu'il sera en retard. Mon frère n'est pas connu pour sa ponctualité. Je veux dire, tu le sais mieux que quiconque.

— N'est-ce pas ! soupire Michelle, laissant tomber sa jupe d'un air un peu déçu.

— Alors, comment est la nouvelle maison ? Tu es bien installée ? demande Elizabeth.

— Oh oui ! Il reste encore quelques cartons à déballer, mais ça avance bien. Je sais que je te l'ai dit un million de fois, mais merci encore de m'avoir laissée rester avec vous pendant que je traversais… tout ça, dit Michelle, son regard s'échouant sur le sol.

— Il n'y a pas de quoi. Tu appartiens à notre famille malgré toi pour l'éternité, Michelle – que tu portes notre nom ou pas, promet Elizabeth.

Michelle rit.

— Je sais. Merci.

Elizabeth baisse la voix et se penche :

— Et comment se passe cette… autre chose ?

En chuchotant à l'oreille d'Elizabeth, Michelle déclare :

— J'ai jeté tout ce que j'avais dans les toilettes. Je n'en ai pas pris d'autre depuis.

Redressant son dos, Elizabeth applaudit :

— Ouais ! Oh, tant mieux pour toi, chérie ! Je suis si fière de toi.

Les joues de Michelle rougissent.

— Merci. Encore une fois, ajoute-t-elle rapidement.

— Je vais aller mettre la tarte sur la table des desserts. Je reviens dans une seconde.

Alors que Michelle se dirige vers la zone couverte, elle passe à côté de sa nièce adolescente, Anna, qui est assise à une table de pique-nique avec certains de ses cousins.

— Salut, Anna, dit chaleureusement Michelle en lui serrant l'épaule.

Anna pose sa fourchette et jette un coup d'œil derrière elle.

— Salut, tante Michelle !

Elle bondit et lui fait un câlin. Après avoir regardé sa tante, elle s'exclame :

— On dirait que ta robe date des années soixante !

— Oh, oui, bafouille Michelle, ne trouvant pas de mots pour répondre.

— Je, je vais juste aller poser la tarte, balbutie-t-elle en montrant du doigt derrière elle.

Les pensées de singe de Michelle s'en donnent à cœur joie. *Pourquoi portes-tu cette robe ? Comment t'as pu croire que les gros pois étaient une bonne idée ? Pas étonnant qu'Elizabeth ne t'ait pas complimentée – c'est horrible.* Elle est tellement gênée qu'elle est incapable de se concentrer sur ses conversations avec les autres membres de sa famille. Après quelques minutes, elle invente une excuse selon laquelle elle a mal au ventre et s'éclipse.

Sur le chemin du retour, les pensées de singe de Michelle continuent d'ébranler son amour-propre. Elle décide de se garer sur un parking et d'appeler Elizabeth.

Elizabeth répond, le bruit de la fête en fond sonore.

— Salut, Michelle ! T'es passée où ?

— J'ai dû partir… Michelle a du mal à s'exprimer.

— Michelle, pourquoi ne prendrions-nous pas une grande inspiration ensemble, d'accord ?

Elizabeth lui donne des instructions fermes et affectueuses. Michelle suit les conseils d'Elizabeth, prenant exemple sur elle. Bientôt, elle se sent suffisamment présente pour avoir une conversation.

— Désolée, c'est si difficile de me souvenir de respirer quand je suis si nerveuse, admet Michelle avec embarras.

— Ne t'excuse pas, Michelle. Je suis passée par là moi aussi. Maintenant, dis-moi ce qui s'est passé, lui demande Elizabeth.

— Anna m'a dit que ma robe semblait tout droit sortie des années soixante ! Je ne pouvais tout bonnement pas rester là en sachant que j'ai l'air d'une grosse idiote ! déplore Michelle, ses respirations se faisant de moins en moins profondes.

— Oh, je vois. Et tu as pris ça comme une attaque personnelle, on dirait ? demande Elizabeth.

— Eh bien, oui, répond Michelle sur la défensive.

— Se pourrait-il que son intention était de te complimenter ? suggère Elizabeth.

— Je… je suppose. Les années soixante sont-elles à nouveau à la mode ? Qu'est-ce que t'en as pensé ? Tu l'as bien aimée ? demande Michelle, une pointe d'excitation se faisant sentir dans sa voix.

— Peu importe ce que je pense, ou ce que pense Anna – ce qui compte, c'est que tu ne laisses pas un commentaire ruiner toute ta journée. Je veux dire, ce qu'elle t'a dit t'a tellement énervée que tu es *partie* ! Ne penses-tu pas qu'il s'agisse d'autre chose que la robe ?

— Probablement… Je ne sais pas. C'est juste que ça fait si longtemps qu'on ne m'a pas fait de compliments. J'attendais avec impatience la journée d'aujourd'hui parce que j'espérais qu'au moins *une* personne me dirait que j'étais jolie ! Mais quand Anna m'a lancé ça, j'ai commencé à penser que j'avais l'air d'une idiote devant tout le monde… Je ne m'en sentais tout juste pas capable, répond tranquillement Michelle.

— Que son intention ait été de te complimenter ou non, tu es suffisamment forte pour entendre cette remarque et la laisser couler. Ce qu'elle dit ne détermine pas ce que tu ressens, Michelle, l'encourage Elizabeth au téléphone.

— Tu as raison, Lizzie… Tu sais, j'étais vraiment satisfaite de mon look ce matin ! Et j'ai laissé cette petite remarque de rien du tout balayer tous ces sentiments positifs… Si j'aime mon apparence, qui se soucie de ce que les autres pensent ! affirme Michelle avec fermeté.

— C'est ça, Michelle ! Pourquoi ne pas t'asseoir et respirer pendant quelques minutes, puis décider si tu veux revenir. Je suis sûre que tout le monde serait ravi si tu revenais, lui fait remarquer Elizabeth.

Peu après la fin de leur conversation, Michelle se sent suffisamment en confiance pour retourner à la fête. L'une des premières personnes qu'elle croise est Anna.

— Tante Michelle, je croyais que tu étais partie ! dit Anna avec un large sourire.

— C'était le cas, mais je me sens mieux, alors je suis revenue ! Alors, je n'ai pas eu l'occasion d'entendre ce que tu penses de ma robe, demande Michelle en faisant un petit tour sur elle-même.

— Ta robe ? Elle est… un peu bizarre, dit Anna sans détour, une froideur dans la voix dont seule une adolescente est capable. Sans vouloir te vexer, ajoute-t-elle rapidement.

Les pensées de singe de Michelle s'emballent. *Tu vois ! T'as l'air absolument horrible ! Tout le monde pense que t'as l'air ridicule. Elizabeth ne sait pas de quoi elle parle.*

Michelle prend une profonde inspiration, essayant de se calmer avant que sa peau ne vire au rouge pivoine. Elle se souvient de ce dont elle a discuté avec Elizabeth il y a quelques instants et campe sur ses positions.

— Anna, j'apprécie ton opinion, mais je pense que les années 60 seront toujours tendance.

Se sentant plus sûre d'elle, Michelle s'éloigne et se rend vers tante Margie, avec qui elle n'a pas encore eu de contact aujourd'hui.

— Tante Margie ! Comment vas-tu ? demande Michelle en la serrant dans ses bras.

— Oh ! Michelle, ma chérie. Je vais très bien. Et toi ? demande Margie d'une voix rauque.

— Je n'ai pas à me plaindre ! À vrai dire, j'ai eu une grosse promotion au travail il y a quelques semaines… commence Michelle.

— Tu as amené quelqu'un avec toi ? l'interrompt Margie, en ajustant ses lunettes et en scrutant le périmètre proche.

— Pardon ? demande Michelle, un peu surprise.

— Tu ne fréquentes personne, ma chère ? Cela fait un moment que Nathan et toi vous êtes séparés. Il est grand temps que tu te trouves un nouveau mari !

Michelle est complètement prise de court et s'efforce de rester polie.

— Je… je veux dire, non, je n'ai amené personne…

Margie la coupe à nouveau.

— Oh là là, Michelle. Tu ne rajeunis pas. Si tu ne te dépêches pas, tous les bons partis vont disparaître ! dit-elle avec un petit ricanement.

— Je… hum, tu m'excuses un moment, tante Margie ? dit Michelle, complètement désemparée.

Michelle s'éloigne rapidement de sa tante, les larmes aux yeux.

Ses pensées de singe se déchaînent. *T'es vraiment une bonne à rien ! Qu'est-ce qui va pas chez toi ? Tu n'trouveras probablement jamais un autre mari. Quel homme pourrait vouloir de toi ?*

Michelle ne s'arrête pas avant d'être à l'autre bout du parc, loin de la fête. Elle s'affale contre un arbre, et les pleurs commencent. Par chance, Elizabeth avait gardé un œil sur elle depuis son retour à la fête.

— Je peux me joindre à toi ? demande Elizabeth en s'approchant de son amie.

Michelle acquiesce, essuyant quelques larmes.

— J'en suis incapable, Lizzie. Je ne suis pas aussi forte que toi !

— Que s'est-il passé ? demande Elizabeth avec compassion, en massant le bras de Michelle.

— Tante Margie vient de me demander quand je vais me *remarier* ! Je ne peux plus supporter ça. Ce n'était pas une bonne idée de revenir. Je ne me suis pas préparée à ça, confie Michelle avec anxiété.

— Bon sang, tante Margie, dit Elizabeth en roulant des yeux. Tu ne vas quand même pas la laisser te gâcher une journée déjà difficile.

— Et elle a raison ! J'ai l'impression d'être une *vraie ratée*, se lamente Michelle en s'essuyant le nez à l'aide d'un mouchoir en papier ouaté qu'elle sort de son sac à main.

— Pourquoi crois-tu à son histoire, Michelle ? demande Elizabeth.

— Parce que je suis d'accord avec elle ! Je ne trouverai sans doute jamais un autre mari ! dit Michelle en pleurant, regardant rapidement derrière son dos pour s'assurer que personne ne la remarque.

— Michelle, regarde-moi une seconde, chérie.

Michelle lève les yeux vers Elizabeth, en poussant une respiration tremblante. Elizabeth poursuit :

— Et si tu rencontrais l'homme de tes rêves aujourd'hui à la fête ? Penses-tu qu'il serait plus attiré par une femme chaleureuse et sûre d'elle qui arbore fièrement sa robe à pois ? Ou une femme qui se laisse distraire par ce que les autres pensent d'elle ?

— Oui, je vois ce que tu veux dire, répond Michelle en baissant les yeux et en ramassant un brin d'herbe sur le sol.

— Réalises-tu le changement qui se produirait si tu cessais de chercher l'approbation des autres ? demande Elizabeth.

— Bien sûr que je le réalise ! Mais je ne suis pas sûre d'en être *capable*, répond Michelle honnêtement.

— Eh bien, je ne sais pas… As-tu revu Anna quand tu es revenue ? Elle était juste là, près de l'entrée, n'est-ce pas ? Comment ça s'est passé ? demande Elizabeth avec espoir.

— Tu sais, plutôt bien en fait. Il s'avère qu'elle déteste ma robe, mais malgré tout, je ne me suis pas laissée démonter, dit Michelle sans hésiter, en haussant les épaules.

— Quoi ! C'est incroyable, Michelle ! Tu venais précisément de quitter la fête à cause d'un commentaire d'Anna, et maintenant tu as su le balayer d'un revers de main ! Tu vois à quel point c'est énorme ? fait remarquer Elizabeth.

— Oui, je suppose, reconnaît Michelle la tête encore plus haute.

— Retournons-y et montrons-leur à quel point tu peux être sûre de toi ! l'encourage Elizabeth, en tendant la main pour aider Michelle à se relever.

Alors que Michelle saisit la main d'Elizabeth, elle a du mal à se lever.

— Bon sang, si je pouvais perdre dix kilos, je suis sûre que j'aurais plus facilement confiance en moi, dit-elle en relâchant une grande bouffée d'air une fois debout.

— Oh, Michelle, arrête ça ! Pourquoi dois-tu toujours faire preuve d'autant d'autodénigrement ? lui fait remarquer Elizabeth.

Michelle hausse les épaules alors qu'elles retournent vers la fête.

— C'est juste que ça me vient si naturellement. J'ai grandi dans le Sud. Dois-je en dire plus ?

— C'était vraiment si terrible ? demande Elizabeth doucement.

— Je sais que ton père était dur avec toi, mais je pense que ma mère était encore pire. Je me souviens d'une fois où je jouais dans une pièce de théâtre à l'école. Je ne me souviens plus de ce que c'était… Peter Pan ? Non, ça ne peut pas être ça… se demande Michelle alors qu'elles marchent dans l'herbe.

Elle secoue la tête et poursuit :

— Bref, j'avais le rôle d'une fée dans cette pièce avec deux autres filles. Nous avions toutes le même costume, et ils nous coiffaient de la même façon. Maman m'avait acheté des lentilles de contact pour que mes lunettes ne me fassent pas remarquer. Je n'avais jamais utilisé de lentilles avant, alors le jour de la pièce, j'ai essayé de les mettre et j'en ai fait tomber une dans l'évier. Il restait environ vingt minutes avant le lever de rideau, alors j'ai dû porter mes lunettes. Nous avons joué la pièce, et tout s'est parfaitement déroulé – je me souvenais de tout mon texte. Mais après la pièce… j'étais persuadée que ma mère allait me frapper, ici même, dans le gymnase. Elle m'a attrapé par le bras et m'a tiré sur le côté. Elle a commencé à me demander quel genre de fée portait des lunettes et pourquoi elle avait gaspillé de l'argent pour ces lentilles si c'était pour ne pas les porter.

Michelle s'arrête de marcher un instant, fermant les yeux, essayant de s'éloigner de ce souvenir. Elle jette un coup d'œil à Elizabeth.

— Et le plus triste, c'est que j'aimais vraiment ces petites lunettes roses. Je pensais que j'étais très belle.

Michelle baisse les épaules en signe de défaite.

— Ouah, Michelle. C'est violent.

— Ouais, eh bien, c'est comme ça, dit-elle en haussant les épaules. Elle se remet en marche vers la foule.

— Michelle, penses-tu que la façon dont ta mère t'a traitée en grandissant pourrait d'une certaine façon être liée à la façon dont tu réagis au commentaire de tante Margie ? Ou à celui d'Anna ?

— Oh, je n'en sais rien… lance Michelle rapidement pour éluder la question.

— Eh bien, en ce moment, éprouves-tu le même sentiment que tu avais quand tu étais une petite fille et que ta mère se moquait de tes lunettes ?

Michelle cligne des yeux plusieurs fois.

— Maintenant que tu le dis, oui. C'est ce que je ressens. J'ai l'impression d'être une ratée qui n'est pas à sa place.

Se redressant, Elizabeth déclare :

— Eh bien, Michelle, tu es l'une de mes meilleures amies au monde. Si ma meilleure amie est une ratée, qu'est-ce que cela dit de moi ?

Michelle rit, incapable de se retenir face au caractère ridicule de cette déclaration.

— De toute évidence, tu n'es pas une ratée, Lizzie.

— Nous sommes deux belles femmes, avec plein de défauts. Alors retournons là-bas et assumons-les !

Alors qu'elles s'approchent des membres de leur famille, elles aperçoivent Anna, le regard troublé, qui parle à tante Margie.

— Et tu sais quoi d'autre, dit Elizabeth sur un ton conspirateur, tu n'es pas la seule à parler à tante Margie aujourd'hui. Chaque personne ici se sent complexée, alors acceptons qui nous sommes et amusons-nous !

Partie 8

FAIRE LA PAIX AVEC LES PENSÉES DE SINGE

Chapitre 43

LA GUERRE EST TERMINÉE

À force de nous conformer à nos programmes pendant des années (ce qui représente des décennies pour certaines personnes), nous avons été formatés de telle sorte à avoir tendance à considérer un événement comme « mauvais » ou « mal » lorsque nous voulons opérer un changement. Par exemple, si nous voulons sortir d'une relation, nous commençons par diaboliser notre partenaire, pour nous donner une raison de rompre avec eux. Ou si nous voulons changer de travail, nous cherchons de nouvelles choses dont nous pouvons nous plaindre à propos de notre poste actuel.

La même chose se produit souvent lorsque nous prenons conscience pour la première fois des pensées de singe – leur présence nous contrarie. Nous cherchons à nous persuader qu'elles n'ont rien à faire là.

Lorsque nous parvenons au point où nous n'insistons plus pour nous persuader que les pensées de singe sont mauvaises ou bonnes, nous accédons à un nouveau niveau de conscience. Dès lors, nous sommes à même de clairement comprendre l'importance du rôle des pensées de singe pour faciliter notre prise de conscience, et nous ne cherchons plus à nous en débarrasser.

Parvenir à une relation pacifique avec nos pensées de singe constitue l'une des expériences les plus libératrices qui soit. Prenez le cas d'Elizabeth et de Kevin. Ils ont tous deux atteint un stade où ils ne sont plus en guerre contre leurs propres critiques intérieures. Ils sont capables d'entendre le commentaire des pensées de singe et d'évacuer cette réflexion négative d'un même souffle. Ils incarnent ce que signifie vivre du point de vue des pensées d'observateur.

Voyons comment Elizabeth et Kevin réagissent lorsqu'ils sont confrontés aux sources primaires de leur programmation : leurs pères.

Chapitre 44

ELIZABETH

Alors qu'Elizabeth s'engage dans l'allée familiale, elle peut sentir son cœur s'emballer. Au cours de son parcours de guérison, elle a pris la décision consciente de garder un peu ses distances d'avec son père. Elle savait qu'il allait être son plus grand déclencheur, et elle voulait être sûre qu'elle était suffisamment forte et compétente pour l'affronter.

La semaine dernière, la mère d'Elizabeth lui a annoncé que son père se faisait opérer de la hanche et qu'il allait être alité pendant quelques semaines durant sa convalescence.

Après l'appel, Elizabeth a longuement réfléchi pour savoir si elle était prête à voir son père. Après l'avoir considéré en respirant, elle a décidé qu'elle l'était.

Aujourd'hui, elle remarque que sa main tremble lorsqu'elle frappe à la porte.

— Lizzie ! Oh, chérie, c'est si bon de te voir ! s'exclame la mère d'Elizabeth, la serrant dans ses bras pour lui faire un câlin.

— Oh, et moi donc, maman, dit Elizabeth en serrant le corps frêle de sa mère tout contre elle. Toutes deux rattrapent le temps perdu, mais Elizabeth remarque que sa mère jette un coup d'œil vers les marches.

— Alors… comment va-t-il ? demande Elizabeth à voix basse.

— Oh, tu sais comment il est. Ça le rend fou de devoir rester assis, immobile, pendant si longtemps.

— Eh bien, je suppose que je devrais aller lui dire bonjour… dit Elizabeth, sentant sa bouche s'assécher.

— Pourrais-tu lui apporter un peu de soupe ? J'étais sur le point de le faire avant que tu n'arrives, l'informe sa mère en se dirigeant vers la cuisine.

Elle revient avec un plateau contenant un bol de soupe au poulet et aux nouilles ainsi qu'un verre d'eau.

— Merci, ma chérie, ajoute-t-elle en tendant le plat à Elizabeth.

— Pas de problème, murmure Elizabeth.

En équilibrant soigneusement le plateau, elle monte les marches sur la pointe des pieds. Le couloir menant à la chambre de ses parents semble plus long que dans ses souvenirs. Enfin, elle prend une profonde inspiration et frappe doucement à la porte.

— Entre ! ordonne une voix dure de l'intérieur.

Équilibrant le plateau contre son corps, Elizabeth tourne la poignée de la porte et entre.

— Oh, c'est toi, ricane son père, son corps blême soutenu par deux oreillers derrière son dos.

— Comment vas-tu, papa ? le salue Elizabeth, aussi chaleureusement que possible.

— Eh bien, on vient de m'enfiler du métal dans le corps, donc j'ai connu mieux, plaisante-t-il en toussant bruyamment.

— Maman m'a demandé de t'apporter ta soupe, répond Elizabeth en posant le plateau sur la table de nuit de son père.

— Oui, ça fait une heure que je l'attends. Tout en soulevant le bol pour aspirer une cuillerée de bouillon, il marmonne ses remerciements. Puis il gémit et laisse retomber le plat sur le plateau.

— C'est froid ! Bon sang, je ne peux même pas avoir un bol de soupe chaud…

— Tu veux que j'aille la réchauffer ? propose rapidement Elizabeth.

— Non, non. C'est bon. Je ne voudrais pas déranger qui que ce soit, répond-il d'un ton sarcastique.

— Alors, comment vas-tu, papa ? demande Elizabeth, en se tordant les mains derrière son dos.

— Bien.

— Quoi de neuf par ici ?

— Quoi de neuf depuis un an et demi ? Pas mal de choses, soupire-t-il.

Elizabeth respire, laissant planer plusieurs instants de silence entre eux. Son père grogne et saisit le bol pour prendre une autre lampée.

— Au fait, les enfants vont bien, rapporte-t-elle avec enthousiasme.

Les yeux de son père se lèvent pour rencontrer les siens.

— Oh ? Ils réussissent toujours bien à l'école ?

— Oh oui ! Des A et des B pour tous les deux !

— Combien de B ? demande-t-il.

— Chacun d'eux en a eu un ou deux le semestre dernier, c'est tout. Je pense que celui de Josh était dans son cours de math, qui était si difficile…

— Que des A seraient mieux.

— Eh bien, quoi qu'il en soit, ils vont tous les deux très bien. Et ils participent tous les deux à de nombreuses activités cette année. Tiffany est même sur le point d'obtenir sa ceinture rouge de karaté…

— Le karaté ! Elle fait encore ça ?

Il avale une autre cuillerée d'un air renfrogné.

— Je ne comprendrai jamais pourquoi tu la laisses faire ça. Les filles ne devraient pas se battre entre elles, si tu veux mon avis.

Inspirant profondément, Elizabeth se concentre sur ses réactions internes. Elle peut sentir sa colère commencer à monter en elle, mais elle la traverse en respirant.

— Beaucoup de filles en font maintenant, papa. Et c'est bien qu'elle sache comment se défendre.

Elle respire à nouveau, en serrant fortement son pouce. Lorsqu'elle relâche son souffle, elle ajoute :

— Mais j'apprécie que tu te préoccupes d'elle.

— Hum, marmonne-t-il en aspirant une nouille au coin de sa bouche.

— J'ai une photo d'eux récente… lance-t-elle, en faisant rapidement défiler les photos sur son téléphone.

— Ah! La voilà.

Elle s'approche de son père et lui montre l'écran. Ce qui donne lieu au premier sourire sur son visage depuis qu'elle est entrée dans la pièce.

— Josh a tellement grandi! remarque son père avec un large sourire.

— N'est-ce pas! Il m'a dépassé il y a longtemps, et même Tiffany il y a quelques mois. Bientôt, il sera plus grand que son père!

Elizabeth peut sentir l'attitude chaleureuse de son père se transformer en une froide désapprobation.

— Comment va Ted? Est-ce que tu lui parles encore? demande-t-il froidement.

— Oui, bien sûr. On se parle au moins deux fois par semaine. À vrai dire, on s'entend mieux que lorsqu'on était mariés, plaisante Elizabeth, laissant échapper un rire gêné.

— J'imagine qu'il était assez difficile de s'entendre avec une ivrogne, répond son père en s'essuyant la bouche du revers de la main.

Maintenant, Elizabeth peut sentir toute la force de son anxiété. Ses pensées de singe jouent déjà leur partition. *T'as vraiment ruiné ton mariage! C'est de ta faute!*

— Les raisons expliquant l'échec de notre mariage sont nombreuses, papa. Nous sommes aujourd'hui tous les deux beaucoup plus heureux… réplique-t-elle, en maintenant sa voix aussi calme que possible.

— Les *raisons* importent peu, Elizabeth! C'est un mariage! Tu ne peux pas abandonner dès que ça devient difficile! vocifère-t-il, en jetant son bol maintenant vide sur la table de nuit.

Les pensées de singe d'Elizabeth ne demandent qu'à renvoyer ce commentaire à la face de son père. *Peu importe les raisons! Et le fait*

d'avoir des liaisons avec de nombreuses femmes, papa ? C'est une assez
bonne raison pour mettre fin à un mariage, ça !

S'efforçant tant bien que mal de se tenir à l'écart de cette voix négative, Elizabeth fixe son regard sur le sol et se concentre sur sa gratitude envers son père. Elle murmure :

— J'apprécie ton dévouement pour ce mariage, papa, mais...

— Si c'était le cas, vous n'auriez pas divorcé ! s'écrie le père d'Elizabeth, en levant les mains. Son geste brusque réveille sa blessure et il pousse un gémissement de douleur.

Elizabeth se reconcentre alors sur les soins à apporter à son père.

— Papa ? Tu vas bien ?

Il hoche vigoureusement la tête.

— Peux-tu aller me chercher mes médicaments contre la douleur sur le comptoir de la salle de bains ? demande-t-il d'une voix tendue, les yeux solidement fermés.

— Bien sûr. Elle court dans la salle de bains attenante et repère rapidement le flacon d'ordonnance. Jetant un coup d'œil dans le miroir, Elizabeth peut voir son père grimacer de douleur dans le reflet. Il tousse violemment, se couvrant la bouche avec un mouchoir. D'ici, son père est le portrait craché de son grand-père.

Les pensées d'Elizabeth la transportent dans un souvenir de son enfance. Elle se trouve avec son père et son grand-père dans un grand magasin, et Elizabeth a repéré une poupée qu'elle veut vraiment.

— Papa, je peux l'avoir ? supplie-t-elle, ses nattes rebondissant de haut en bas.

— Non, chérie, tu n'as pas besoin d'un autre jouet, répond son père, en lui caressant doucement les cheveux.

Son grand-père jette un regard furieux à son père, puis lui dit :

— Lizzie, ma chérie, Je vais te chercher la poupée.

En la saisissant sur l'étagère, il sort son mouchoir orné de ces initiales pour essuyer une tache sur le visage de la poupée. Se penchant à la hauteur de ses yeux, le grand-père d'Elizabeth poursuit :

— Et si jamais il y a quelque chose que tu veux mais que ton papa ne peut pas te l'acheter, tiens-moi au courant.

Alors qu'Elizabeth fait tourner sa nouvelle poupée, elle entend son grand-père dire à son père :

— Si tu avais un travail décent, tu pourrais offrir des poupées pour ta petite fille.

Elizabeth, de retour dans le présent, prend une autre grande inspiration. Ses pensées d'observateur profitent de cette pause de ses pensées de singe pour lui poser une question. *Regarde ton père objectivement en ce moment. Que vois-tu ?*

À la place de l'homme fort qui l'a élevée, Elizabeth voit un homme âgé et faible assis devant elle. Ce frêle inconnu approche de la dernière étape de sa vie, et Elizabeth réalise que se disputer avec lui ne fera rien pour interrompre cette horloge. Il a ses propres pensées de singe ayant été programmées exactement comme les siennes, mais il n'a jamais eu l'occasion de pouvoir cesser de les écouter. Elle peut sentir ses émotions s'éloigner considérablement de la colère vers l'amour.

— Tiens, papa, dit-elle en lui tendant les pilules.

— Merci, marmonne-t-il en avalant sèchement les gros comprimés.

— Il n'y a vraiment pas de quoi, répond Elizabeth avec compassion.

Juste à ce moment-là, le téléphone portable d'Elizabeth se met à sonner. Elle remarque que Sarah appelle et met le téléphone en silencieux.

— Tu dois parler à quelqu'un de plus important que moi ? commente sévèrement son père.

— Non, non. C'est bon. Je la rappellerai plus tard.

Elle ajoute :

— En fait, c'était Sarah. Tu lui as parlé dernièrement ?

Son père secoue légèrement la tête, bien qu'elle puisse sentir que l'évocation de celle-ci ne le laisse pas indifférent.

— Non, je ne lui ai pas parlé. Ta mère, oui, je crois. Elle va bien ?

— Oui, elle va bien. Elle va très bien.

Elizabeth prend une profonde inspiration et décide de se lancer.

— Tu sais, je n'ai jamais vraiment compris pourquoi tu as fait venir Sarah pour vivre avec nous, papa. Un jour, tu es rentré avec cette fille qu'aucun de nous n'avait rencontrée et tu nous as annoncé qu'elle allait rester à la maison. Je veux dire, maman nous racontait souvent la façon dont elle avait conduit ces enfants en famille d'accueil avant notre naissance, mais tu n'avais jamais rien fait de tel. Pourquoi l'avoir fait ? Avec Sarah ?

Son père s'énerve.

— Ta mère voulait que j'aille la chercher, c'est tout…

Elizabeth l'interrompt :

— Arrête tes foutaises, papa. Maman m'a dit qu'elle ne savait rien de Sarah avant que tu ne la ramènes à la maison ce jour-là. J'apprécierais vraiment que tu me donnes une réponse franche.

Son père se racle la gorge.

— Eh bien, si ça te contrarie autant… d'accord.

Il soupire.

— En fait, j'ai rencontré le père de Sarah au Vietnam.

Elizabeth sent que sa bouche commence à s'entrouvrir. Elle fait l'effort de la refermer et de continuer à écouter.

— Là-bas… on a vu des choses. Le lien qui nous unit avec ces gars-là, aucun d'entre vous ne pourra jamais le comprendre.

Il inspire profondément et reprend :

— Joe et moi avons fait un pacte ; que si quelque chose arrivait à l'un de nous, nous prendrions soin de la famille de l'autre. Il avait Sarah. J'avais toi et ton frère. Bref… après notre retour à la maison, Joe n'a pas très bien supporté la vie civile. Un jour, j'ai reçu un appel me disant qu'il avait fait une overdose. D'un coup, comme ça.

Son père regarde fixement devant lui, restant silencieux pendant quelques instants.

Il reprend :

— Dès que j'ai appris la nouvelle, j'ai appelé sa femme pour lui présenter mes condoléances et j'ai appris qu'elle n'était plus là. Alors je suis intervenu, et Sarah a emménagé avec nous. Et c'est tout.

— Papa… c'est… commence Elizabeth lentement.

— Ouais, ouais. C'est comme ça. Pas besoin de s'y attarder, lâche-t-il rapidement.

Mais Elizabeth est venue ici pour lui dire quelque chose, et elle est déterminée à ce que cela sorte.

— Tu sais, papa, depuis que j'ai arrêté de boire, j'ai fait un gros travail sur moi. *Très gros.* Et j'ai réalisé que j'ai beaucoup de problèmes non résolus avec toi. En particulier, la, hum, la tromperie…

— Oh, ça ne va pas recommencer… l'interrompt-il.

— Je t'en prie, le supplie Elizabeth fermement, en fixant les yeux de son père.

— Je sais que tu n'es pas parfait. Mais qui l'est ! Maintenant que je peux prendre du recul, je peux voir, indépendamment de tes erreurs, que tu es un homme bon, papa. Tu as toujours été très gentil avec les gens, et je l'ai ignoré parce que je faisais une fixation sur tes critiques envers moi. Mais même aujourd'hui, alors que tu critiques mon mariage raté, je peux voir que tu te soucies de moi. Tu t'es toujours soucié de moi, et de Nathan, et de maman, et de Sarah. Et pour la première fois, je peux vraiment le voir.

— Eh bien, heu… Son père se racle la gorge. Ta mère m'a dit que tu avais arrêté de boire et tout. Cela fait combien de temps maintenant ? demande-t-il, d'un faux air nonchalant.

— Plus d'un an. Plus en fait, près d'un an et demi.

Son père lève les yeux sur elle, établissant un contact visuel.

— Eh bien, tant mieux pour toi.

Puis il tousse et baisse le regard avant d'ajouter :

— Ce truc te tuera si tu ne fais pas attention.

Elle prend une profonde inspiration.

— Papa, autrefois, j'aurais pris cette remarque très à cœur. Mais je suis au-dessus de ça maintenant. Parce que j'ai réalisé qu'une des principales raisons de mon penchant pour la boisson résidait dans le fait que j'avais l'impression que je n'étais jamais assez bien. Je cherchais constamment ton approbation. Tu me disais des choses, et j'avais l'impression d'être une bonne à rien…

Les yeux du père d'Elizabeth croisent les siens pendant qu'elle parle, et elle est surprise de constater qu'un air de tristesse s'est installé sur son visage. Elle poursuit :

— Je m'excuse pour ça, papa. Parce que j'ai réalisé que ce n'est pas vrai. Je *suis* assez bien, et je ne pense pas que tu aies jamais considéré le contraire. Il m'a fallu… beaucoup de temps pour le comprendre. Je sais que tu m'aimes et je t'aime, répond Elizabeth avec un petit sourire reconnaissant.

Son père déglutit bruyamment.

— Eh bien… hum, je suis content que tu aies arrêté de boire.

— Merci, papa, dit Elizabeth chaleureusement.

— Ouais… eh bien… je pense que je vais m'allonger un moment. Ce médicament me fatigue un peu, répond-il d'un ton bourru.

— Ça me semble une bonne idée, papa. Je vais aller parler un peu à maman alors.

Le père d'Elizabeth s'enfonce lentement dans les draps. Ramassant le plateau avec son bol, Elizabeth se faufile hors de la chambre et éteint la lumière. Elle ressent un immense sentiment de fierté. Son anxiété s'est évanouie, son esprit s'étant recentré sur l'amour. En descendant l'escalier, elle regarde quelques photos de son enfance. Il y en a une d'Elizabeth et de son frère lors de leur premier jour d'école, plusieurs des voyages familiaux au lac, Sarah jouant dans la neige un hiver. Près du bas des marches, il y a une photo d'une Elizabeth de quatre ans sur les épaules de son père. Son large sourire n'est rien en comparaison du sourire béat qui s'étale sur le visage de ce dernier.

En regardant cette photo, Elizabeth peut ressentir l'amour énorme que son père porte à ses enfants. Même s'il n'a pas été un parent parfait, il a essayé et a transmis ce qu'il pensait pouvoir les aider.

Pour la première fois, Elizabeth est capable de voir par-delà le récit des pensées de singe s'agissant de son père et de voir le véritable homme qu'il est. Elizabeth a dorénavant le pouvoir de décider si elle veut suivre les leçons qu'il lui a enseignées ou les troquer contre autre chose. Elizabeth n'est plus une victime de la voix de son père, des pensées de singe ou de quiconque.

Elizabeth est la seule et unique personne en charge de sa vie.

Chapitre 45

KEVIN

Kevin fait les cent pas devant la chambre d'hôpital. Tout s'était si bien passé lors de l'accouchement, mais après la naissance de son beau petit garçon, les médecins ont emmené le nouveau-né en disant que sa respiration était irrégulière.

Jamie avait envoyé Kevin le chercher, mais les médecins ne l'ont pas laissé entrer dans la chambre.

Alors maintenant, Kevin attend. Après presque une demi-heure de silence, une voix derrière lui demande :

— Comment ça va, fiston ? Kevin se retourne et voit son père derrière lui, les mains enfoncées dans les poches de son jean.

— Honnêtement… j'ai assez peur, papa, répond Kevin, la voix chevrotante.

Son père s'avance et lui saisit fermement l'épaule.

— Je sais, dit-il avant de s'éclaircir la gorge. Mais quoi qu'il arrive, tu dois être fort pour traverser cette épreuve.

Kevin acquiesce, ses yeux se remplissant de larmes. Il inspire d'un souffle saccadé, fermant les yeux.

— Comment as-tu vécu ça avec nous, papa ? Quand maman était en couches, tu avais peur ? demande Kevin, ouvrant les yeux pour regarder son père.

Toussant brusquement, le père de Kevin prend son temps pour répondre.

— Oui, j'avais peur. On ne peut jamais prévoir un accouchement, mais tu le surmonteras.

— Si quelque chose devait lui arriver… je ne sais pas ce que je ferais, confie Kevin, un déchirement dans la voix.

— Aucun parent n'est préparé à vivre ça, répond son père.

Soupirant, le père de Kevin poursuit :

— Tu sais, la première fois que ta mère est tombée enceinte, tout allait bien jusqu'au huitième mois environ. Puis elle a commencé à avoir des douleurs aiguës…

Kevin l'interrompt :

— Je ne savais pas que maman avait eu des complications avec Patrick ?

— Elle n'en a pas eues. C'était… avec notre première petite fille, dit son père tranquillement. Il prend une profonde inspiration, puis s'assied sur l'une des chaises grises et décrépites. Kevin s'assied à côté de lui, choqué, essuyant une larme.

— C'était un matin glacé de décembre, et je me souviens avoir essayé de gratter le pare-brise aussi vite que possible pour qu'on puisse se rendre à l'hôpital. Mais quand on est arrivés, il était trop tard. Ils ont dit que c'était une sorte d'anomalie cardiaque que personne ne pouvait prévoir. Quoi qu'il en soit, après qu'ils l'aient, hum… sortie, ta mère et moi avons pu passer un moment avec elle. Elle était magnifique.

Son père s'interrompt. Cette fois, c'est sa voix qui craque. Kevin discerne même une larme scintiller dans l'œil de son père – une première pour lui.

Kevin assiste à la montée en puissance de ses pensées de singe. *Pourquoi ne nous ont-ils jamais parlé de ça ? Que t'ont-ils caché d'autre ?*

Kevin peut sentir que ses pensées de singe commencent à l'éloigner de cette belle connexion avec son père, quelque chose qu'il a désiré toute sa vie. Et donc, aussi rapidement qu'ont surgi ces pensées critiques, Kevin choisit de les laisser filer.

Son père se racle rapidement la gorge, se tapotant la poitrine avec les phalanges de son poing avant de reprendre son histoire.

— Après qu'ils l'ont eu emmenée, ta mère et moi n'avons plus jamais parlé d'elle. On ne savait pas comment vous en parler, les enfants. Mais je me souviens lorsqu'on a découvert qu'elle était enceinte de Patrick. J'étais terrifié, absolument terrifié. Probablement comme tu l'es maintenant, fiston.

Son père prend une autre inspiration et se redresse.

— Mais j'ai pris sur moi et j'ai joué les durs pour ta mère. Et c'est ce que tu dois faire avec Jamie – tu dois être un roc pour ta femme.

— Je... je n'en avais aucune idée, dit Kevin, la bouche encore ouverte sous le choc. Je suis vraiment désolé, papa.

Le père de Kevin se crispe un instant. Relâchant ses épaules, il conclut :

— Eh bien, nous avons fini par avoir trois enfants formidables, alors je ne peux pas trop me plaindre.

Il sourit à Kevin.

— Tu sais, j'ai le sentiment que votre petit garçon va très bien s'en sortir. S'il ressemble ne serait-ce qu'un peu à son père, ce sera un dur à cuire.

— Merci, papa, murmure Kevin en inclinant légèrement la tête.

En quelques instants, ils sont rejoints par June, la mère de Jamie.

— Kevin ! Ils t'ont dit quelque chose ? On est restées avec Jamie et on est *mortes* d'inquiétude ! Ils ne te laissent pas entrer ? Leur as-tu demandé ce qui se passait ? Oh mon Dieu, et s'ils doivent opérer ! On devrait peut-être donner du sang, pour qu'il en ait s'il en a besoin... La mère de Jamie divague, agitant ses mains sauvagement dans tous les sens.

Après avoir gratifié son père d'une tape dans le dos en se levant, Kevin se dirige vers sa belle-mère et prend ses mains dans les siennes.

— June, pourquoi ne prendrions-nous pas une grande inspiration ?

Kevin inspire profondément, et June en fait autant.

— Et expirez, dit Kevin.

Ils font cela plusieurs fois jusqu'à ce que la mère de Jamie soit capable de maintenir une respiration régulière.

— Comment allez-vous, June ? demande Kevin calmement.

— Un peu mieux, répond-elle, encore clairement secouée.

— June, est-ce que le fait de s'énerver arrange quoi que ce soit en ce moment ? demande Kevin avec douceur.

Elle s'en amuse.

— Eh bien, je suis sûre que non, mais comment ne pas l'être !

— On est suffisamment forts pour traverser cette épreuve, June, déclare calmement Kevin, en continuant à prendre de grandes inspirations et cherchant à ce qu'elle en fasse autant.

— Mais que se passera-t-il si quelque chose de grave arrive ? Je veux dire, ne parlons pas de malheur, mais il se pourrait qu'il *ne s'en sorte pas*, Kevin ! Est-ce que tu t'es préparé à cette éventualité ? Mon Dieu, et Jamie ? Ce serait trop dur à gérer pour elle… pourquoi on ne nous dit rien ? crie-t-elle vertement à la porte fermée.

— On s'est tous deux préparés à toutes les éventualités. Mais j'ai le sentiment qu'il va s'en sortir. C'est un dur à cuire. C'est un Smith, dit Kevin en lançant un regard reconnaissant à son père.

June soupire et s'assied à côté du père de Kevin.

— Je suis désolée, Kevin. Tu es là, si calme et posé, et moi, une folle furieuse. C'est moi qui devrais te réconforter, et non l'inverse.

Affichant un petit sourire, Kevin saisit le siège à côté d'elle.

— Je me rends compte à quel point vous vous souciez de moi, June. Pas besoin de vous excuser. Et si on respirait encore un peu ensemble ?

Elle regarde Kevin.

— Oui, ça me semble une bonne idée.

Puis elle ajoute :

— Je suis heureuse que Jamie ait quelqu'un comme toi à ses côtés pour traverser cette épreuve.

Faisant un signe de tête reconnaissant, Kevin commence à inspirer et expirer lentement. June se cale sur son rythme, ses doigts massant les perles d'un chapelet dans sa main. Bientôt, même le père de Kevin se joint à la respiration de groupe, ses inspirations et expirations synchronisées sur celles de son fils. Les trois continuent à partager ce moment jusqu'à ce qu'un médecin émerge enfin de la pièce.

— Kevin, votre fils va s'en sortir, il avait juste un peu de liquide dans les poumons. Nous pourrons le ramener à Jamie dans quelques minutes, dit le médecin. Kevin se lève et serre la main du médecin, le remerciant pour tout ce qu'il a fait. Puis il se retourne vers son père et sa belle-mère, des larmes de bonheur coulant sur ses joues. Sa belle-mère se joint bientôt à lui, pleurant de joie, tandis que son père tapote le dos de Kevin avec enthousiasme.

En l'espace de quelques minutes, Kevin est assis avec Jamie sur son lit, leur magnifique fils enveloppé dans ses bras.

— Regarde comme il est *petit*! s'exclame Jamie, en le faisant rebondir doucement de haut en bas.

— Il est parfait, dit Kevin, en jouant avec l'un des doigts du bébé. Jamie jette un coup d'œil à Kevin.

— Merci de l'avoir attendu derrière la porte. Je ne pouvais pas supporter l'idée qu'aucun de nous ne soit près de lui.

— Bien sûr, dit Kevin en embrassant sa femme sur le front.

— Et désolée de t'avoir envoyé ma mère… je ne pouvais plus la supporter, dit Jamie en secouant la tête.

Kevin rit.

— C'est bien ce que je me disais. Aucun problème, chérie

Il lève les yeux vers l'horloge, puis caresse doucement la tête de son fils.

— Nous sommes là depuis un bon moment… Je pense qu'on ferait mieux de les laisser entrer à présent.

— On est obligés? lui demande Jamie ironiquement. Un large sourire sur le visage, elle embrasse Kevin.

— Va les chercher avant qu'ils ne défoncent la porte.

Alors que Kevin laisse entrer sa famille, il se tient en retrait un moment et observe l'exaltation pure sur chacun de leurs visages. Kevin ne peut s'empêcher de profiter de ce moment – ils sont là, tous ensemble à partager cet événement joyeux, alors qu'il n'y a pas si longtemps, c'est à peine si Kevin parlait à la moitié de ces personnes.

Avant, la belle-mère de Kevin ne voulait même pas prononcer son nom. Maintenant, elle s'extasie auprès de ses amis à propos du mari posé et compréhensif de sa fille.

Avant, Kevin aurait interprété la présence de son père comme un signe qu'il avait fait quelque chose de mal – que son père n'avait pas assez confiance en lui pour qu'il devienne papa. Kevin aurait été anxieux à l'idée même de se tenir dans la même pièce que lui. Plus important encore, Jamie n'aurait probablement même pas été là. Kevin et elle auraient rompu depuis longtemps, et elle serait peut-être dans une salle d'accouchement avec un autre homme. Mais maintenant, elle répète à tout le monde à quel point elle a de la chance de l'avoir à ses côtés. En regardant autour de lui, Kevin peut ressentir la quantité écrasante d'amour dans la pièce. Il aime chacune de ces personnes à sa manière. Et il a enfin appris à tourner cet amour vers l'intérieur. Kevin sait qu'il est un homme bien, un bon mari, et qu'il sera un bon père.

Alors qu'il s'imprègne de tout cela, Kevin ne peut s'empêcher de penser qu'en cet instant, tout va pour le mieux dans le meilleur des mondes possible – il n'y a que la famille, les amis et cet être unique et parfait.

Le cœur de Kevin n'a jamais été aussi comblé.

Chapitre 46

LES BÉNÉFICES À VIE DES PENSÉES D'OBSERVATEUR

Lorsqu'on enseigne le concept des pensées d'observateur, les gens expriment souvent leur surprise et leurs doutes au début, en disant : « Ouah, ça ne peut pas être si simple ! » Les pensées de singe les ont conditionnés à penser que le changement doit nécessairement être difficile. Pourtant, lorsqu'ils commencent à observer et apprendre du point de vue des histoires des pensées de singe, les choses deviennent plus faciles.

Lorsque les gens s'engagent sur cette voie, ils commencent à ressentir un sentiment de paix ; réinterprétant la source de leur dépendance et de leur anxiété. Ils ressentent de la reconnaissance et de l'amour inconditionnel dans ces mêmes situations qui auparavant les faisaient bouillonner de frustration. Ils cessent leur rapport de force avec le monde et ce qu'il contient en déplaçant leur attention vers l'intérieur. Ils deviennent pleinement présents, témoins des événements de leur vie avec clarté et acceptation. Ils font preuve de compassion envers autrui en ce qu'ils sont désormais à même de reconnaître qu'eux, aussi, sont en lutte contre leurs propres pensées de singe. Au lieu de réagir à ces histoires, ils acceptent qui ils sont dans l'instant et avancent avec joie vers ce qu'ils veulent devenir. Ils apprennent qu'ils ont le pouvoir de diriger leur propre vie.

J'ai découvert que le fait de vivre sa vie sans laisser aux pensées de singe le soin de la mise en scène du spectacle est le sentiment le plus libérateur au monde. Une fois que vous avez acquis les compétences nécessaires pour surmonter vos programmes de sabotage, votre vie change à jamais.

Je ressens une immense gratitude d'avoir vu tant de personnes surmonter leurs dépendances et transformer leurs vies. Les réussites de personnes comme Kevin et Elizabeth sont tout à fait à votre portée si vous intégrez les outils de ce livre dans votre vie quotidienne. J'ai aimé partager mon travail avec vous et j'espère que ce livre vous aura été utile.

Maintenant que vous êtes entrés dans une nouvelle expérience, puissent vos pensées d'observateur continuer à se développer et à enrichir votre vie.

À PROPOS DE L'AUTEUR

Jean-François (J.F.) Benoist conseille depuis plus de vingt ans des personnes en proie à des problèmes de dépendance, de santé mentale et de relations. Il a co-fondé The Exclusive Hawaii, un centre résidentiel de traitement des addictions, sans 12 étapes, avec sa femme, Joyce, en 2011. Il est le créateur de la méthodologie thérapeutique *Experiential Engagement Therapy*™ (EET – « Thérapie par l'engagement expérientiel »), qui se concentre sur la prise en compte des croyances fondamentales sous-jacentes d'une personne. Il est bien connu pour ses techniques authentiques et expérientielles, qui maximisent le changement à long terme.

Jean-François est un mentor/conseiller certifié du Option Process®. Il figure parmi les leaders certifiés au niveau international pour The Mankind Project (MKP), une organisation à but non lucratif qui se consacre à la promotion de la croissance personnelle des hommes. Il a commencé ses études dans le domaine du développement humain et de l'autonomisation avec Robert Hargrove et Relationships Inc. en 1980 et s'est depuis lors profondément impliqué dans la facilitation du changement chez les autres.

M. Benoist propose des ateliers approfondis, des formations professionnelles et des conférences pour aider les individus à apprendre à changer leurs programmes d'autosabotage.

Afin d'obtenir de plus amples informations sur l'auteur, J.F. Benoist, et sur le programme de traitement résidentiel des dépendances qu'il a créé, veuillez consulter les sites Web suivants :

www.AviveLaVie.com

www.JFBenoist.com

REMERCIEMENTS

À ma famille, Joyce, Aaron, Seraphim, Lucca et ma mère Micheline ;

Merci du fond du cœur pour votre amour inconditionnel.

À mes chers amis Mark et Désirée qui m'ont aimé et ont soutenu mon travail.

À mes clients et étudiants de longue date, qui ont tous été une source d'inspiration et un témoignage de la force et de l'héroïsme des êtres humains.

À David Cates, l'éditeur de la première édition de cet ouvrage.

À Danielle Anderson, pour son aide à la rédaction.

Un merci particulier à Emily Mast, qui a contribué à l'organisation et à la réécriture du contenu.

Printed in France by Amazon
Brétigny-sur-Orge, FR

19466487R00228